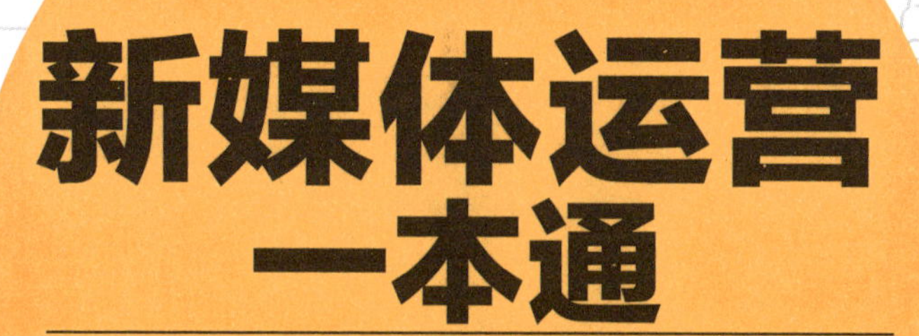

新媒体运营一本通

营销推广+活动策划+文案写作

新媒体商学院 编著

化学工业出版社

·北京·

本书共12章，包括新媒体运营的各个方面：入门须知、平台矩阵、数据营销、用户运营、变现运营、活动认识、活动策划、活动关键、写作入行等，应有尽有，让您一书精通多方面内容，很快成为新媒体运营中的多面手！

近200个纯高手干货技巧，从用户定位、头像设计、广告投放、整理数据、匹配需求、促销活动、自造热点、打造爆款等方面进行讲解，深入浅出的内容让您可以学以致用，逐步深入，层层突破，网红大V指日可待，成为流量王者！

本书虽然是基于新媒体运营，但实际是营销推广、活动策划和文案写作的集合。本书要做的，是精华内容的筛选和提炼，是重点痛点的分析和解决，让读者花1本书的钱，获得3本书的价值。

本书适合以下人员阅读：一是刚刚进入新媒体行业的运营新手，二是各行各业的专门从事宣传、推广和营销的人员，三是各大企业、单位从事活动策划的人士，四是在当前工作中涉及文案和写作的人员。

图书在版编目（CIP）数据

新媒体运营一本通：营销推广+活动策划+文案写作/新媒体商学院编著.
—北京：化学工业出版社，2019.3（2020.11重印）
ISBN 978-7-122-33558-6

Ⅰ.①新… Ⅱ.①新… Ⅲ.①传播媒介-运营管理 Ⅳ.①G206.2

中国版本图书馆CIP数据核字（2019）第000953号

责任编辑：刘　丹　　装帧设计：王晓宇
责任校对：宋　夏

出版发行：化学工业出版社（北京市东城区青年湖南街13号　邮政编码100011）
印　　装：中煤（北京）印务有限公司
710mm×1000mm　1/16　印张17　字数288千字　2020年11月北京第1版第4次印刷

购书咨询：010-64518888　　售后服务：010-64518899
网　　址：http://www.cip.com.cn
凡购买本书，如有缺损质量问题，本社销售中心负责调换。

定　价：58.00元

■ 写作驱动

随着互联网不断地深入人们的生活，“新媒体”一词也开始出现在人们的视野之中。互联网让每一个人都可以独立作为媒体发声，而不用依附于任何团体。那么如何在茫茫人海中脱颖而出呢？这已经成为新媒体人时时思索的问题。

在这个眼球经济等于实际收入的时代，通过成功运营新媒体平台而盈利的媒体人不在少数。那么，笔者为什么要为大家呈现这本书呢？本书产生的背景，也正是市场的需求，有以下四点。

一是运营时代的来临：随着新媒体平台的兴盛，运营者迎来了全新的春天，各类新媒体平台不断涌现。如何脱颖而出成为运营者的首要任务，无数的人争夺着用户有限的注意力，以求达到高级别的阅读量。

二是营销推广的深入：如今的网络环境，早已不复当初的贫瘠，数以亿计的网民无时无刻不在生产信息。好酒也怕巷子深，如何将自身平台最大限度地推出并呈现在目标客户眼前，成为运营者需要掌握的技能。

三是活动策划的崛起：随着线上活动越来越方便快捷，越来越易于举办和参与，许多团体和个人都将线下活动搬到了线上，活动策划方式也随之而改变。如何紧跟时代的步伐，策划出令人惊艳的活动，是每一个运营者都需要正视的问题。

四是文案写作的兴盛：在图片和视频不断占据人们视野的同时，文字依旧没有失去其古老的魅力。一句切入心底的文字，不仅可以获取大量读者的认同，更会产生深刻的影响力。而互联网让文字得以最快、最方便地传达至每个人。如何让你的文字成为爆款，是新媒体运营者不断寻找的答案。

因此，笔者从新媒体运营者的角度，切入“营销推广+活动策划+文案写作”，差异化和优异化于同类图书，打造了该本《新媒体运营一本通：营销推广+活动策划+文案写作》。

■ 本书内容

本书主要分为3大模块，每个模块的内容都有其针对性，不仅有其侧重点，同时还有其独特亮点，具体内容如下所示。

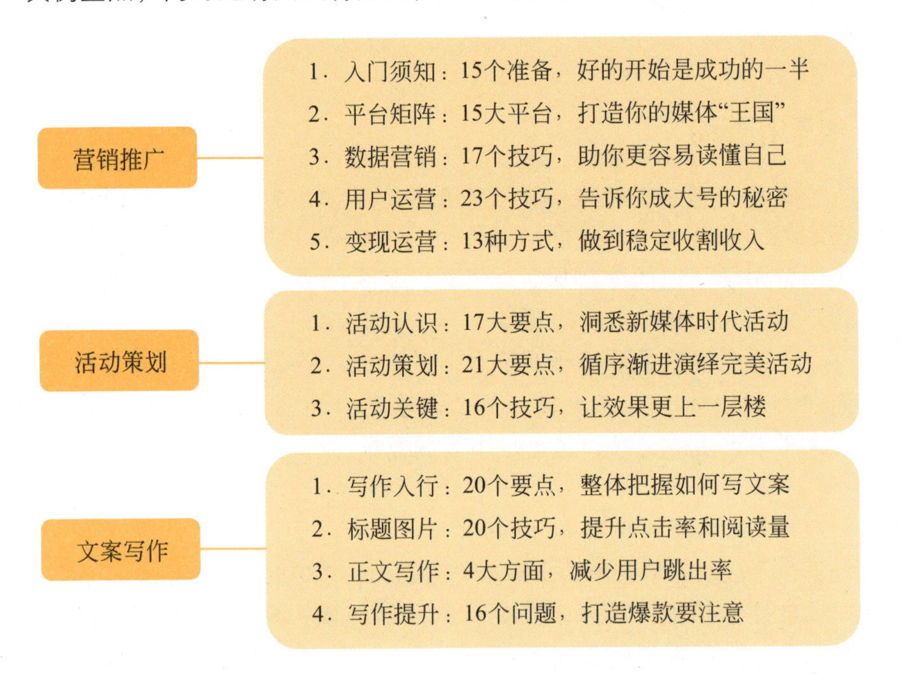

■ 本书特色

一本书能够吸引读者的眼光，必定有它的过人之处，特色亮点是一本书的灵魂所在，而本书的特色则有以下3点。

（1）点面结合： 将内容分为3大版块，即营销推广、活动策划和文案写作，条理清晰，层次井然，面面俱到，同时又详细介绍了近200个技巧，易于实际使用。

（2）深入浅出： 本书从平台、数据、运营、活动、正文等进行全面、深入的讲解，并力图用最直白的语言来讲解，让读者一看就懂，一目了然。

（3）实用快捷： 全书以讲解具体操作技巧为主，实例为辅，抓住新媒体运营者痛点，一步步说明如何解决运营中遇到的各种问题，让运营者马上能应用到实际工作当中。

■ 读者定位

读者定位，简单地说就是“写给谁看”。本书结构简单，内容通俗易懂，笔者写这本书主要是为了向以下几类人提供系统的方法和实用的经验。

（1）初入新媒体行业的运营新手。本书以新媒体运营为切入点，无论是新媒体平台中的营销推广，还是新媒体运营中必不可少的活动策划和文案写作，都需要新媒体行业运营新手（包括刚进入新媒体领域工作的运营新手和从传统企业转型的新媒体运营新手）建立对新媒体运营的大局认识，塑造新媒体运营者的上手能力。

（2）各行各业的专门从事宣传、推广和营销的人员。本书全面介绍了营销推广的各个要点，而这些要点又是与其他行业有着交叉的。如数据营销这一能力修炼，就是从事宣传、推广和营销的人员的核心技能，特别是在大数据时代，他们更需要借助数据这一形式，为他们提供全新的营销方式和推广渠道。因此，本书作为提供营销推广服务的实战技巧书籍，可以说是省时省力的最佳参考书。

（3）各大企业、单位从事活动策划的人士。笔者介绍的都是干货类技巧，是经过实际检测的，选择的技术方法也是拥有最佳成效的。为读者提供了大量的典型实际案例，不仅有助于读者了解其原理，还能立刻上手操作，便于这类读者直接把本书内容转化为活动策划能力，可以让那些从事活动策划的人快速提升自身能力，从零开始打造一流的策划活动。

（4）在当前工作中涉及文案和写作的人员。本书分享了大量的成功案例，针对文案写作中遇到的困难提出详细的解决方案，多种优秀工具步骤的说明使本书无论广度还是深度都独树一帜，别具匠心。全面的知识体系加深了本书的含金量，促使读者学习与应用转化能力的提高，帮助读者高效写作，创作一流的文案。

■ 作者售后

本书由新媒体商学院编著，参与编写的人员还有孔虬、周玉姣等，在此表示感谢。由于作者知识水平有限，书中难免有不足和疏漏之处，恳请广大读者批评、指正。

笔者

营销推广篇

01 Chapter

第1章
入门须知：15个准备，好的开始是成功的一半 /002

1.1 做好定位：3大定位，指明运营方向 /003

1.1.1 用户定位：知道做给谁看 /003
1.1.2 平台定位：确保方向无误 /004
1.1.3 内容定位：做出特色内容 /005

1.2 账号设计：5大设置，决定引流效果 /006

1.2.1 头像设计：如何才能更吸睛？ /007
1.2.2 账号名称：如何才能轻松记住？ /007
1.2.3 功能介绍：如何减少跳转损失率？ /009
1.2.4 栏目设置：如何方便用户阅读？ /010
1.2.5 菜单列表：如何规划才更合理？ /012

1.3 人员准备：7大类别，让工作井井有条 /013

1.3.1 能力要求：知晓“晓大局、好文案和多技能”3大要求 /013
1.3.2 新媒体运营：履行“内容、用户和公关”3大职责 /016
1.3.3 编辑：负责“内容生产推广＋美工”两大工作 /017
1.3.4 广告投放：遵循“少费用、多流量”两大标准 /019
1.3.5 线上商铺管理：清楚6大模块工作职责 /020
1.3.6 应用商店推广：完成“APP发布＋上架”两大工作 /020
1.3.7 群组运营：细心管理，才能迎来忠诚粉丝 /021

02 Chapter

第2章
平台矩阵：15大平台，打造你的媒体“王国” /023

2.1 腾讯社交平台，拓宽推广渠道的必要添加剂 /024

2.1.1 社交矩阵：它有哪些组成平台和优势？ / 024
2.1.2 确定平台：根据关联度选择推广平台 / 024
2.1.3 目标客群：精准分析构建完整用户画像 / 026
2.1.4 微信公众号：千万不可轻忽的运营轴心 / 026
2.1.5 微信商城：打通电商功能的社交平台 / 028
2.1.6 朋友圈：利用熟人圈子进行传播 / 029

2.2 电商、资讯平台，做好一件产品的主流平台 / 030

2.2.1 淘宝头条：聚焦热门生活消费资讯 / 030
2.2.2 京东快报：有流量、价值的内容入口 / 032
2.2.3 有好货：供您挑选的世间好物展示 / 033
2.2.4 淘宝直播：以低成本获取高转化率 / 034
2.2.5 百度百家：见证内容与广告的交互转换 / 034
2.2.6 简书：选择好专题推广原创内容 / 036

2.3 视频、音频平台，进一步提升阅读和推广效果 / 037

2.3.1 优酷视频：满足多元化用户需求 / 037
2.3.2 美拍：完整生态链积蓄粉丝力量 / 038
2.3.3 花椒直播：独特的明星属性优势 / 040
2.3.4 喜马拉雅：顶尖的音频分享平台 / 041
2.3.5 蜻蜓FM：投放精准的收听应用 / 043
2.3.6 荔枝FM：普通人也能成为主播 / 045

03 Chapter
第3章
数据营销：17个技巧，助你更容易读懂自己 / 047

3.1 数据收集和整理：3大平台，实现系统的数据收集 / 048

3.1.1 微信公众后台收集：各类数据的集合 / 048
3.1.2 新榜平台收集：各类平台价值评估数据 / 049
3.1.3 清博大数据收集：找准具优势的平台数据 / 051
3.1.4 整理数据：留下有价值数据，发现信息点 / 052
3.1.5 转化为图表：一眼明白重点和趋势的数据 / 054

3.2 数据分析：8大数据，实现准确、清晰的自我定位 / 054

3.2.1 分析新增人数：积累并复制好的运营经验 / 055
3.2.2 统计用户流失率：洞悉平台运营问题所在 / 056
3.2.3 用户关键词偏好：统计出多数人兴趣爱好 / 060
3.2.4 用户性别分布：定位匹配和内容细分的基础 / 064
3.2.5 总体图文阅读数：判断推广方案是否可行 / 065

3.2.6 图文阅读来源：明确用户搜索途径和方式 /068
3.2.7 广告主推广：制定合适的广告推广目标 /069
3.2.8 流量主曝光量：多角度统计和分析数据 /071
3.3 寻找热点：4类指数，助你打开热点营销的“开关” /073
3.3.1 百度搜索风云榜：反映网民兴趣和需求 /073
3.3.2 微博热门话题：找准大家最关心的问题 /074
3.3.3 百度指数：了解和对比热点火热程度 /075
3.3.4 爱奇艺指数：分析热门视频播放情况 /076

第4章
用户运营：23个技巧，告诉你成大号的秘密 /077
4.1 运营阶段：6大流程，呈现完整的进阶关键 /078
4.1.1 4大步骤，筛选目标用户 /078
4.1.2 3大方面，匹配用户需求 /079
4.1.3 多项内容，总结用户属性 /080
4.1.4 两大途径，关联用户喜好 /080
4.1.5 3大要素，做好用户分级管理 /081
4.1.6 4大方法，让满意度少打折扣 /082
4.2 用户引流：9种技巧，帮助平台迅速聚粉 /083
4.2.1 利用爆文，实现大范围引流 /083
4.2.2 通过活动，引导高质量用户 /084
4.2.3 利用话题，让用户积极关注 /085
4.2.4 通过社群，聚集同类用户 /085
4.2.5 找准互补平台，进行大号互推 /087
4.2.6 多类平台，实现用户剧增 /088
4.2.7 百度热词，通过搜索引导用户 /090
4.2.8 通讯录好友，直接进行导入 /090
4.2.9 利用小程序，3大方法有效引导 /091
4.3 用户留存：8种方法，让用户留在平台上 /092
4.3.1 做好引导设置工作，让用户愿意体验 /092
4.3.2 保证产品更新、优质，才能留住用户 /093
4.3.3 通过4大途径，实现与用户友好互动 /093
4.3.4 利用3种渠道，把流失的用户找回来 /094
4.3.5 跟踪收集，解决用户不满意的问题 /096

4.3.6 及时回复用户，才能更好地留住用户 / 096
4.3.7 利用微信群宣传，积极积攒更多人气 / 097
4.3.8 巧妙设计签到，让用户长久关注平台 / 099

05 Chapter
第 5 章
变现运营：13 种方式，做到稳定收割收入 / 101

5.1 4类平台，纷纷各展所长实现变现 / 102
5.1.1 社交媒体：以广告、内容收益为主 / 102
5.1.2 资讯平台：了解主流平台收益方式 / 103
5.1.3 问答平台：垂直领域的知识付费 / 106
5.1.4 视频平台：提供多样化的获利方式 / 107
5.2 5大途径，利用优质内容变现获利 / 109
5.2.1 在线课程：已发展成熟的付费模式 / 109
5.2.2 付费阅读：忠实粉丝实现长期变现 / 110
5.2.3 点赞打赏：主动为优质内容付费 / 111
5.2.4 流量分成：平台、作者相扶持获利 / 113
5.2.5 平台补贴：策略支持作者有效变现 / 114
5.3 更多方法，帮助获取更丰厚的利润 / 115
5.3.1 自营电商：内容巧妙推荐商品变现 / 115
5.3.2 第三方广告：多种形式，直接变现 / 117
5.3.3 MCN 模式：专业化内容生产变现 / 118
5.3.4 企业融资：更高要求的变现方式 / 120

活动策划篇

第 6 章
活动认识：17 大要点，洞悉新媒体时代活动 / 122

6.1 6大表现，诠释新媒体活动策划 / 123
6.1.1 活动小窗口，聚焦大平台 / 123
6.1.2 专业小团队，策划大活动 / 124

6.1.3 小规模活动，大营销效果 / 126
6.1.4 低成本投入，高效益产出 / 128
6.1.5 短期快宣传，长期大影响 / 131
6.1.6 个性大数据，精准化分析 / 134

6.2 6大优势，让线上活动更受青睐 / 135

6.2.1 两大原因减少限制，让活动更自由 / 135
6.2.2 得益于两大技术，让传播速度更快 / 138
6.2.3 两个原因支撑，让引流实现更容易 / 139
6.2.4 两大原因实现扩展，影响得以加强 / 139
6.2.5 基于3大原因，轻松收获高效益 / 140
6.2.6 两大原因，打造最低的参与门槛 / 140

6.3 5种类型，助你具体了解基本活动 / 141

6.3.1 拉新活动：让潜在用户成为产品客户 / 142
6.3.2 激活活动：选择唤醒不活跃的老用户 / 143
6.3.3 促销活动：刺激更多用户纷纷加购 / 144
6.3.4 品牌活动：提升品牌知名度和辨识度 / 145
6.3.5 趣味活动：加强互动，检验活跃用户 / 145

07 Chapter

第7章
活动策划：21大要点，循序渐进演绎完美活动 / 146

7.1 5个时间点，要找准机会抓住 / 147

7.1.1 轻松的贴心体验，注意节假日 / 147
7.1.2 推出换季产品，关注季节变化 / 148
7.1.3 提升品牌知名度，用好纪念日 / 149
7.1.4 提升点击量，勿错过热点时间 / 149
7.1.5 自造热点，借势大品牌日活动 / 150

7.2 5大流程，让活动成竹在胸 / 151

7.2.1 前提：有一个明确的活动目标 / 151
7.2.2 构思：策划大体活动方案雏形 / 152
7.2.3 工作表：严谨、具体的工作安排 / 152
7.2.4 流程表：一一列举，安排到位 / 153
7.2.5 预算：让人放心的活动经费去向 / 154

7.3 7大方面，让活动顺利进行 / 154

7.3.1 3大方面，考查活动可行性 / 154
7.3.2 制定备用方案，应对可能难题 / 155
7.3.3 选择活动团队，做好人员安排 / 156
7.3.4 做好宣传工作，提升活动效果 / 157
7.3.5 控制节奏，让活动完美收官 / 159
7.3.6 实时监控，根据数据及时调整 / 160
7.3.7 处理后续工作，提升用户体验 / 161

7.4 4点总结，总体把握运营成果 / 162

7.4.1 根据冲高回落值，判断活动效果 / 162
7.4.2 根据活动用户增长率，评估活动长期效果 / 163
7.4.3 活动数据分析和报告，直观呈现活动成败 / 164
7.4.4 活动总结和复盘，更新活动经验和技能 / 165

08 Chapter

第8章
活动关键：16个技巧，让效果更上一层楼 / 166

8.1 5大创意技巧，让活动更引人注意 / 167

8.1.1 简单、有趣，活动的两大必要特点 / 167
8.1.2 击中心灵触发点，更乐意关注和转发 / 168
8.1.3 针对差不多的产品，可以直接让利 / 168
8.1.4 安排额外惊喜，让用户不满意都难 / 170
8.1.5 提供争议性话题，让气氛越炒越热 / 170

8.2 7个开发要略，呈现满意页面和规则 / 171

8.2.1 顺畅体验：活动指引要清晰 / 171
8.2.2 放心体验：活动环境要安全 / 172
8.2.3 完整体验：活动跳转要少 / 172
8.2.4 低跳出率：响应速度要迅速 / 173
8.2.5 兼容性：要全面检测浏览器 / 173
8.2.6 5大设计元素，构成完整页面 / 174
8.2.7 两大测试环节，实现查漏补缺 / 175

8.3 4个问题，迎接活动策划的新挑战 / 176

8.3.1 恶意竞争：凭活动内在价值取胜 / 176
8.3.2 网络暴力：好的规则和客服是关键 / 177
8.3.3 水军破坏：利用好权限+正确引导 / 178
8.3.4 诚信危机：活动透明度高+好平台 / 178

文案写作篇

第 9 章
写作入行：20 个要点，整体把握如何写文案 / 180

9.1 10个入门技巧，写文案应该这么做！ / 181

9.1.1 抓住痛点，让文案变得有魔力 / 181
9.1.2 打造画面感，让读者身临其境 / 182
9.1.3 把读者放在首位，提升认同感 / 183
9.1.4 巧妙设置关键词，提高曝光率 / 184
9.1.5 选择合适语言风格，让体验更优质 / 185
9.1.6 紧跟时事热点，提升爆文的成功率 / 186
9.1.7 福利信息传达要直白，美感居其次 / 188
9.1.8 引用权威数据，容易让人心中信服 / 188
9.1.9 引用实例，让文案更容易打动读者 / 190
9.1.10 加入情感因素，引导走进读者内心 / 191

9.2 10大写作误区，写文案应该要避开！ / 192

9.2.1 误区 1：没做好全盘策划 / 192
9.2.2 误区 2：偏离中心和主题 / 193
9.2.3 误区 3：文案求量不求质 / 193
9.2.4 误区 4：用文章忽悠获利 / 194
9.2.5 误区 5：写文案脱离实际 / 195
9.2.6 误区 6：通篇无一个亮点 / 196
9.2.7 误区 7：将布局看得很轻 / 196
9.2.8 误区 8：文案书写错误多 / 197
9.2.9 误区 9：排版错乱阅读难 / 198
9.2.10 误区 10：发文随意无规律 / 198

10 Chapter

第 10 章
标题图片：20 个技巧，提升点击率和阅读量 / 200

10.1 5大标题要点，第一时间抓住用户眼球 / 201

10.1.1 要体现文案内容的主题 / 201
10.1.2 要具体体现产品实用性 / 202

10.1.3 要凸显产品的最大亮点 / 203
10.1.4 要实现文案的差异制胜 / 204
10.1.5 要使用更易记住的短句 / 205

10.2 8类标题设置，让读者不觉间想一探究竟 / 205

10.2.1 利用“福利”字眼，打造令人心动的标题 / 205
10.2.2 利用数字概况，带给读者深刻印象的标题 / 207
10.2.3 传递学习信心，打造有魅力的速成型标题 / 208
10.2.4 利用好奇心，打造提升兴趣的悬念式标题 / 209
10.2.5 利用专业词汇，传递专业价值的专业性标题 / 211
10.2.6 借助社会热点，通过造势提升点击量的标题 / 212
10.2.7 通过现身说法，打造有说服力的励志式标题 / 212
10.2.8 通过经验和总结，提供富有价值的经验式标题 / 213

10.3 7个图片要素，提升阅读体验的颜值担当 / 214

10.3.1 设置吸睛封面，提升文章点击量 / 214
10.3.2 让图片高清展示，提升阅读体验 / 215
10.3.3 选择亮丽颜色，提供良好阅读氛围 / 216
10.3.4 两种美颜方式，让图片鲜活起来 / 217
10.3.5 3大运营目的，全在贴上专属标签 / 218
10.3.6 众多二维码图片，让吸粉更便捷 / 219
10.3.7 3大长图文优势，有效推广新品 / 220

11 Chapter

第11章
正文写作：4大方面，减少用户跳出率 / 222

11.1 素材准备：3大符合人性的优质推广内容 / 223

11.1.1 说说产品“好故事” / 223
11.1.2 时时展现“人格化” / 223
11.1.3 试试科普“娱乐化” / 224

11.2 内容价值：3个关联用户的推广效果层次 / 225

11.2.1 第一层次：要有价值 / 225
11.2.2 第二层次：要有情致 / 226
11.2.3 第三层次：要有影响力 / 227

11.3 正文安排：6种逻辑清晰的布局方式 / 229

11.3.1 模仿新闻口吻进行布局 / 229

11.3.2 引导读者代入的故事式布局 /230
11.3.3 激发读者想象的悬念式布局 /231
11.3.4 按顺序铺排的递进式布局 /232
11.3.5 串联关键内容的组合式布局 /232
11.3.6 围绕中心论点的总分总布局 /236
11.4 版式设计：4大方面提升文案美观度 /236
11.4.1 3大文字排版要求，保证美观性 /236
11.4.2 3大图片排版问题，无缝拼接长图 /238
11.4.3 两大文配图片内容，让版式更舒适 /238
11.4.4 3大排版神器，设计更多特色版式 /239

12 Chapter
第12章
写作提升：16个问题，打造爆款要注意 /240

12.1 文案开头：5种方法，给读者一个好的第一印象 /241
12.1.1 常规开头法1：平铺直叙 /241
12.1.2 常规开头法2：直明主旨 /242
12.1.3 创意开头法1：想象猜测 /242
12.1.4 创意开头法2：分享幽默 /243
12.1.5 创意开头法3：引用名言 /244
12.2 文案正文：4种类型，用优质内容牢牢稳住读者 /245
12.2.1 促销型正文，要直白 /245
12.2.2 知识展示正文，要专业 /246
12.2.3 技巧普及正文，要实用 /246
12.2.4 情感融入正文，引起共鸣 /248
12.3 文案结尾：3大方法，大幅加深读者的印象 /249
12.3.1 首尾呼应：凭借严谨结构，引发读者思考 /249
12.3.2 抒情法或祝福法：真正实现以情动人 /250
12.3.3 号召法：激发起读者强烈加入的意愿 /252
12.4 注意事项：4大技巧，打造爆款，不可轻忽 /252
12.4.1 提前预览，保证文案的正确性 /253
12.4.2 设置摘要，直接呈现主要内容 /253
12.4.3 声明原创，保护原创作者权益 /254
12.4.4 利用连载，连续展现系列文章 /256

营销推广篇

第 1 章　入门须知：15 个准备，好的开始是成功的一半
第 2 章　平台矩阵：15 大平台，打造你的媒体“王国”
第 3 章　数据营销：17 个技巧，助你更容易读懂自己
第 4 章　用户运营：23 个技巧，告诉你成大号的秘密
第 5 章　变现运营：13 种方式，做到稳定收割收入

第1章

入门须知：15个准备，好的开始是成功的一半

学前提示

好的开始，往往是成功的一半。作为新媒体的运营者，要清楚地意识到自己应当如何开局。那些粉丝数量破百万的大号往往在自我定位、账号设计和人员准备方面，都是经过精心设计的。所以不要打无准备之仗，在开始新媒体运营之前，一定要做好这15个准备。

要点展示

- 做好定位：3大定位，指明运营方向
- 账号设计：5大设置，决定引流效果
- 人员准备：7大类别，让工作井井有条

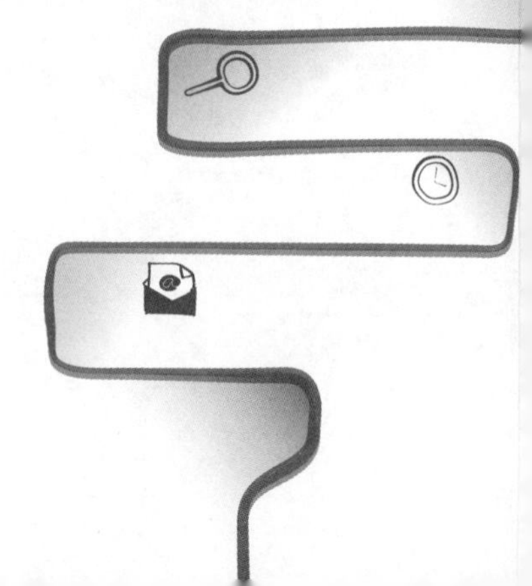

1.1 做好定位：3大定位，指明运营方向

对新媒体运营者来说，首先要做的就是确定自身运营方向，即要做好运营定位——包括用户定位、平台定位和内容定位。只有这样，才能确保自身后续发展的正确性和有效性。

1.1.1 用户定位：知道做给谁看

在企业的新媒体运营中，确定明确的目标用户是其中至为重要的一环。而在进行平台的用户定位之前，首先应该做的是了解平台针对的人群，他们具有什么特性等问题。

关于用户的特性，一般可细分为属性特性和行为特性两大类，具体分析如图1–1所示。

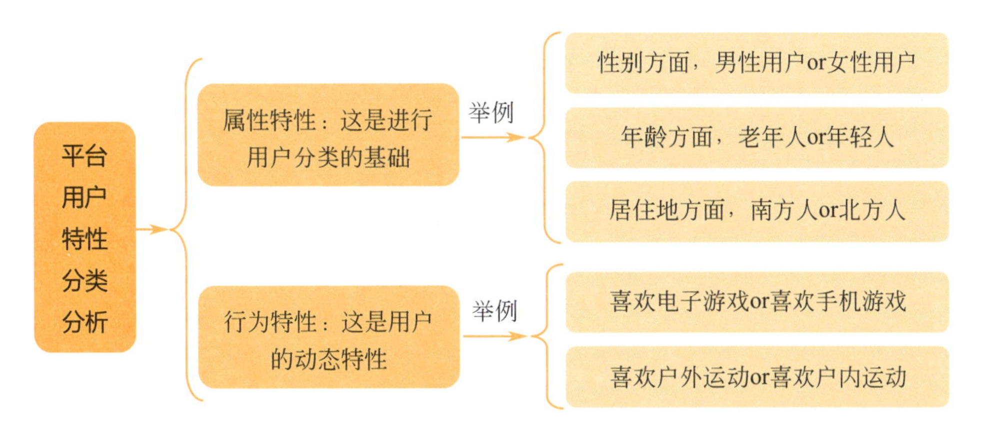

图1-1 平台用户特性分类分析

在了解了用户特性的基础上，接下来要做的是怎样进行用户定位。用户定位一般包括3个步骤，具体内容如下。

- 数据收集。可以通过市场调研等多种方法来收集和整理平台用户数据，再把这些数据与用户属性关联起来，如年龄段、收入和地域等，绘制成相关图谱，就能够大致了解用户的基本属性特征。图1–2为某产品的用户年龄段分析。
- 用户标签。获取了用户的基本数据和基本属性特征后，就可以对其属性和行为进行简单分类，并进一步对用户进行标注，确定用户的可能购买欲

和可能活跃度等，以便在接下来的用户画像过程中对号入座。

● 用户画像。利用上述内容中的用户属性标注，从中抽取典型特征，完成用户的虚拟画像，构成平台用户的各类用户角色，以便进行用户细分。

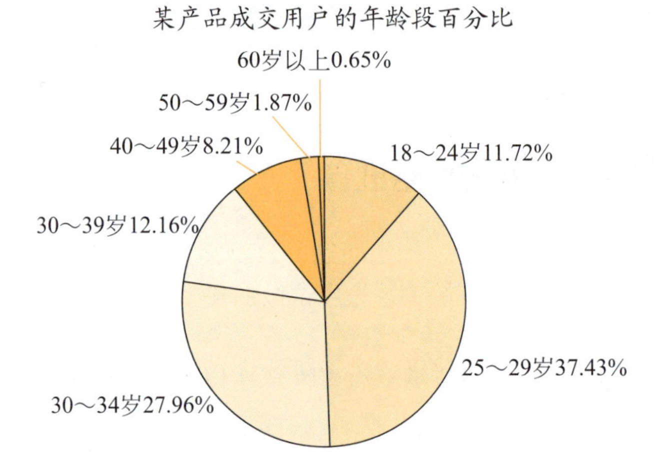

图1-2　某产品的用户年龄段分析

1.1.2　平台定位：确保方向无误

在新媒体运营中，首先应该确定的是，企业所要运营的平台是一个什么类型的平台，以此来决定平台的基调。平台的基调主要包括5种类型，分别是学术型、媒体型、服务型、创意型以及恶搞型。

在做平台定位时，应该根据自身条件的差异选择具有不同优势和特点的平台类型，具体分析如图1-3所示。

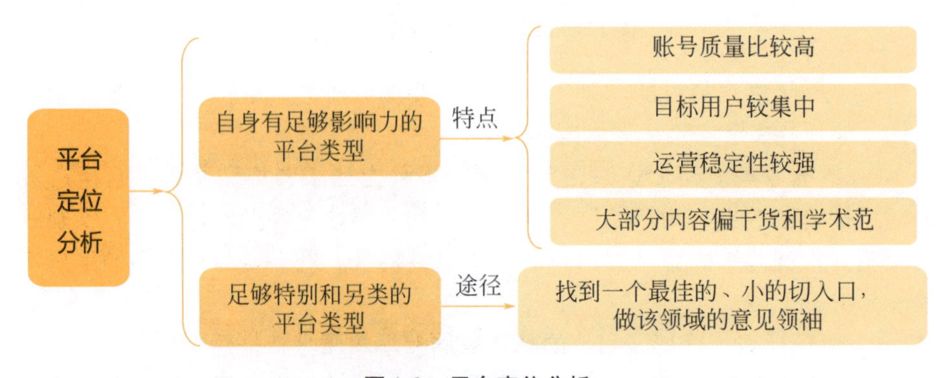

图1-3　平台定位分析

在新媒体运营中，企业、机构和个人平台运营者主要可通过网红、90后创业奇才、行业意见领袖、BAT背景以及学术范5种途径更好地实现平台定位。

另外，在定位平台、选择平台类型的同时，还应该对平台的自定义菜单进行相应规划，以便能够清楚地告诉用户“平台有什么”。对自定义菜单进行规划，其实质就是对平台功能进行规划，它可从以下4个维度进行思考和安排，分别是目标用户、用户使用场景、用户需求和平台特性。

值得注意的是，做好平台定位是非常重要的，要慎重对待，因为只有做好了平台的定位，并对其基调进行确定，才能做好下一步要进行的用户运营和内容运营策略，最终促使平台更好地发展。

1.1.3 内容定位：做出特色内容

内容定位即企业新媒体平台能够给用户提供什么样的内容和功能。在运营过程中，关于平台内容的定位这一问题主要应该做好3个方面的工作，具体分析如下。

（1）明确内容的发展方向

明确内容的发展方向是平台内容供应链的初始阶段的工作，是做好内容定位的前提和准备。具体分析如图1–4所示。

图1-4 明确内容发展方向的具体分析

（2）明确内容的展示和整合方式

在内容定位中，还应该明确运营阶段的内容展示方式。在优质内容的支撑下，怎样更好地展示平台内容，逐步建立品牌效应，是扩大平台影响力的重要条件。关于平台内容的展示方式，一般分为4种，如图1–5所示。

在确定内容展示过后，接下来更重要的是要明确内容的整合方式，以便集结同类优质内容。具体说来，内容整合的方式有3种，即话题问答整合、刊物方式整合和用户内容整合。

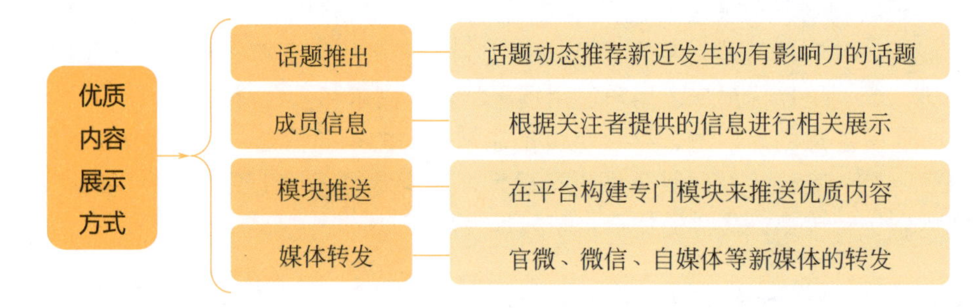

图1-5　优质内容的展示方式分析

（3）明确内容的互动方式

除了做好初始阶段和运营阶段的内容定位，还应该明确宣传阶段的内容定位，即怎样进行平台内容互动的问题。

企业与用户进行交流，更有利于新媒体平台内容的传播，用户的接受能力也更强，从而加深用户对于新媒体平台的信任度和支持度。在明确互动方式的内容定位过程中，需要把握的关键点如图1–6所示。

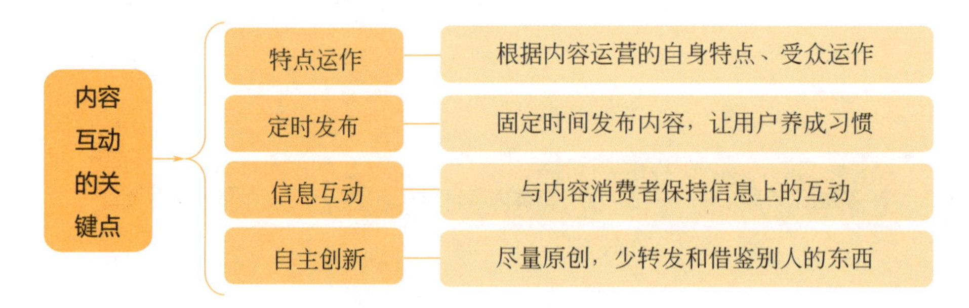

图1-6　把握平台内容互动方式的关键点分析

1.2　账号设计：5大设置，决定引流效果

第一印象在人与人的交往中十分重要，这一点对新媒体运营同样适用。账号设计就如同个人的名片，只有十分有特点，才能让人记住。只有这样，才能达到更快地吸引更多人关注的目标。

1.2.1 头像设计：如何才能更吸睛？

在新媒体运营中，账号头像非常重要，一个富有吸引力的头像给平台带来的收益是十分可观的，其所造成的直接的视觉冲击能实现文字所不能实现的效果。设置头像时可以考虑使用3种图片，分别是企业LOGO图片、企业产品图片和其他类型图片，具体分析如图1-7所示。

企业LOGO图片	对于企业账号来说，用自己企业的标志作为新媒体账号头像是一个很不错的选择。读者每次看见头像时就能够看见企业的标志，能够加深企业在读者心中的印象，对企业的传播是很有好处的，如“中国建设银行”微信公众号
企业产品图片	使用产品图片做新媒体账号头像可以使产品更多频地出现在广大用户的眼中，增加了产品的曝光率，从而达到宣传、推广产品的效果，如“松果果手工”微信公众号
其他类型图片	对一些自媒体人来说，他们可能没有自己的公司标志也没有自己经营的产品，因此在设置新媒体账号头像时就可以选择其他类型的图片，例如自己的照片、各种跟账号有关联的照片等

图1-7　新媒体账号的头像设计

专家提醒

需要注意的是，一定要选择高清图片，因为有些自己拍摄的照片做头像之后，照片就模糊不清了，这样对公众号的形象会有一定的折损。

1.2.2 账号名称：如何才能轻松记住？

商家要做好新媒体平台定位工作，如何给自己的平台账号取一个合适的名字是一个非常重要的问题。合适的名称将会给运营带来很多好处，主要的好处有3点，分别是使平台账号更容易被搜索、更容易引流和更好地展现平台账号服务信息。

因此，商家或者个人取名字的时候要做好以下两点，才能给自己的平台账号取一个最适合的名称，为运营打下好基础。

1. 8个小技巧，留下完美第一印象

新媒体账号的名字很重要，它决定了用户的第一印象，一个好的名字会给平台带来更多的用户。可以说其名字就如同实体店的名字，要想让用户记住自己的店铺，就必须在取名上下功夫。下面笔者为大家介绍几种常见的取名方法，如图1–8所示。

直接式	是指直接以企业或产品名称来命名的方式，多用于知名企业或品牌，它有 3 点优势，分别是用户的识别度高、借助品牌易于传播和便于用户搜索，如新华社、中国电信等微信公众号
提问式	提问式的新媒体账号取名方法其实就是从用户的需求角度出发，将平台账号自身所能提供的服务通过问题的形式表现给广大用户。比如名为“吃啥？”的微信公众号就是介绍美食的
趣味式	随着网络社交的发展，出现了供用户娱乐的，内容定位朝向新鲜、好玩、有趣等方面的新媒体账号，其名称往往充满趣味性。比如冷笑话、十万个冷笑话等微信公众号
区域名	为本地用户提供服务的新媒体账号取名时往往会突出名称的区域性。这种取名方式有一个很突出的优势，就是能快速、精准地定位本地用户，例如长沙吃喝玩乐、掌中衡阳等
百科类	百科类的新媒体账号的取名法可以运用在社会的各行各业中，“百科”一词直接地向用户表明平台账号自身信息资源的丰富性，并且还具有某种“权威性”，如糗事百科
形象法	形象法是利用传统意义上的修辞手法，将企业的品牌或者服务进行形象化来取名的一种方法，常见的以形象法命名的新媒体账号也很多，如篮球公园、拇指阅读等
企业+领域	以企业＋领域法命名的新媒体账号也是十分常见的，这种方法既表现了品牌效应，又精准定位了目标用户，例如百度电影、百度外卖、豆瓣同城等
行业名+用途	最典型的以这种方法命名的新媒体账号有电影演出票、法务在线等，常用于个人或没什么名气的企业的平台账号命名，通过直接展示行业名来定位用户，直接表现用途来吸引用户

图1-8　常见的新媒体账号取名方法

2. 3个大雷区，一定不要踩上去

各大企业或者个人在给自己的新媒体账号取名的时候需要注意的是，千万不可为了过分追求特别、引人瞩目而犯下取名时应避免的错误。经过笔者的综合分析，以下几点是取一个合适的新媒体账号名称时不可踩的雷区，具体分析如图1-9所示。

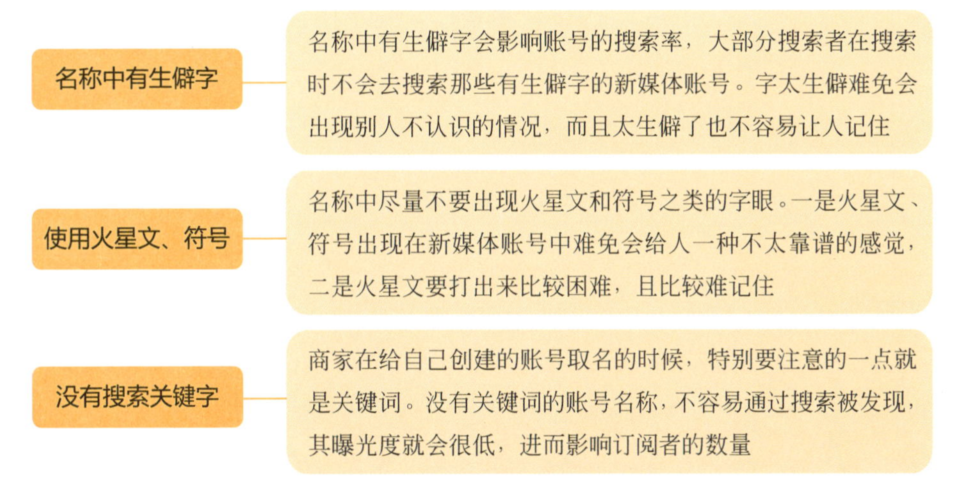

图1-9　新媒体账号取名时不可踩的三个大雷区

1.2.3　功能介绍：如何减少跳转损失率？

在新媒体运营过程中，功能介绍往往承担了用户对新媒体平台的直观印象。例如在微信公众号详细资料页面，关注者会看到，在头像和微信名称的下方有“功能介绍”这一项，这是公众号详细资料页面中用来介绍其具体作用和功能的。通过公众号的功能介绍，订阅用户就会明白公众号是否有自己想要的内容，从而判断是否有必要予以进一步关注。

微信公众号的设置是在其PC端的微信公众号后台进行操作的，运营者只要在“微信 : 公众平台”界面的左侧的“设置”选项区中单击“公众号设置”按钮，切换至“公众号设置”页面，单击“账号详情”中“功能”选项右侧的“修改”按钮，即可完成微信公众号的“功能介绍”设置，如图1-10所示。

在进行功能介绍内容的设置时，运营者应该以吸引搜索者关注、提升用户点击量为目标，因此，在内容上需要注意以下几个方面。

图 1-10　微信公众号的功能介绍设置

（1）简洁、清晰地表明平台的作用和功能；

（2）需适当地嵌入关键词，提高其出现频率（1 ~ 2次）；

（3）需巧妙地嵌入修饰词，使其与时代环境、用户痛点结合起来。

1.2.4　栏目设置：如何方便用户阅读?

在新媒体平台上，企业或个人如果要进行平台运营，首先就需要对平台界面进行栏目设置，以便对平台软文进行分类处理，那么了解一些栏目设置的要求是非常有必要的，主要包括4个方面，具体内容如下。

1.“眼睛”的舒适艺术

栏目设置作为艺术设计的一部分，是“眼睛”的艺术，读者在阅读时会根据一定的视觉习惯对平台首页的栏目进行有目的的选择。因此，在栏目设置方面，同其他文本设置一样，要遵循一定的视觉习惯，这主要体现在两个方面的问题上，如图1–11所示。

其中，从上下和左右这一方面来看，在微信、APP等新媒体平台上，由于手机屏幕所展示的信息有限，因此，在界面上部设置容易引导读者的图文内容，而把栏目设置放在下方，这是因为在视区内上部的关注程度比下部高。

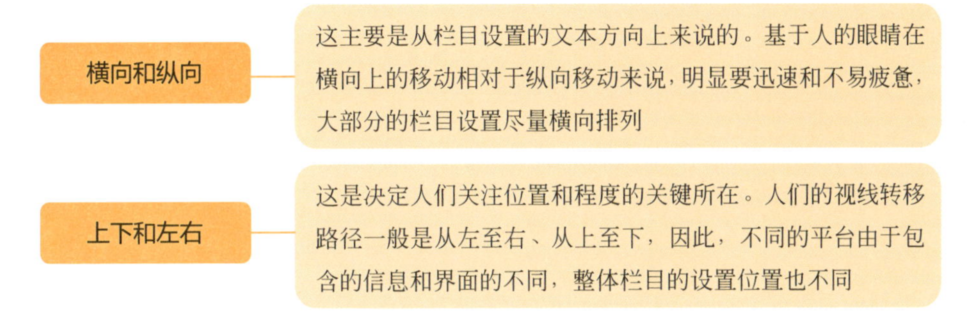

图1-11　栏目设置的遵循视觉习惯要求分析

2.“手指”的方便之道

从艺术性和视觉上来说，栏目设置必须契合用户的视觉习惯，而从实际操作上来说，栏目设置的重点在于方便用户查看内容，这主要表现在3个方面，如图1–12所示。

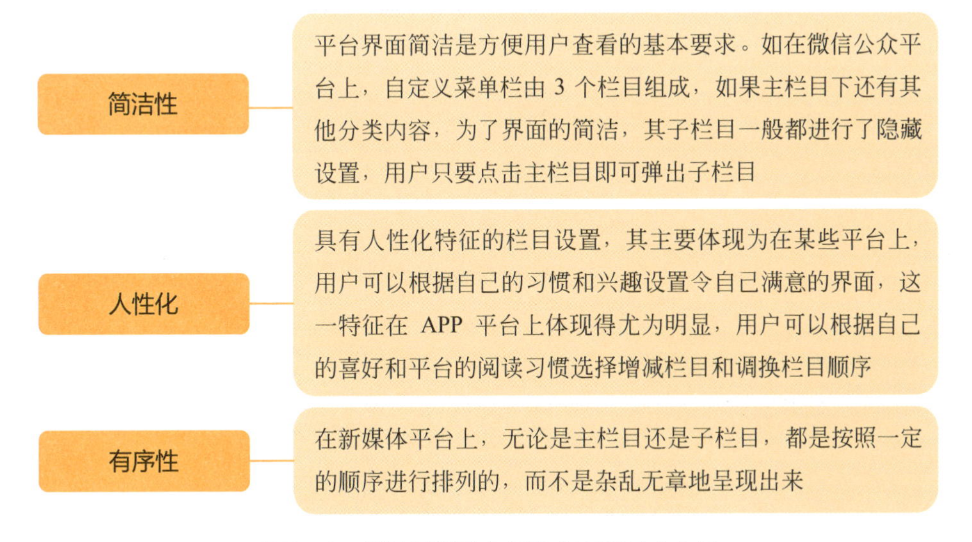

图1-12　栏目设置的方便用户查看要求分析

3.清楚而全面的表现艺术

在新媒体平台设置栏目，目的在于怎样才能清楚、全面地呈现内容，具体如下。

● 所谓“清楚”，即读者在看到栏目名称的时候，就可分辨出该栏目主要的内容是什么，所要寻找的内容在哪一个栏目中可以快速找到。

● 所谓"全面"，即栏目的分类和取名要全面，既要保证平台的运营内容全面呈现，能够在栏目的分类中可以全部找到，又要保证其栏目名称的设置具有概括性和全面性，不能出现其中某些内容在所有栏目下都无法有序查找的情况。

4.有效吸粉引流的最大效果

企业或个人在新媒体平台上营销和运营，其最终目的还是为了吸粉引流。为了实现这一目的，平台运营者不仅要在软文内容上提供干货，并进行巧妙设置，还要积极地通过平台的栏目设置来进行平台互动，以期最大限度地获取读者关注。

首先，在主栏目的设置上，很多平台都设置了提供平台与读者互动的活动栏目。其次，在一些新媒体平台（如微信公众号）的后台处，还提供了自动回复功能，通过这一功能与自定义菜单的结合，可以引导读者浏览信息，提升平台主动性和用户体验，最终实现吸粉引流。

1.2.5 菜单列表：如何规划才更合理？

进行新媒体平台菜单列表设置对于运营一个账号来说是必不可少的。新媒体平台菜单栏目设置的重要性主要体现在以下4个方面，具体如图1–13所示。

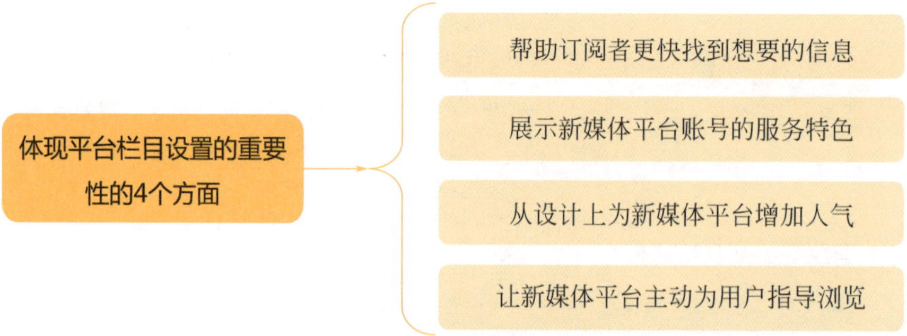

图1-13 体现平台栏目设置的重要性的4个方面

了解了栏目设置对平台的重要性之后，接下来笔者将给大家介绍怎样进行栏目设置，在此主要以微信公众号为例，介绍自定义菜单栏设置的步骤。

运营者在给平台设置自定义菜单栏前，首先需要清楚在平台上可以添加多少个菜单——根据规定，一个公众号可以添加3个一级菜单，而一个一级菜单下最多可添加5个子菜单。清楚了这一具体情况，接下来就为大家介绍怎么添加菜单栏。

在微信公众平台后台的功能栏中，❶找到并单击“自定义菜单”按钮，就会出现“自定义菜单”页面，❷单击“+添加菜单”按钮，执行操作之后，就会进入“菜单编辑中”页面，如图1-14所示。

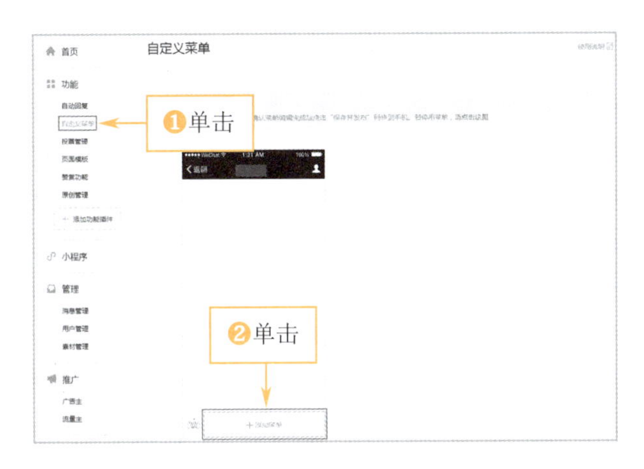

图1-14　单击“+添加菜单”按钮

在这个页面已经出现了一个一级菜单，只要在页面中的“菜单名称”栏中输入自己想要设置的名称即可。按照设置一级菜单的方法，运营者还可以对每个一级菜单设置子菜单。

运营者在进行自定义菜单栏设置之前，要先规划好每个菜单栏的作用，这样取名字时就比较方便，而且后期也不需要再重复修改菜单名称。

1.3　人员准备：7大类别，让工作井井有条

任何企业都不能没有运营部门，就好比人不能没有心脏一个道理，运营的重要性众所周知。好的产品需要运营，而对于运营而言，除了产品，运营人员也是运营中的一大重点。因此，如何做好运营过程中所需人员的准备工作是必须要考虑的问题。

1.3.1　能力要求：知晓“晓大局、好文案和多技能”3大要求

具体说来，运营人员的能力应该包括3项基本能力，分析如下。

1.看整体，增强大局观

运营是整体的运营，其各组成部分的运营是不可分离的，必须从大局出发，从高处着眼，把整体考虑进去，才能让运营效果更好。内容运营作为运营的重要部分和表现媒介，更是与其他部分联系紧密。

因此，在运营团队招聘内容运营方面的人员时，必须要求其具备大局意识，培养大局运营思维。从具体的运营工作上来说，就是需要他们在编写文案时，要将面对的用户和要推送的渠道放在最前面思考，真正地把内容运营的价值表现出来。

大局运营思维毕竟属于思维的范畴，就必然有着思考的成分在里面，需要考虑内容、用户和渠道等众多方面，而不能只单纯针对一个角度去做一些没有很大效果的工作，如图1–15所示。

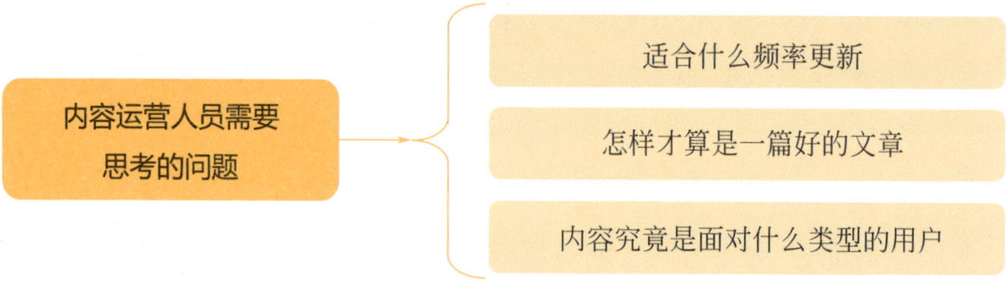

内容运营人员需要思考的问题
- 适合什么频率更新
- 怎样才算是一篇好的文章
- 内容究竟是面对什么类型的用户

图1-15　具备大局运营思维的内容运营人员要思考的问题

图1–15中的3个问题，看起来与单纯的文案编写这一过程没有太大关系，其实并非如此。它们是文案编写者在编写前和整个编写中要思考的，甚至在写好之后也需要仔细斟酌的，只有这样，内容运营这一体系才能盘活。换句话说，它们是培养和具备全局运营思维的必要条件。

此外，我们这里谈到的大局思维，还需要运营人员具备全面思考、注重细节和考虑长远等方面的素质。

2.做文案，触动用户内心

说起文案能力，也许有些人会认为，这有什么好说的，不就是文笔好吗？答案真的是这样吗？其实，内容运营中的文案编写，目的是写的文案的质量能满足运营的要求，更重要的是，针对不同的运营目的策划出不同的内容。

对于每一个单点的内容、每一篇文案而言，都要求其具备比较高的质量，这种高质量体现在什么方面呢？笔者将其总结为3点，即能打动用户、真正产生价值和真正吸引流量。

可见，文案编写必须与内容运营这一整个过程结合起来，因而好的文案编写能力也就变得不那么简单了——需要根据运营效果来衡量。这就需要我们在编写文案时不能只为写而写，否则即使再优美、华丽的文案，也只能弃置一旁。即使被采用了，效果也一定不会让人满意。

因此，总体来说，文案的编写不能只看文字能力，还要看与运营方向的协调能力，就好比在大海上航行不光是看船的质量好不好，关键是船长是否能掌控船舵的方向。

那么，针对运营而创作的文案，它的文案能力的好究竟要“好”在哪里呢？首先，文案能力的“好”，其核心在于内容必须围绕用户展开，具体而言是围绕用户的思维习惯、阅读习惯和鉴赏习惯而展开的。

不仅如此，文案的内容也需要进行相应的改变，无论是什么风格，接地气或是文艺小清新，更重要的是文案需要从用户与价值相结合的角度出发，具体的做法如图1–16所示。

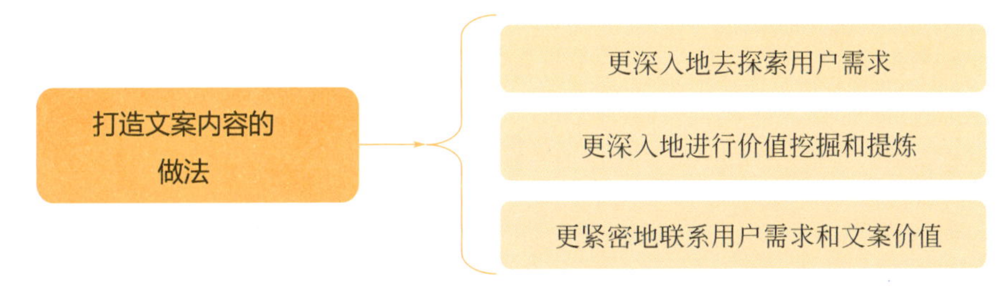

图1-16　打造文案内容的做法

3.加技能，全方位发展

无论是大局运营思维，还是好的文案能力，对于内容运营人员来说，都是必须掌握的。而除了这两种必备的能力外，掌握其他一些与内容运营相关的辅助技能也是必不可少的。

抛开内容运营的概念不说，在一些人看来，运营人员的工作就只是运营。在他们的字典里，运营是不需要其他技能的。而作为一名专业的、真正的运营人员，除了运营方面要精、深外，还需要广博的知识和技能，内容运营人员也是如此。究其原因，这主要是由对自身的要求和内容运营的价值运作原理决定的。

一方面，我们需要获得社会认可，创造自身价值，这是需要掌握相应技能的。从基本的物质生活需求看，要想做好自己的工作和获得更多报酬，就需要更多的辅助技能。另一方面，从内容运营的运作原理看，包括如图1–17所示的两个方面的内容。

内容运营运作原理		
	内容匹配的运营	对内容进行精确的匹配，以产生价值：不同产品间、不同用户间，需要配置个性化的内容，保证相应匹配的内容是优质的
	体系关系的运营	让内容之间相互关联，并产生效应价值：内容与内容之间需要高效的串联，不同的内容之间需要承担相应的转移、转化价值

图1-17 内容运营的运作原理解析

综上所述，我们在做新媒体运营时，就必须干一行，专一行，对涉及工作的各种辅助技能都掌握在手，工作起来才能得心应手。如照片后期处理功能、各种软件和平台的功能探索等，都是我们在内容运营中需要具备的辅助关联技能，而不能仅仅把内容运营定位在“重复搬运信息——对内容进行排版——按时推送”上。

1.3.2 新媒体运营：履行“内容、用户和公关”3大职责

新媒体之所以称为“新”，就是因为它是与传统媒体相区别的，是一种新的媒体形态，从严格意义上来说，它更应该称为“数字化新媒体”，具体的种类包括以手机为载体的手机媒体、以互联网为平台的网络媒体和主要依赖于电视的数字电视。

更具体地来讲，新媒体还包括自媒体平台。随着互联网和移动互联网的迅速发展，自媒体平台越来越多，其中比较典型的自媒体平台如图1–18所示。

微信公众平台	推送至手机客户端，比较热门，人气高，而且营销效果好
米聊订阅发布平台	仅限VIP账号订阅发布平台，流量较大，形式以邀请为主
今日头条媒体平台	发布速度不快，但流量相对而言比较大，因此适合注册
搜狐新闻自媒体平台	搜狐旗下的产品，设计风格比较简洁，操作起来也很方便
新浪微博粉丝服务平台	信息发送方式以私信为主，最大的优点是达到率较高
网易新闻媒体开放平台	可以省去更新内容的烦恼，注册过程比较简单，实用便捷

图1-18 典型的自媒体平台

那么，新媒体账号运营究竟有着怎样的工作职责呢？可从如图1-19所示的3个方面来进行分析。

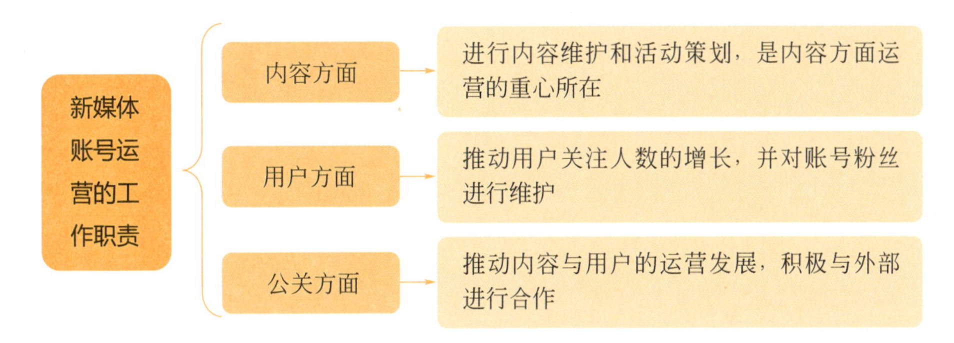

图1-19 新媒体账号运营的工作职责

1.3.3 编辑：负责“内容生产推广+美工”两大工作

“编辑”这一概念从传统的出版学角度来说，是指对出版物进行后期制作的一系列工作和承担这些工作的人。而随着互联网和移动互联网的发展，它所涉及的工作范围和人有了明显扩大，所有与内容（包括各种形式的内容）直接相关和间接相关的工作和工作人员都称被视为“编辑”。

相对于其他运营岗位来说，编辑是大家比较熟悉的。特别是在招聘网站上，与运营相关的编辑职位还是比较常见的，且在职责上有着明确分配和定位。如图1-20所示为某招聘网上与运营相关的编辑职位招聘中提及的岗位职责。

职位信息

岗位职责：

1. 负责事务所网站、微信公众号等产品方案策划、内容编辑、推广；
2. 负责事务所新闻报道、宣传稿等软文写作及发布推广；
3. 负责编写事务所对外宣传资料及相关产品资料；
4. 负责事务所企业文化宣传工作。

任职资格：

1. 大专及以上学历，新闻学、广告学、中文等相关专业优先考虑；
2. 具备良好的文字功底及独立的创意性思维，有较强的文案写作能力；
3. 具有渠道推广、文案策划等相关工作经验者优先。

图1-20 招聘网站上的运营体系的编辑岗位职责

从图1-20中可以看出，运营体系中的编辑岗位职责主要集中在平台的各种内容生产的全流程上，如策划、筛选、审核、推荐、编排、修改、加工、推广等。当然，这里的编辑主要是针对平台内容的产生和推广而言的，而关于平台和平台内容的各方面的设计和美化工作，大多都归于编辑范畴内的“美工”这一岗位了。

美工编辑是一个需要精通一个或多个设计软件的技术性工种，需对平面、色彩、基调和创意等进行布局。图1-21所示为某网站上的美工编辑招聘提及的职位要求。

工作职责：

1）负责网站页面的整体美工创意、设计和页面的实现；负责公司网站活动专题的版面策划、设计以及制作上传；

2）主要负责新媒体广告创意、广告文案创作，协助团队完成阶段策略制定；

3）各种图片制作处理，多种模版的设计；

4）负责对公司的产品卖点、创意进行挖掘和提炼，撰写产品推广文案，产品介绍等资料；

5）负责公司形象展示宣传、产品图册设计、宣传册设计等平面类设计工作；

6）协助其他部门人员对设计及美学方面的工作顺利完成；

7）参与项目方案建构中的活动创意产出，并负责进行创意部分的方案支持。

任职资格：

1）专科以上学历，中文，美术或设计专业毕业；

2）擅长文案编辑、写作，文笔优美，能够撰写企业新闻稿、产品宣传的广告文案

3）熟练使用设计类软件：photshop/reamweaver/ash/Illustrato etc；

4）良好的视觉体验和设计创意能力，能独立设计、制作网页和专题页面；

5）具有良好的执业道德、执业素质和沟通能力，有责任感，具有团队精神；

6）有扎实的书面写作和口头表达能力；

7）有网站设计成功经验优先，请写明已发表作品网址。

图1-21　招聘网站上的美工编辑岗位职责

按照美工编辑的工作内容来看，它主要包括3种类型，即平面美工、网页美工和三维美工等，具体介绍如图1-22所示。

除此之外，还有一个与网页美工有着相通之处的网店美工。不同的是，网店美工是网店的网页视觉设计，除了必要的网页设计，它还需要相关岗位人员掌握两个方面的内容或技能，即熟悉产品特征和用户需求、熟悉html代码等。因而网店美工需要掌握的软件也就多了，如Photoshop、Dreamweaver、Cdr、Illustrator等都可能用到。

美工编辑的工作内容还会涉及前面所说的生产和推广平台内容的编辑工作，特别是在一些网站和平台上，当其内容大都是以图片来展示时，此时美工编辑可能会担当内容编辑的职责。

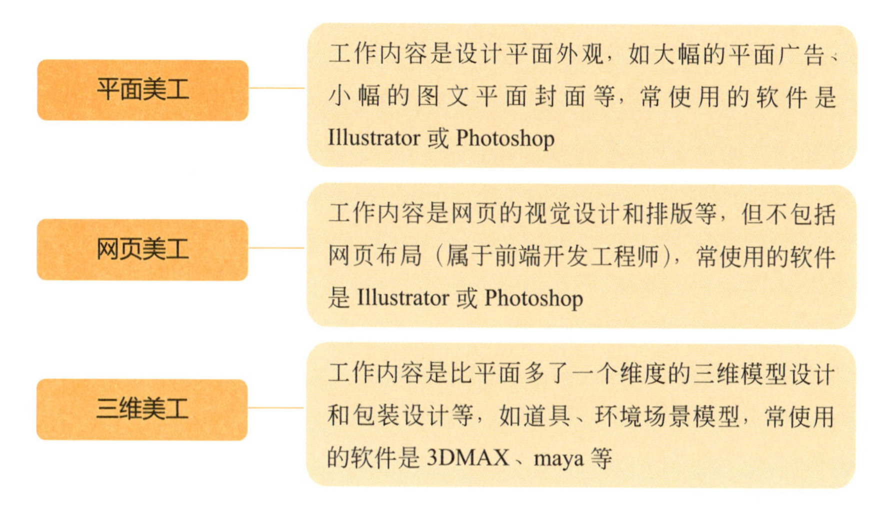

图1-22　美工编辑的主要类别

1.3.4　广告投放：遵循“少费用、多流量”两大标准

广告在生活中无处不在，我们每时每刻接触的信息中都有广告的影子，如街边上接到的传单、网页上弹出的广告等。那么广告是如何投放到网页上去的呢？广告投放的运营人员又该完成哪些工作呢？广告投放的目的和意义是什么？

关于运营的广告投放岗位，最终的目的和职责要求是以更少的广告投放费用，获取更多的流量和用户。从这一点出发，广告投放岗位需要做3个方面的工作，且这3个方面的工作在时间上有前后承接的关系，如图1-23所示。

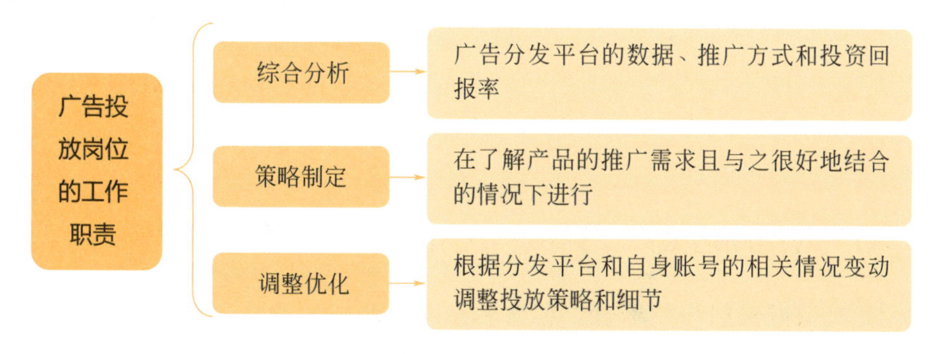

图1-23　广告投放岗位的职责介绍

1.3.5 线上商铺管理：清楚6大模块工作职责

在电商平台跨境发展的情况下，各个平台都出现了与之相关的各种链接，这使得运营体系的线上商铺管理显得尤为重要。特别是在电商蓬勃发展的今天，电商平台的运营体系建设在运营工作中的地位也日益突出。

例如，打造女性社区的美柚APP与淘宝共同搭建的电商平台“柚子街”，它既有效利用了美柚的用户流量，同时又对淘宝的功能延伸起到了一定的帮助作用。

除了电商平台的店铺管理，还包括其他平台的商铺管理，比如微店、微商城等，它们或是通过自身的价值受到不少用户的青睐，或是得到了有力的运营，或是二者兼而有之。

其实，说来说去，不管线上商铺管理的范围发生了什么变化，该岗位的职责和工作内容都是没有太大改变的，都是围绕着6个模块在运转，如表1–1所示。

表1-1 线上商铺管理岗位职责

模块	具体职责
商品品类管理	（1）主要推荐的是什么商品 （2）重点打造的有哪些爆款
商品上架与下架	（1）商品什么时候上架和下架 （2）哪些商品上架或下架
商品包装设计	（1）商品的基础包装 （2）商品图片文案的设计
商品的具体推广	（1）商品推广方案的制定 （2）商品推广方案的实施
营销活动申请	（1）促销活动：“双十一”、520等 （2）专题活动：聚划算、拍卖等
商铺在线客服	（1）商品问题解答 （2）商品售后服务

1.3.6 应用商店推广：完成“APP发布+上架”两大工作

要想做好新时代的运营，各方面必须兼顾，如微信公众号、微信小程序，而在微信平台以外，还有APP这一大的推广渠道，因此，应用商店推广岗位也是需要重点了解的。

在此，应用商店推广主要还是着重于推广方案制定和实行的前期工作。一般说来，它包括两个阶段的内容，具体如图1–24所示。

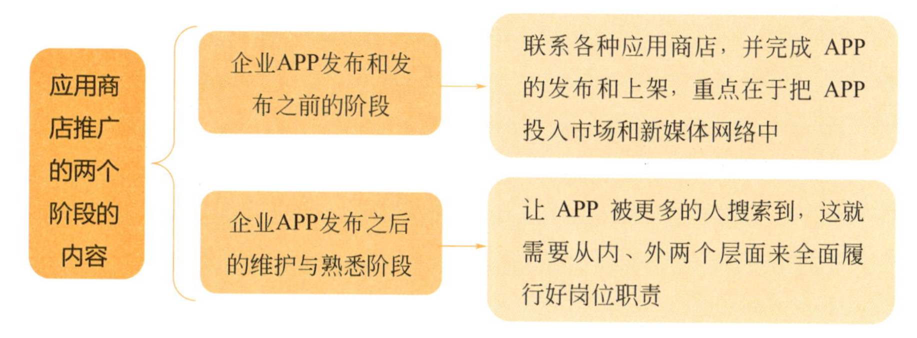

图1-24　应用商店推广的两个阶段内容

这里谈到的对内和对外的主要岗位职责如图1–25所示。

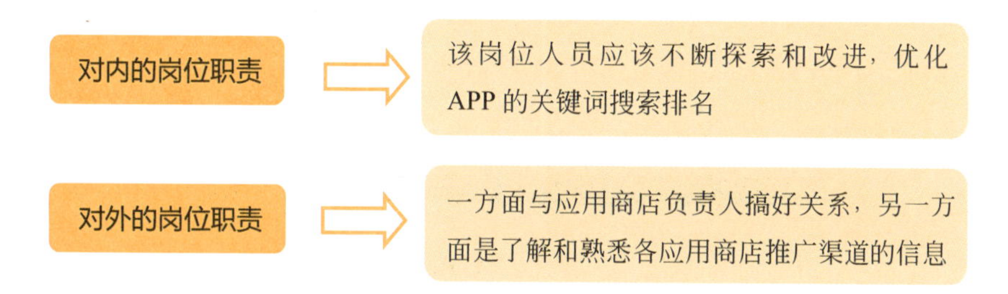

图1-25　对内和对外的主要岗位职责

专家提醒

在此，对外层面的工作是不可忽视的，应该引起运营者的重视，因为只有做好了相关准备，才能使得将来的广告投放获得事半功倍的效果。

1.3.7　群组运营：细心管理，才能迎来忠诚粉丝

在此，群组主要是指由多人组成的线上的群组，主要包括QQ群、微信群等。在企业和商家的眼中，群组中的人员是需要细心维护的忠诚粉丝，因此，进行群组运营无疑是必要的，是运营工作团队的重要组成部分。

当然，在现实的运营环境中，这一运营岗位一般是没有特定的、单一的人员负责，而是由其他运营岗位人员兼任，如上面所说的新媒体账号运营人

员、广告投放人员。

一般说来，群组运营除了需要配合其他运营岗位人员工作外，还有一些有别于其他岗位的特定工作，举例如图1-26所示。

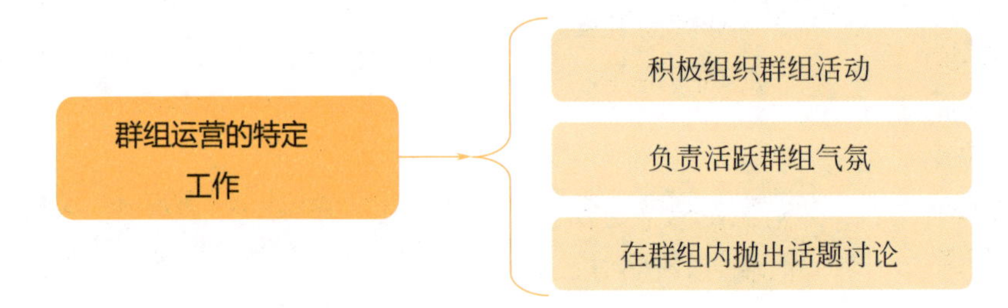

图1-26　群组运营的特定工作

以微信群为例，为了吸引用户并留住用户，运营人员需要一直关注群内动态并主动组织活动。此外，运营人员还通过发送“早安”、音乐等方式努力活跃群组内的气氛，如图1-27所示。这样是为了增强用户的黏性，让他们感受到人性的关怀，从而使他们继续留在社群中，为社群的活跃度奉献出一己之力。

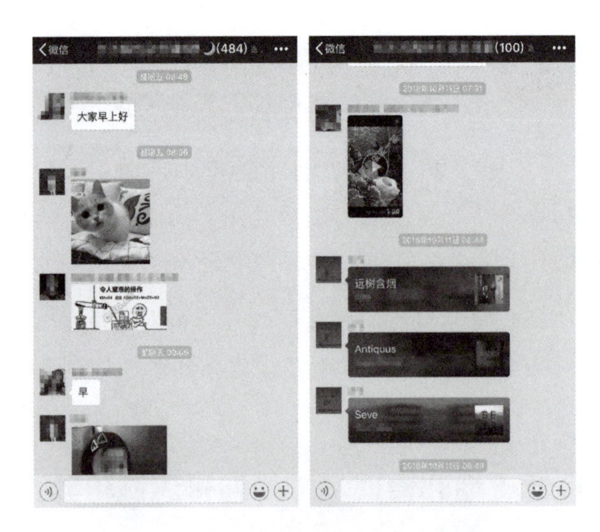

图1-27　活跃群组气氛的方式展示

实际上，群组运营的重点是必须时刻关注粉丝的动态，特别是那些黏性比较强的粉丝。运营人员在努力活跃群组气氛的同时，可以通过发送优惠券、送出限量名额、赠送小福利等方式来达成目标，从而维系好社群的整体状态，尽可能地减少用户的流失，吸引用户加入群组。

第2章

平台矩阵：15大平台，打造你的媒体“王国”

学前提示

在运营过程中，平台的运营是一个极为重要的内容，而选择什么样的平台来运营更是重中之重。

本章从15大流量平台出发，具体介绍它们在运营中的得力方式和推广技巧，为运营者打造专属于个人的媒体“王国”提供方法。

要点展示

腾讯社交平台，拓宽推广渠道的必要添加剂

电商、资讯平台，做好一件产品的主流平台

视频、音频平台，进一步提升阅读和推广效果

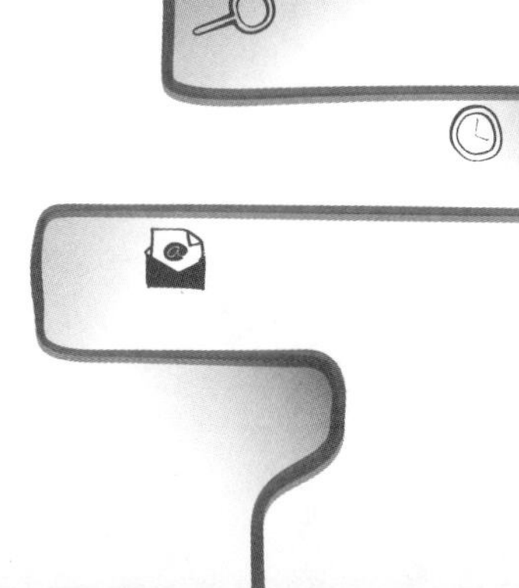

2.1 腾讯社交平台，拓宽推广渠道的必要添加剂

在各种运营平台中，腾讯社交平台是众多企业和商家乐于选择和拥护的，特别是微信、微博等的发展，更是为平台矩阵的建立提供了强大的助力。

2.1.1 社交矩阵：它有哪些组成平台和优势？

说到腾讯，我们接触较多的是腾讯QQ、腾讯微信、腾讯微博等，其实，仔细地在脑海中搜索一遍，发现生活中有关于腾讯的相关平台还是很多的，除了上面提及的平台外，还有TM、腾讯视频、腾讯游戏、财付通、腾讯搜搜、QQ浏览器和腾讯电脑管家等。

其中，腾讯平台所构成的社交网络已被大家熟知和普遍应用，由此而拥有的海量优质流量为运营提供了极大的优势，具体内容如图2-1所示。

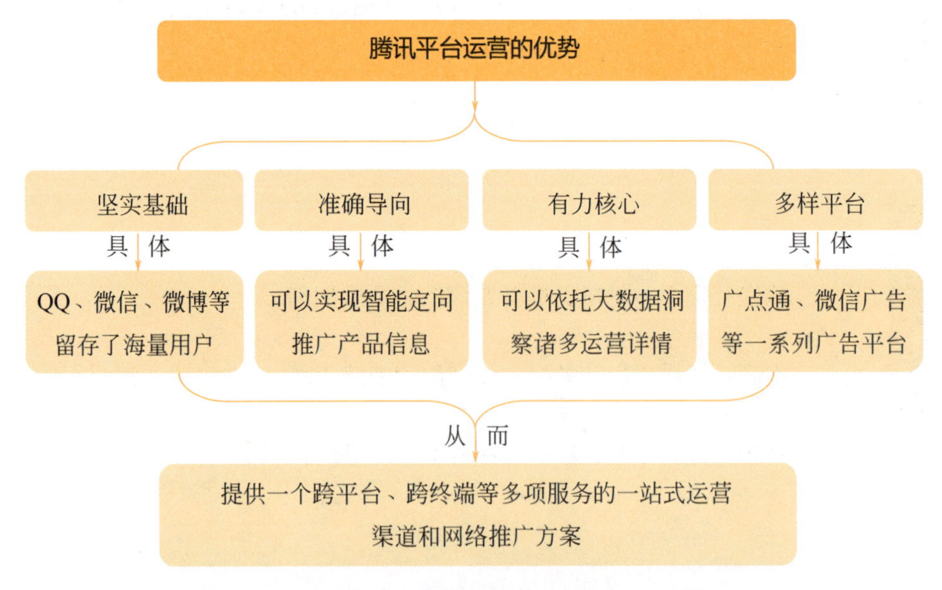

图2-1 腾讯平台运营的优势

2.1.2 确定平台：根据关联度选择推广平台

对腾讯这一运营平台来说，要做的事就是明白你要从中选择哪些平台来进行运营和推广。而要想选择得好，首先就应该对选择的事物有充分的了

解。对腾讯，我们应该有一个跨平台、跨终端运营的认知。如图2–2所示就是运营者要了解和认识的腾讯广告平台。

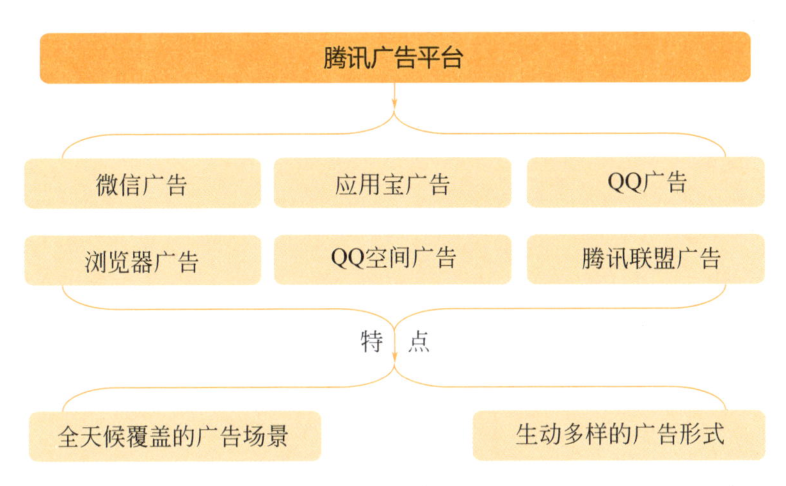

图2-2　腾讯广告平台介绍

在图2–2中提及的多样、独具特色的腾讯广告平台中，我们在进行运营时应该考虑用户群与各平台之间的关联度，以此来确定运营渠道，举例如下。

● PC端or手机端：在互联网通讯发展的情况下，首先要了解关注自身企业产品和品牌的目标用户，在终端选择上更习惯用哪一类浏览信息。

● 微信端or QQ端：在社交网络中，用户使用的软件会在不同的场合下有所不同。因此，应该具体思考推广企业品牌、产品信息时，用户可能选择关注的平台。

确定了运营平台，接下来就要具体考虑品牌、产品推广的方式了。关于腾讯运营平台的广告定向投放，具体包括两种形式，如图2–3所示。

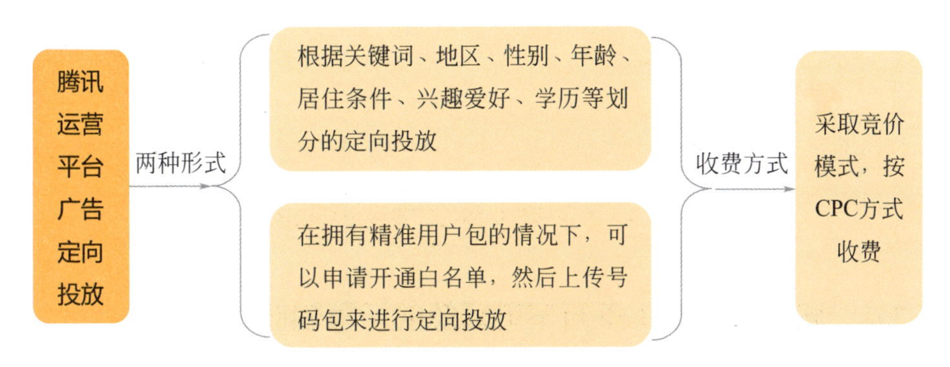

图2-3　腾讯运营平台的广告定向投放解读

2.1.3 目标客群：精准分析构建完整用户画像

在确定平台和推广方式的同时，用户的确定和精准分析也是其中极为重要的运营内容。在运营初期，目标用户是一个作为整体的群体，而这一群体中的个人又各有不同的基本属性，如年龄、性别、地域、职业和学历等，形成用户画像。

接下来对用户的确定和精准分析工作主要是对这一整体按照不同的基本属性和行为进行不同层次的划分，以用户画像为依据，完成用户的区分与聚集。

- 区分：首先确定一个划分的标准，然后按照这一标准，对用户画像进行两大类的区分。
- 聚集：首先在两大类中进行用户画像的共性组合，然后聚集用户，选择适合的行业平台。

运营者可以试着把客户群体分为A、B两类，并确定A类客户群体对平台的付费贡献最大，B类客户群体具有数量大却付费少的特点。其中，B类客户群体分布范围广、基数大，能吸引更多的人加入用户群体中。

在对用户群体进行精准分析并划分的基础上，选择不同的平台进行推广。针对客户群体细分后的广告和信息投放，具体内容如图2-4所示。

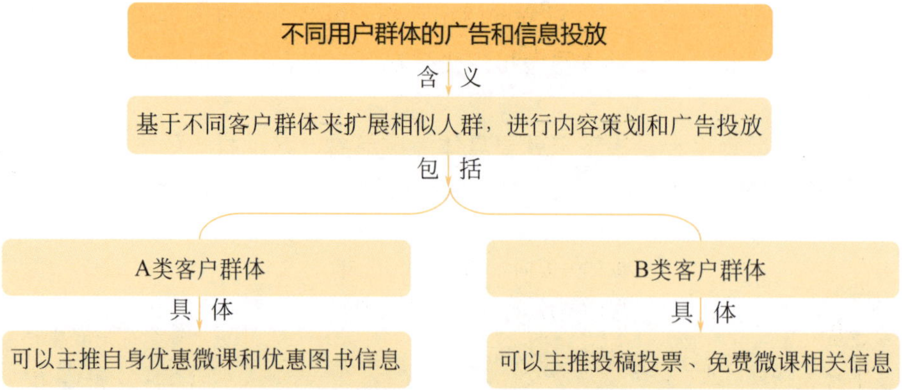

不同用户群体的广告和信息投放
含义
基于不同客户群体来扩展相似人群，进行内容策划和广告投放
包括
A类客户群体
具体
可以主推自身优惠微课和优惠图书信息
B类客户群体
具体
可以主推投稿投票、免费微课相关信息

图2-4 不同客户群体的广告和信息投放

2.1.4 微信公众号：千万不可轻忽的运营轴心

在移动互联网不断发展的当下，企业进行微信公众号的运营，在直接加

强了企业与用户之间的交流，拉近了商家与消费者之间的距离的同时，也使得这种营销平台更加细化。对于新媒体运营者来说，要做好微信公众平台的运营最重要的还是要掌握一些实用的运营技巧。

1. 重视内容的含金量

微信公众平台主要还是以各种推送信息为主，因此，内容的含金量尤其重要。“提供价值，而非吸引眼球”，用户关注了企业或个人的微信公众号之后，能够通过“查看历史消息”选项进入公众号的历史消息中，如果内容没有什么亮点，或者达不到用户预想的结果，那么用户可能就会取消关注。提升含金量的方法可以从以下几点入手，如图2–5所示。

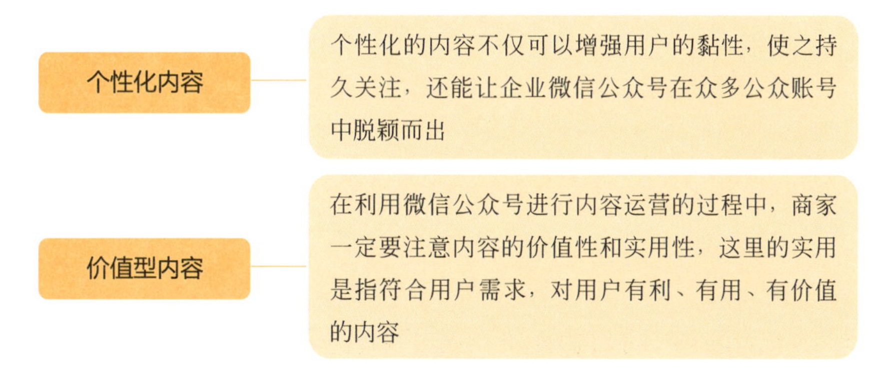

图2-5　提升内容含金量的运营技巧

那么，个性化和价值型的内容应该怎样创作呢？在这里，笔者主要为大家讲述“认识我、我的好，买我”三步式创作方法，运用好这一方法，能够让商家的内容运营效果更上一个台阶，如图2–6所示。

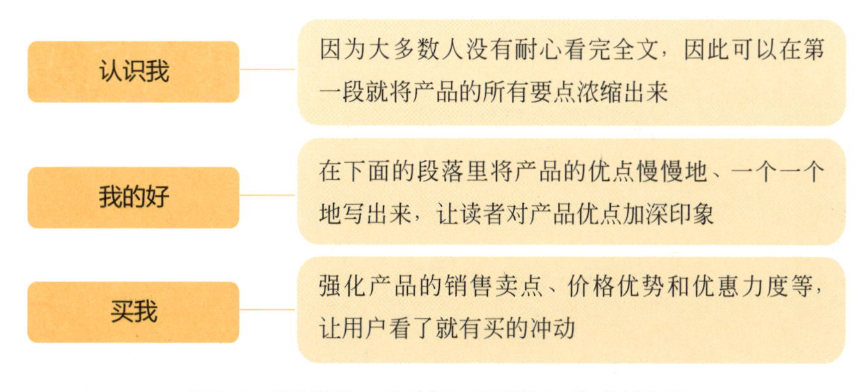

图2-6　“认识我、我的好，买我”三步式创作法

2. 关注功能的自主性

在微信公众平台上，内容重要是一方面，另外平台具备的自定义回复接口也是有很大的可开发空间的。对于很多服务号来说，当用户关注企业的微信公众号之后，用户就能马上收到人性化的自动推送服务菜单。这种自主服务能够帮助用户对企业提供的服务有一个全面的了解，而且还能够提供多样的自主选择。

通过自定义回复接口，企业可以宣传企业的文化、感谢用户的关注，还能推荐企业的活动等，当用户输入关键字就能查看相应的信息，非常方便。

除此之外，用户还可以通过自定义回复功能为企业提供宝贵意见，而企业则可以在微信内生成微信贺卡、提供微信导航服务和提供智能对话服务等。

专家提醒

对企业来说，微信公众号的运营具有三大难点：第一，内容制作；第二，引流吸粉；第三，商业变现。特别应该注意的是，企业必须加强原创内容的发布，只有这样才能够进一步提高阅读量。

2.1.5 微信商城：打通电商功能的社交平台

微信商城又可以称为微商城，主要是将微信作为媒介，并通过其方便的移动支付功能，实现电商企业与消费者的在线互动，及时推送最新的商品内容给微信用户，实现移动电商功能。

微信商城有两种，一种是开通微信支付的，另一种是没有开通微信支付的，具体如图2-7所示。

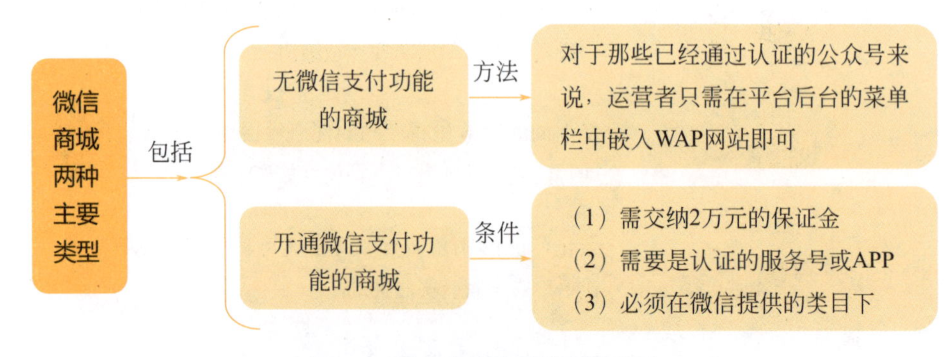

图2-7 微信商城的两种主要类型

例如，美丽说在成为微信平台上的一个第三方服务平台后，同时打造其微信商城向广大微信用户开放电商购物渠道。用户从微信平台上的个人钱包中就可以进入美丽说平台。

用户通过微信进入美丽说平台，可以直接使用美丽说平台的所有购物功能。对于美丽说平台而言，开通微信的入口，相当于拥有了微信的数亿活跃用户数量。来自微信平台的用户流量，帮助美丽说获得了更可观的利润和影响力。

2.1.6 朋友圈：利用熟人圈子进行传播

朋友圈的力量有多大，相信不用笔者说，大家都知道。平台运营者可以利用朋友圈的强大社交功能为自身产品吸粉引流。具体说来，朋友圈的强大主要表现在两个方面，即运营者本身朋友圈的影响力和朋友圈用户的分享与高效传播能力。

而想要运营好朋友圈这一重要渠道，也就是说要想让自身产品增加在朋友圈的曝光度，就有必要激发起用户转发分享的热情。而转发分享这一动作的发生，是源于对他们分享传播的动力的激发。这里所说的动力的来源有很多方面，可以是活动优惠、集赞送礼，也可以是非常优秀的能够打动用户的内容。不管怎么样，只有能够给用户提供价值的信息和产品，才会引起用户的注意和关注。

具体说来，在朋友圈平台运营中，用户乐于转发分享的信息和产品一般是这样的，如图2-8所示。

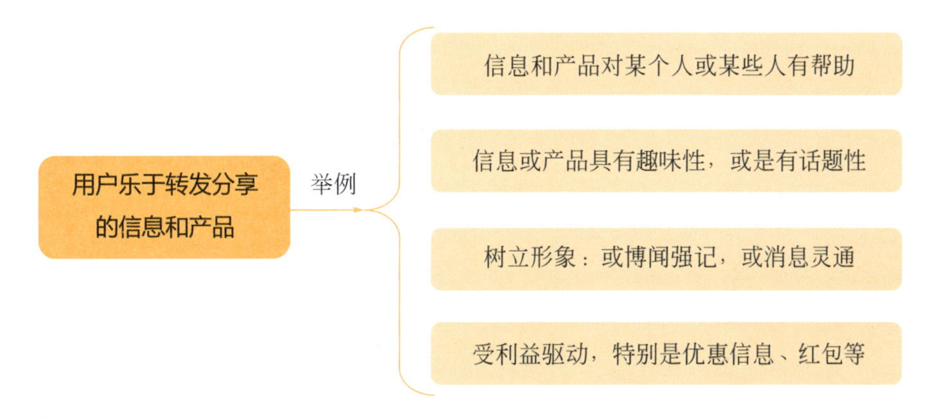

图2-8　微信朋友圈用户乐于转发分享的信息和产品举例

2.2 电商、资讯平台，做好一件产品的主流平台

除了腾讯社交平台外，电商、资讯平台同样是获得流量、利用流量推广和营销的主要平台之一。特别是在移动电商高速发展的情况下，淘宝、京东等电商平台被更多的运营者应用到推广领域中，且策略越来越成熟，方式多样化越来越明显。

2.2.1 淘宝头条：聚焦热门生活消费资讯

淘宝未来的发展方向是“内容化＋社区化＋本地生活服务”，在这些前提的驱动下，推出了“淘宝头条”平台（又称为淘头条）。除了手机淘宝中的淘宝头条流量入口外，用户也可以通过下载专门的“淘宝头条”APP来使用其中的功能。如今，淘宝头条已成为国内最大的在线生活消费资讯媒体平台。

当然，想要入驻淘宝头条，商家还需要具备一定的资格（下面引用淘宝头条官方发布的入驻要求），如图2–9所示。

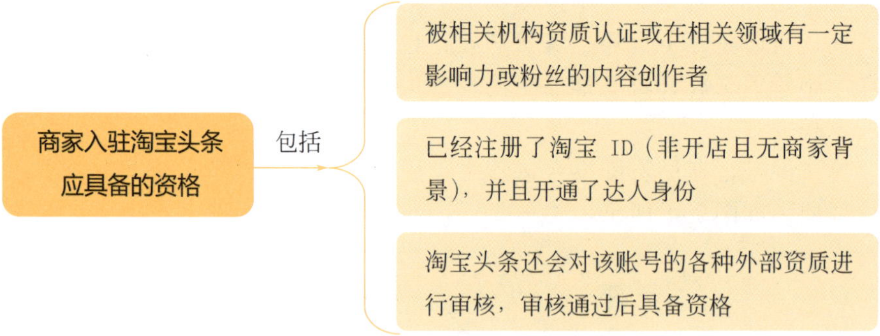

图2-9 商家入驻淘宝头条应具备的资格

在淘宝头条中，新潮流趋势相关的资讯内容是最受欢迎、最容易通过的内容形式，而且这种内容的覆盖范围非常广泛。而运营者要借助淘宝头条进行营销与推广，就必须要清楚淘宝头条的4种内容形式，具体内容如下所述。

（1）明星话题：包括剧情速递、明星同款、明星爱物和明星代言等。

（2）热点话题：包括社会热点、节日热点和季节热点等。

（3）商品盘点：包括奇特单品、性价比商品推荐、潮流单品和不同适用类型商品推荐等。

（4）经验技巧：典型的有美容美体技巧、穿搭技巧、怀孕育儿技巧和生

活家装技巧等。

专家提醒

需要注意的是，在创作经验技巧类内容时，一定要巧妙地将商品融入这些经验技巧中，不能太过于直白。更不能先讲技巧，然后放一堆商品，这样消费者在面对这些商品时，会显得无所适从。要突出内容给用户带来的实用价值，而且价值必须是切实可用的。

对于商家来说，要想在淘宝头条上发布内容，首先需获得头条白名单资格。商家只需在一个自然月内按照要求发布15条内容，只要其中的12条内容被审核通过，即可获得头条白名单资格。之后，商家即可进行头条投稿，每天最多可以发布5条头条内容。

专家提醒

运营者需要注意的是，不管是什么样的平台，它们对广告大多是采取屏蔽策略的。因此，商家在利用评论引流时切记不可在评论中直接附带链接，而需要利用文章的形式来进行评论。

发布淘宝头条内容后，还需要对其进行优化，力求让内容更加优质，这样才能更好地吸粉引流。接下来，笔者将为大家介绍淘宝头条吸粉引流的技巧，如图2-10所示。

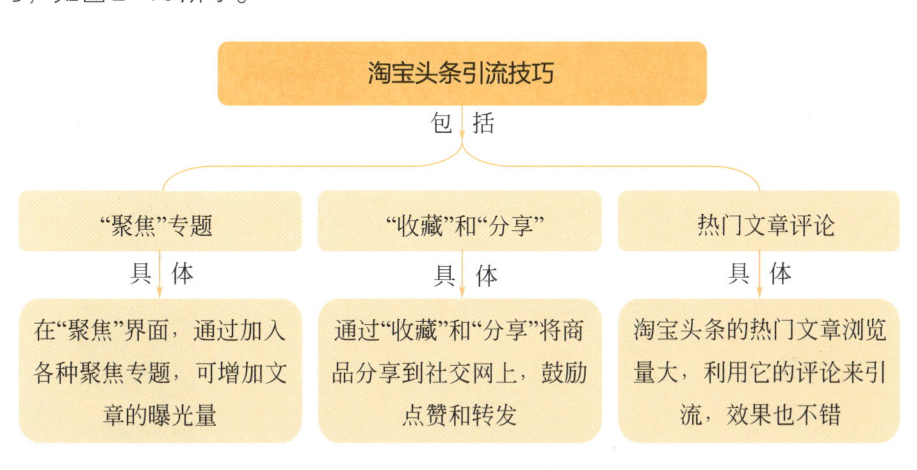

图2-10　淘宝头条引流技巧介绍

2.2.2 京东快报：有流量、价值的内容入口

在传统电商领域，京东商城拥有数一数二的行业地位。在粉丝经济时代，京东为寻求更好的发展，推出了各种形式的运营策略和功能，京东快报就是其中之一。

在手机京东APP的首页界面上，大家可以看见“京东快报”功能，该功能是一个向上翻滚的广告栏，如图2-11所示。同时它也是手机京东商城上的一个流量入口，更是一个有巨大价值的内容模块。

在“京东快报”功能中，用户可以看见那些比较热门或者正在进行促销活动的商品。只要点击向上翻滚的广告，就可以进入“京东快报”的“精选”页面，如图2-12所示。在该页面上，用户可以选择需要的或感兴趣的广告信息点击查看，还可以通过点击信息中插入的商品进行购买。

“京东快报”功能，通过简短但是极具吸引力的一行内容，将用户引导到相应的购买界面，实现了精准导购，从而促进用户购买，实现电商盈利。

图2-11 “京东快报”功能

图2-12 “京东快报”的“精选”页面

2.2.3 有好货：供您挑选的世间好物展示

淘宝平台上有一个“有好货”流量入口，它对于达人的依赖性并不强——达人只是产品进入“有好货”平台的入口，而它的主要流量来自淘宝网、手机淘宝以及系统消息推荐。由此可见，“有好货”平台本身就具备了独特的优势，如图2–13所示。

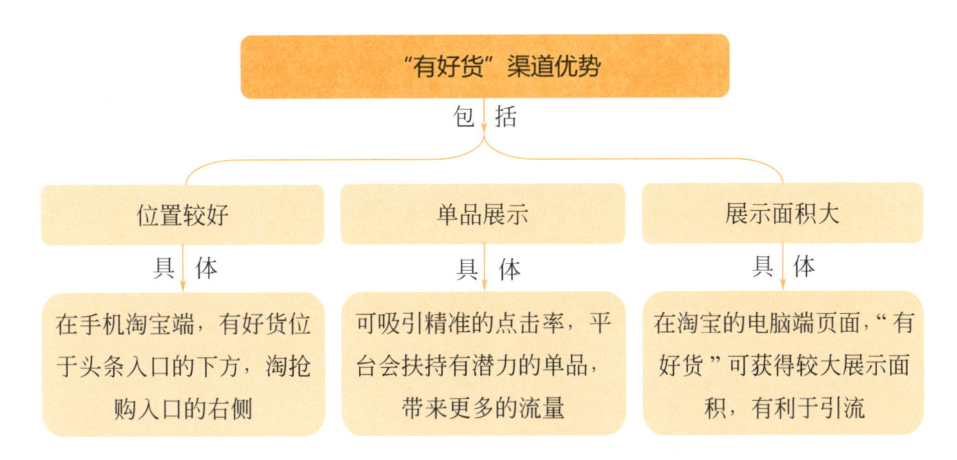

图2-13 “有好货”平台的优势介绍

有好货是淘宝旗下各类平台流量的聚集点，并且，有好货是通过精准定位的方式进行推送的，所带来的都是优质流量，十分容易形成转化。

需要注意的是，有好货不是发布后就会一直保留在上面，系统每隔一段时间都会去除一些质量不佳的产品和图片。因此，在入驻有好货平台前，商家必须先了解其加入的条件，具体内容如图2–14所示。

图2-14 “有好货”平台的入驻条件

2.2.4 淘宝直播：以低成本获取高转化率

在互联网时代，对于运营者来说，如果选择电商变现的方式，则需要学会用互联网思维卖货的技巧。本小节以淘宝直播为例，具体介绍电商平台的运营技巧。

手机淘宝中的淘宝直播带来了全新的消费直播热潮，具体表现在以下3个方面。

- 对网红明星来说，又多了一个全新的变现平台。
- 对淘宝商家来说，可以更好地将直播内容变现，从而增加店铺销量。
- 对消费者来说，淘宝直播使他们摆脱了简单的文字、图片等形式的消费渠道，通过视频直播可以更加直接地了解商品特点，从而选到更适合自己的商品。

在淘宝直播平台中，发布较多的是美妆、潮搭、母婴、美食、旅游类产品以及相关的内容形式。每到一些购物节日期间，淘宝都会邀请明星和红人参与直播。对于商家来说，如果有合适的产品，可以联系淘宝达人来协助宣传，让他们来为店铺引流。一般的运营技巧如图2-15所示。

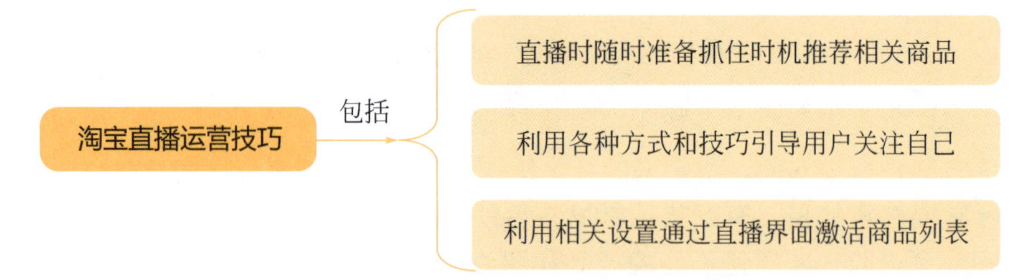

图2-15 淘宝直播运营技巧

当然，对于那些没有开店只是帮助商家推荐商品的淘宝达人而言，也可以从商家处获得佣金收入。在这种互联网电商模式下，直播视频内容充当了流量入口，为商家或自己的店铺提供推广渠道。

用互联网思维运营的内容电商模式，可以更加精准地把握客户需求，流量成本更低，转化率更高，具有更多的变现优势。

2.2.5 百度百家：见证内容与广告的交互转换

百度百家是百度针对互联网内容创业者开发的一个新媒体渠道，囊括了来自互联网、时政、体育、人文等多个领域的自媒体人。

对百度百家自媒体平台来说，假如你是普通用户，那么它是不会接受你的投稿的，只有当你成为注册用户后，才能在该平台上发布文章。用户可以注册百家账号来实现内容发布、内容变现和粉丝管理等操作。

百度百家账号有个人与机构两个主体类型，它们各有其适用范围，具体如图2-16所示。

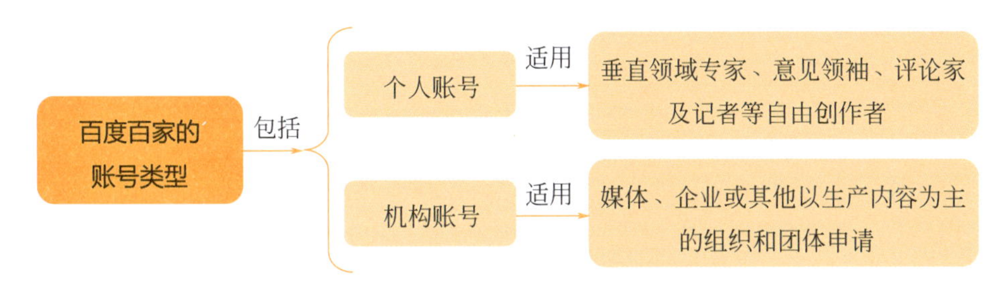

图2-16　百度百家的两种账号类型适用范围

百度百家通过百度联盟的商业模式，如图2-17所示，让互联网内容与企业广告实现良性的交互转换，对内容创作者、读者以及他们之间的传播者实现无缝对接。

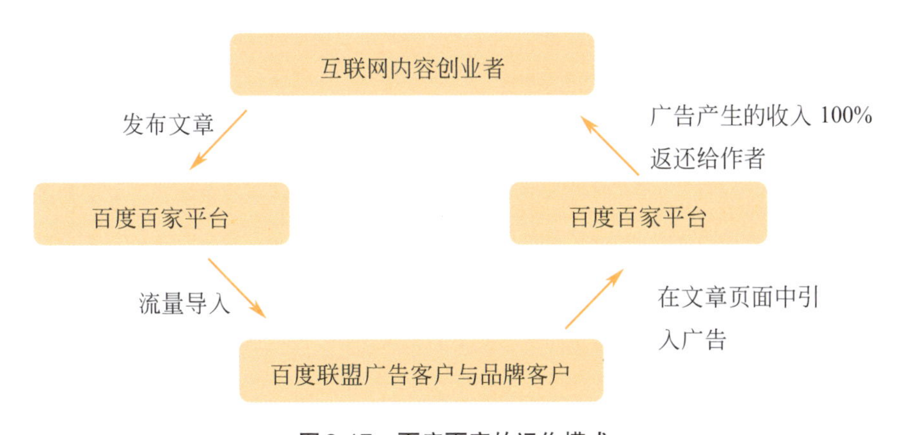

图2-17　百度百家的运作模式

用户需要根据自己的真实情况选择账号类型，填写相关信息，完成后提交，等待系统审核即可。当系统审核通过后，会通过用户注册时填写的手机号码或者邮箱号码发送审核结果通知。

注册成功后，即可在百度百家上发布内容，而百度新闻APP的原创栏目就是这些内容的展示地。关于百度百家的产品服务，包括内容发布、内容表现和粉丝管理3个方面。

百度百家同时也是一个去中心化的新媒体平台，只要是好的内容，就可以在百度百家中得到大力推荐，而且可以在自媒体群中引发震动效应。

2.2.6 简书：选择好专题推广原创内容

简书平台是一款集写作与阅读于一体的社交型互联网产品，同时也是一个基于内容分享的社区。简书平台在推文引流方面有自己独特的优势，运营者可以在该平台上进行内容推广。

在新媒体平台上，发布文章是进行运营和推广的核心内容。与其他新媒体平台不同，简书是一款优质的写作软件，其写作编辑很有平台的特色。运营者登录简书平台后，可进行文章推送。

要注意的是，在简书平台上，文章编辑完成后，内容的发布并不是单击“发布文章”按钮就完成了的，而是需要运营者对文章进行专题投稿，然后等待专题收录，收录后简书的用户才能看到运营者发布的文章。

在数据查看和分析方面，相对于其他平台渠道来说，简书就简单得多，它的文章数据就只有阅读量、评论数和喜欢量3个方面，且查看的方法也很简单。运营者登录简书后，❶单击右上角头像图标下的“我的主页”按钮；❷就可以查看所有发布的文章和相关数据，如图2-18所示。

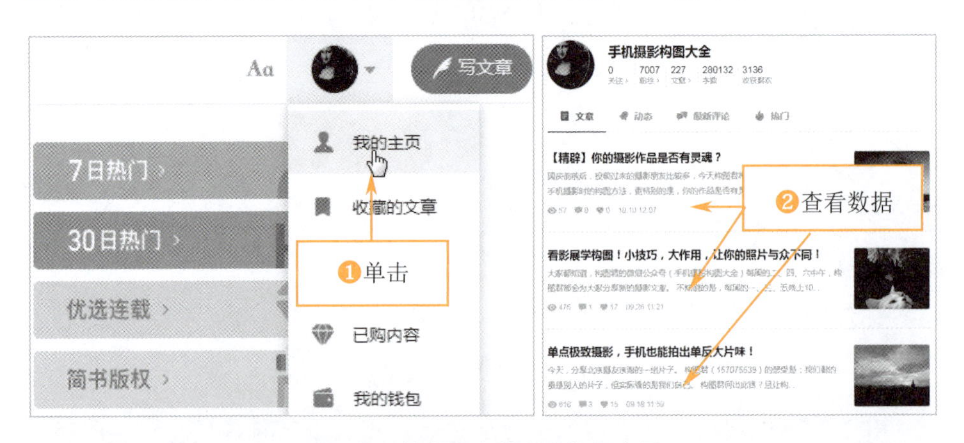

图2-18 简书平台的文章数据查看

在简书上，“赞赏”是平台特色的功能之一。运营者启用赞赏功能后，赞赏按钮会出现在文章的底部。运营者可以设置赞赏功能，❶单击右上角头像图标下的“设置”按钮，进入设置页面；❷单击“赞赏设置”按钮，即可进入相应的赞赏设置页面。图2-19所示为简书平台的“赞赏设置”操作。

图2-19　简书平台的“赞赏设置”操作

2.3　视频、音频平台，进一步提升阅读和推广效果

在各种移动场景中，不仅视频节目满足了用户的碎片化需求，原本显得没落的音频节目恰好也能作为用户碎片化需求的补充。接下来，将为大家详细介绍实用的运营视频、音频运营渠道运营的内容。

2.3.1　优酷视频：满足多元化用户需求

优酷是国内成立较早的视频分享平台，其产品理念是“快者为王——快速播放，快速发布，快速搜索”，以此来满足多元化的用户需求，并成了互联网视频内容创作者（在优酷中称为“拍客”）的集中营。

优酷的官网首页有许多频道，具体包括：剧情、电影、综艺、音乐、烧热、直播、咨询、拍客、纪实、公益、体育、汽车、科技、财经、娱乐、原创、动漫、搞笑、旅游、时尚等。

在优酷平台上，不管你是一个资深摄影师，还是一个摄影爱好者，也不管你使用的是专业的摄像机，还是一部手机，只要是喜欢拍摄视频的用户，都可以成为优酷的“拍客”。

另外，优酷还推出了“原创”和“直播”等频道，来吸引那些喜欢原创并且热爱视频的用户。在优酷“原创”频道中，有很多热爱视频短片的造梦

图2-20　优酷“科技”频道

者，他们不断坚持并实现自己的原创梦想，不少人成了网络红人，同时他们也为优酷带来了源源不断的原创短片。

在优酷平台上，还有一个“科技”频道，如图2-20所示。在该频道，用户可以观看各种科技产品的视频，比如图中的手机测评、产品新闻等视频内容。而对于经营与科技相关产品的企业来说，优酷平台的“科技”频道是一个不错的产品宣传渠道。

首先，企业可以通过视频形式展示品牌文化，通过企业品牌文化的宣传推广，能使用户更为认可企业产品。这种形式的平台运营和营销方式具有特别的意义，所以大型的互联网公司，对于企业文化的宣传向来都十分重视。

例如，苹果公司推出了首支真人出演的“HomePod”的视频短片，该视频的画面内容宣传了苹果产品HomePod对放松休闲的改变，从侧面展示了苹果公司的品牌文化追求，如图2-21所示。

图2-21　苹果公司首支真人出演的“HomePod”广告视频短片

2.3.2　美拍：完整生态链积蓄粉丝力量

“美拍”原本只是一个用来拍手机视频的免费APP，在上线后便受到用户欢迎，而且还取得了APP Store全球非游戏类下载量第一的成绩。

进入美拍后，能看到上方有很多短视频的分类，如直播、热门、高效、美妆时尚、美食、音乐、舞蹈、旅行等，这些都是其他用户拍摄并上传的短视频。用户可以在美拍上欣赏各种视频作品。图2–22所示是美拍平台中的“萌宠”模块，在该模块中用户可以看见许多跟宠物相关的视频。

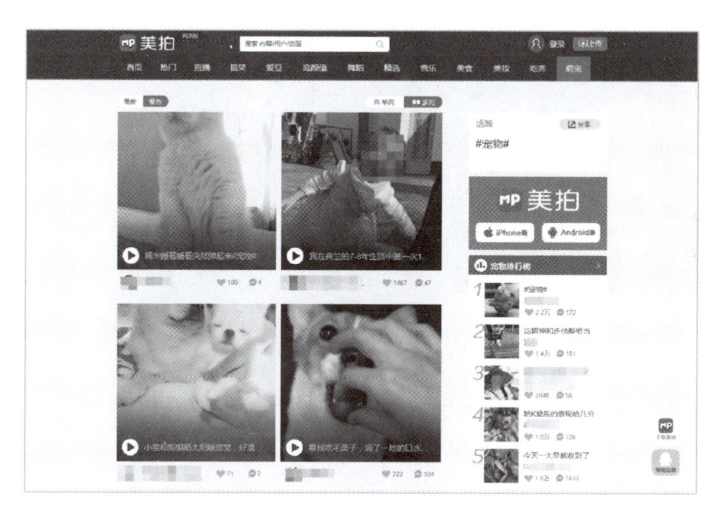

图2-22　美拍平台“萌宠”模块

相较于其他平台来说，美拍的最大特色主要表现在四“最”，如图2–23所示。

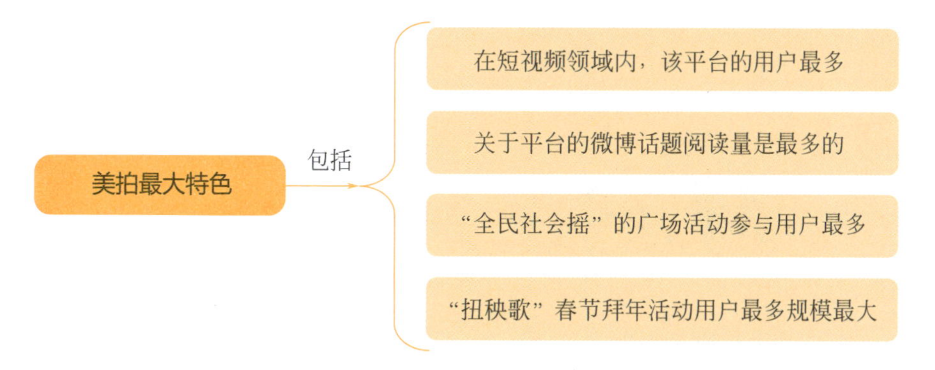

图2-23　美拍APP最大特色

说到话题，美拍无疑是成功的。它运用话题来推广自己，充分抓住了当下女性用户的心理，并搭载微信朋友圈、微博等社交元素。这些都是“美拍”的成功之道。例如，在淘宝“双十一”即将来临之际，它不仅参与了话题“双十一”的讨论，还推出了“十年一转眼”的话题，如图2–24所示，引发了众多评论和留言。

图2-24　美拍运用话题来推广

此外，美拍APP主打“美拍+短视频+直播+社区平台”。这是美拍APP的第二大特色，从视频开拍到分享，一条完整的生态链，不仅可以为用户积蓄粉丝力量，还能逐渐发展成为一种运营和营销方式。

基于美拍APP的特色，对于想要借助视频平台进行网络营销的企业来说，它会是一个非常不错的渠道选择。企业可以在美拍平台上培养专门的人员，对企业经营的产品进行推广、宣传。

就拿前面的话题来说，在美拍推出微博话题讨论的情况下，企业和商家可以就相关话题推出产品，特别是“美食”“吃秀”等模块。图2–25所示的“大虾”，就是一个结合美拍的话题和视频来助力运营的例子。

图2-25　美拍话题与产品制作结合的运营

在话题影响力下，将产品制作过程整合成视觉展示，这种运营方式对于有消费意向的用户，影响不可谓不大——它能加深用户对产品的认识，有助于打造产品文化，从而吸引用户关注和购买。

2.3.3　花椒直播：独特的明星属性优势

花椒直播是我国一款每日活跃用户数突破500万，月活跃量超过1000

万的超大移动社交直播平台。它的最大特色就是具有其他直播软件无法比拟的明星属性。此外，花椒还专门打造多档自制直播节目，包括文化、娱乐、体育、旅游等多个方面。

在此，以旅游为例，介绍如何通过视频直播渠道来运营旅游行业。在直播出现以前，旅游行业主要通过风景图、旅游宣传片等方式来吸引用户旅游，但是并不能达到很好的宣传效果。比如有些网友会怀疑图片的真实性，担心亲临目的地后，图片与现实不符。

而随着直播行业的不断深入发展，“直播+旅游”模式兴起——利用直播做宣传旅游，可以让用户对产品有更清晰、真实且全面的感受和体验，从而使用户情不自禁地出门游玩。

在由齐全的场外设备、取好景和多取景、创新互动方式等3大要素构成的“直播+旅游”模式中，重点在于场外直播。将自然风景直接呈现在用户面前，并结合专业性的解说，让用户明白你的产品优势。

基于此，唐山南湖景区选择了与花椒直播合作，携手共同打造“直播+旅游”的全新模式，并专门建立了旅游直播频道。图2-26所示为唐山南湖景区的相关视频。

图2-26　唐山南湖景区的相关视频

2018年10月，唐山南湖景区联手花椒直播，多位花椒人气主播来到南湖景区，全程直播多场精彩纷呈的主题活动。这种“直播+旅游+明星”的模式更加容易吸引用户的关注，直播当天收获了上百万的点击量，火热程度可见一斑。

花椒直播和唐山南湖景区此次达成跨界合作，对于花椒直播来说，获得了很多优质、多元化的内容；对于唐山南湖景区来说，则助力其宣传推广；而对于两者携手打造的“直播+旅游”的新生态模式来说，则带给了广大用户突破时间和空间限制的新鲜感。另外，还使得旅游行业发展的脚步又向前跨越了一大步。

2.3.4　喜马拉雅：顶尖的音频分享平台

喜马拉雅FM是国内顶尖的音频分享平台，用户可以在平台上传、收听

各种音频内容。它支持手机、电脑、车载终端等多种智能终端。图2-27所示是喜马拉雅平台官网首页。

图2-27　喜马拉雅平台官网页面

此页面把音频节目分为有声书、儿童、娱乐、知识、生活五大版块，在每个大版块下还有平台的不同分类频道。图2-28所示是“儿童”分类中的一些音频节目，里面有一系列适合儿童收听的音频内容节目。

图2-28　喜马拉雅“儿童”分类中的音频节目

在喜马拉雅平台上，用户除了可以收听音频节目外，还可以申请成为主播，发布自己的音频内容到平台上。图2-29所示是喜马拉雅平台主播的新声计划。主播可以在平台上发布音频，从而获取收益。

喜马拉雅的收益方式多种多样，例如录制节目、在线直播、朗读书籍、广告宣传等，都是常见的获得收益的方式。在喜马拉雅平台的作品有声化平台，主播录制音频内容上传并被选中的话，即可进一步与作品发布方合作。

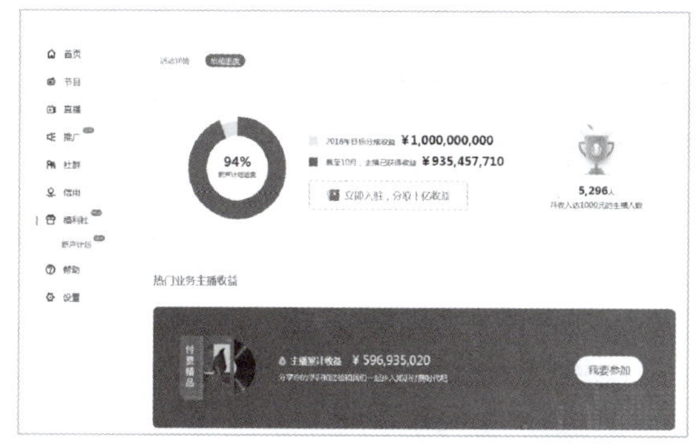

图2-29　喜马拉雅主播的新声计划

图2-30　喜马拉雅平台的作品有声化平台

图2–30为“放开我的小白龙”的音频任务详情页面，任务发布方要求参选者按照提供的素材，来进行一段时长5分钟左右的演播，目前该音频任务已经有多人领取任务了。

对个人或企业而言，可以利用喜马拉雅平台来搭建自己的自媒体平台，也可以通过与其中的自媒体合作来推广产品。例如，可以通过发布作品来寻求合作，通过打造音频产品来扩大运营和营销效果。

2.3.5　蜻蜓FM：投放精准的收听应用

蜻蜓FM是一款强大的广播收听应用，具有如图2–31所示的功能特点。

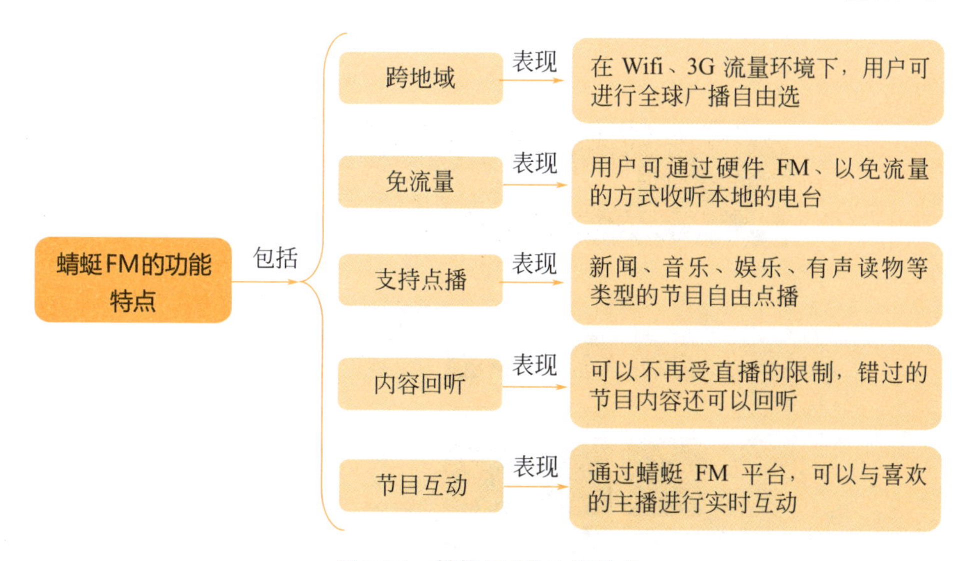

图2-31　蜻蜓FM的功能特点

蜻蜓FM的用户可以收听国内、海外等地区众多广播电台，并且内容分类十分丰富，包括小说、音乐、相声小品、脱口秀、情感、历史等多种类别，具体如图2-32所示。用户可以直接通过搜索栏寻找自己喜欢的音频节目。

图2-32　蜻蜓FM内容分类页面

企业应该充分利用用户碎片化需求，通过蜻蜓音频平台来发布产品信息广告，音频广告的营销效果比其他广告形式好，广告投放更为精准。而且，音频广告的运营成本也比较低廉，十分适合本地中小企业用来进行长期推广。

例如，房地产企业就可以选择与“房价”相关的音频自媒体进行合作，如图2-33所示。因为这些平台有大批的关注房价的用户收听，广告的精准度和效果会很好。

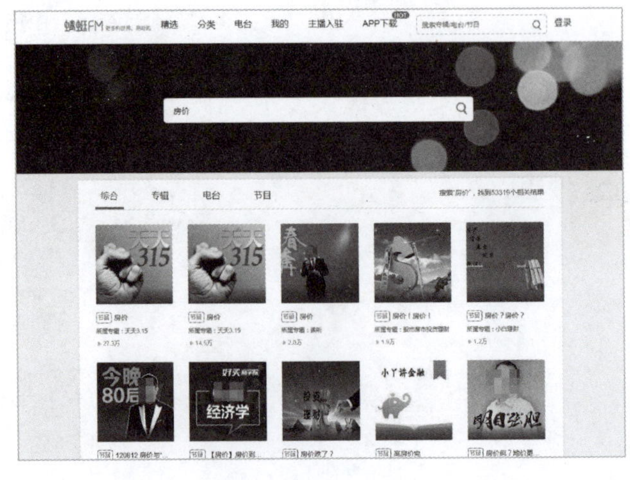

图2-33　房地产企业可以选择与“房价”相关的自媒体合作

当然，企业也可以通过在平台上策划音频专题节目来进行宣传推广。策划专题节目，就是通过专题节目来促进营销。它是粉丝参与度较高的运营形式，也是一种未经常使用的音频运营形式。完整的音频专题节目策划和营销，要经历以下3个阶段，如图2-34所示。

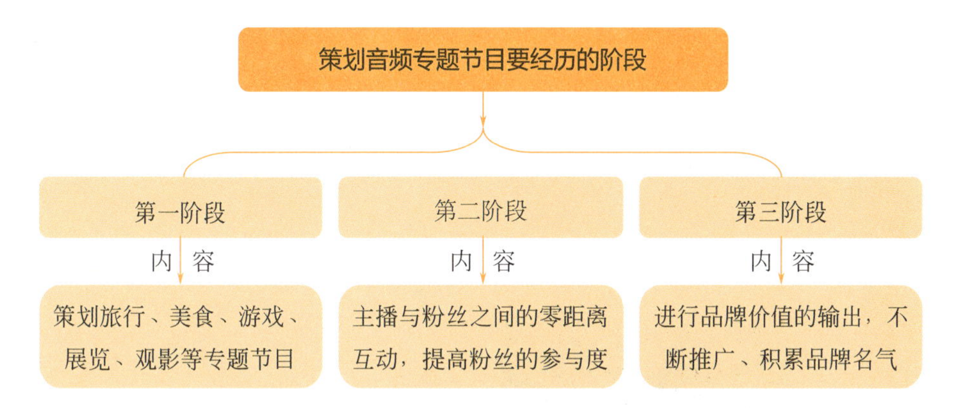

图2-34　策划音频专题节目要经历的3个阶段介绍

专家提醒

内容中植入广告营销、创建音频自媒体营销和通过专题节目营销这三种核心的音频运营方式，可以有很多形式的创意玩法。企业要根据公司和产品的情况，选择一种或多种方式结合起来灵活运用，发挥出音频节目营销的潜力。

2.3.6　荔枝FM：普通人也能成为主播

在音频渠道中，荔枝FM无疑也是一个值得运营者关注的语音直播平台。荔枝FM的愿景是打造全球化的声音处理平台，帮助人们展现自己的声音才华。

在这个平台上，不仅可以收听各种优秀的电台节目，更重要的是，就如其宣传语“用声音在一起”一样，它是一个支持在手机终端推出自媒体电台的平台。同时，荔枝FM打造了一条从节目录制到一键分享至各社交平台的完整的生态链。

由此可见，运营者如果选择荔枝FM这一音频渠道进行运营，可以通过创建音频自媒体的方式来实现运营目标。

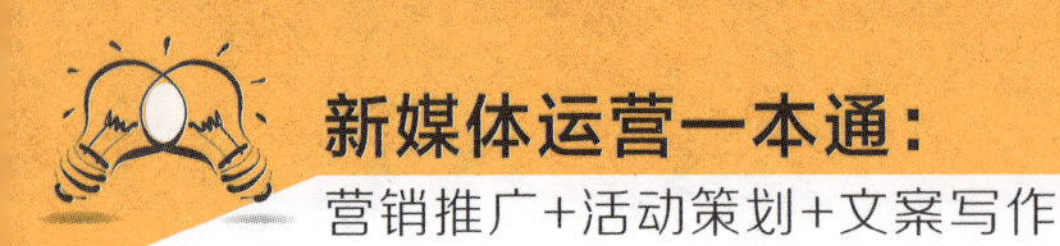

要想进入荔枝FM平台的节目录制界面，只要在首页点击右上角的头像按钮，进入“我的”页面，然后选择要推出的节目类型“录音”或“直播”，即可开启节目的录制，如图2-35所示。

图2-35　进入荔枝FM的节目录制界面

其实，运营者搭建自己的音频自媒体平台，也是一种很好的拓展营销渠道的方式。它对推广品牌、提高粉丝黏性具有积极效果。当然，企业在荔枝FM平台上建立自己的音频自媒体平台的时候，有些问题要多加注意，如图2-36所示。

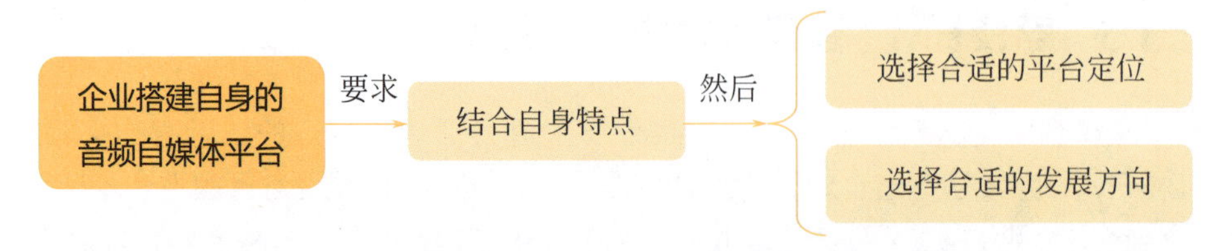

图2-36　企业建立自身的音频自媒体平台要注意的问题分析

第3章

数据营销：17个技巧，助你更容易读懂自己

学前提示

从新媒体平台后台开发出的一系列数据分析系统可以看出，新媒体平台已经成为时下的重要营销平台。对于运营者来说，这一系列的数据分析系统能够帮助他们实现更为精准的营销。在这个大数据时代，数据不仅仅包含着规律，更是包含着诸多宝藏。

要点展示

数据收集和整理：3大平台，实现系统的数据收集

数据分析：8大数据，实现准确、清晰的自我定位

寻找热点：4类指数，助你打开热点营销的“开关”

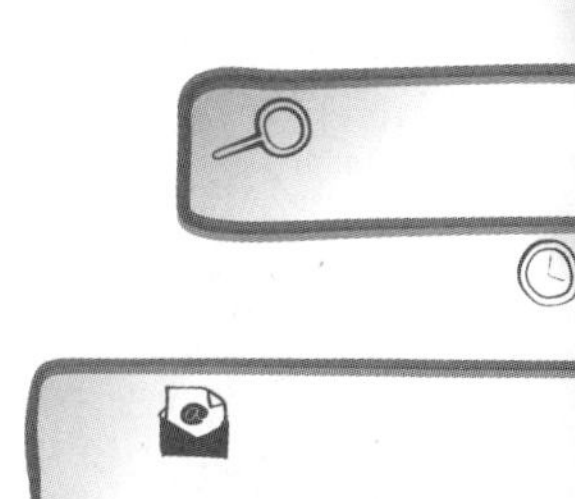

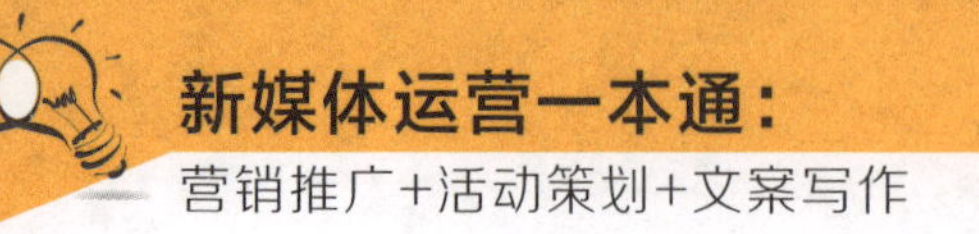

3.1 数据收集和整理：3大平台，实现系统的数据收集

数据能够给我们最好的答案，想要分析数据，就必须学会数据分析的流程。从我的运营经验出发，数据分析的流程包括：收集数据、整理数据、将数据转变成图形、分析数据和得出结论这五步。

在此，我们首先来了解如何收集数据。这是所有从事运营的人员需要思考的一个问题。也许，从常见和全面系统的角度而言，我们首先想到的就是平台提供的一系列数据。因此运营者必须知道一点，那就是如何从平台获取优质的数据，以及收集数据的方法。

3.1.1 微信公众后台收集：各类数据的集合

微信公众后台是每个运营者都必须重点关注的地方。微信公众后台的统计功能模块下，有6大分析项目，分别是用户分析、图文分析、菜单分析、消息分析、接口分析和网页分析。

在这些项目中，每一个指标下都会有趋势图，这些趋势图是通过折线的形式表现出来的，一目了然，不需要运营者自己再去做图形，通过这些折线图，就能够进行数据分析。图3–1所示为用户分析项目中“新增人数”的趋势图。

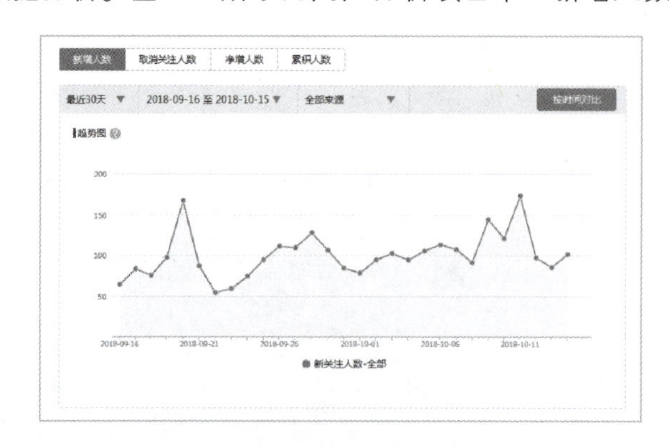

图3-1 用户分析项目中“新增人数”趋势图

除了查看趋势图数据，运营者还可以直接获得原始数据，然后根据自己的需要对原始数据进行后期加工处理。具体的操作方式是：在下面的数据表格中，单击“下载表格”按钮，如图3–2所示，然后就能将数据导出到Excel表格中。

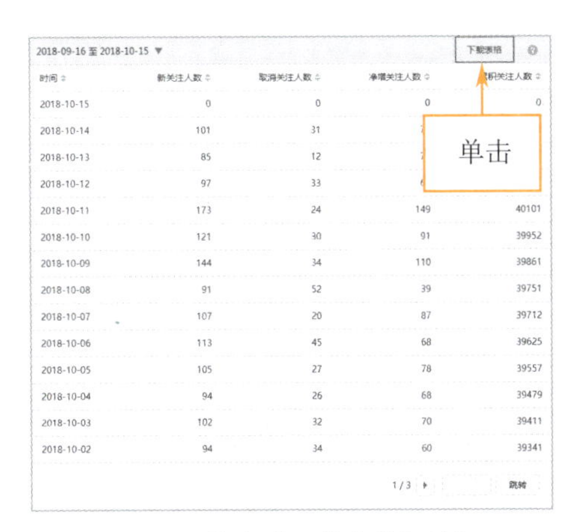

2018-09-16 至 2018-10-15 ▼ 下载表格

时间	新关注人数	取消关注人数	净增关注人数	积关注人数
2018-10-15	0	0	0	0
2018-10-14	101	31	7	
2018-10-13	85	12	7	
2018-10-12	97	33	6	
2018-10-11	173	24	149	40101
2018-10-10	121	30	91	39952
2018-10-09	144	34	110	39861
2018-10-08	91	52	39	39751
2018-10-07	107	20	87	39712
2018-10-06	113	45	68	39625
2018-10-05	105	27	78	39557
2018-10-04	94	26	68	39479
2018-10-03	102	32	70	39411
2018-10-02	94	34	60	39341

1 / 3 跳转

图3-2　单击“下载表格”按钮

3.1.2　新榜平台收集：各类平台价值评估数据

如果有一个可以为新媒体、微信等平台内容进行价值评估的平台，运营者一定会关注，这个第三方机构平台就是新榜。目前，新榜平台上有超过1000万个微信公众号，对超过35万个有影响力的优秀账号实行每日固定监测，从而发布影响力排行榜。

通过新榜平台，运营者可以查询某公众号、微博账号、头条号等的排名情况，还可以查询统计周期内的其他数据，包括：发布数据、总阅读数据、头条阅读数、点赞数和当日排名数据等。

图3-3所示为新榜平台的微信公众号数据情况。对于运营者来说，他们可以在此收集到微信公众号系列榜单以及榜单上各公众号的数据样本。

2018年10月14日　统计数据截止：10月15日 12时　样本数量：666966　数据说明 | 异常举报

#	公众号	发布①	总阅读数	头条	平均	最高	总点赞数	新榜指数	加入我的收藏
1	人民日报 rmrbwx	9/24	240万+	90万+	10万+	10万+	19万+	1074.2	♡
2	新华社 xinhuashefabu1	7/22	216万+	70万+	98411	10万+	66287	1062.4	♡
3	央视新闻 cctvnewscenter	8/16	135万+	80万+	84916	10万+	36869	1033.4	♡
4	人民网 people_rmw	5/13	102万+	48万+	78507	10万+	10074	1009.0	♡
5	参考消息 ckxxwx	5/18	100万+	41万+	56108	10万+	12811	1005.9	♡
6	环球时报 hqsbwx	5/21	100万+	46万+	47975	10万+	13422	1005.1	♡
7	占豪 zhanhao668	1/8	80万+	10万+	10万+	10万+	57791	998.6	♡
8	新闻夜航 yehang82898289	3/24	85万+	28万+	35693	10万+	2584	984.2	♡
9	新华网 newsxinhua	5/17	72万+	45万+	42591	10万+	6214	982.4	♡
10	澎湃新闻 thepapernews	3/24	74万+	23万+	31037	10万+	3682	976.0	♡

图3-3　新榜平台的微信公众号数据情况

另外，新榜平台还在榜单的基础上为众多企业、机构提供了方便、实用的多种数据产品和服务，如被广泛应用的“号内搜”“分钟级监测”。

“号内搜”这一新榜平台数据产品是针对公众号开发的。如今，读者想要知道哪方面的信息，总是习惯上网搜一搜，但这种搜索大多还是集中在百度、360搜索等传统的互联网平台上，而新榜“号内搜”为广大用户提供了在公众号内进行信息搜索的服务。

对运营者而言，升级后的“号内搜”所能提供的数据资源包括用户的所有搜索行为，能帮助运营者更好地了解用户和描画用户画像。图3–4所示为新榜“号内搜”后台的数据服务功能简介。

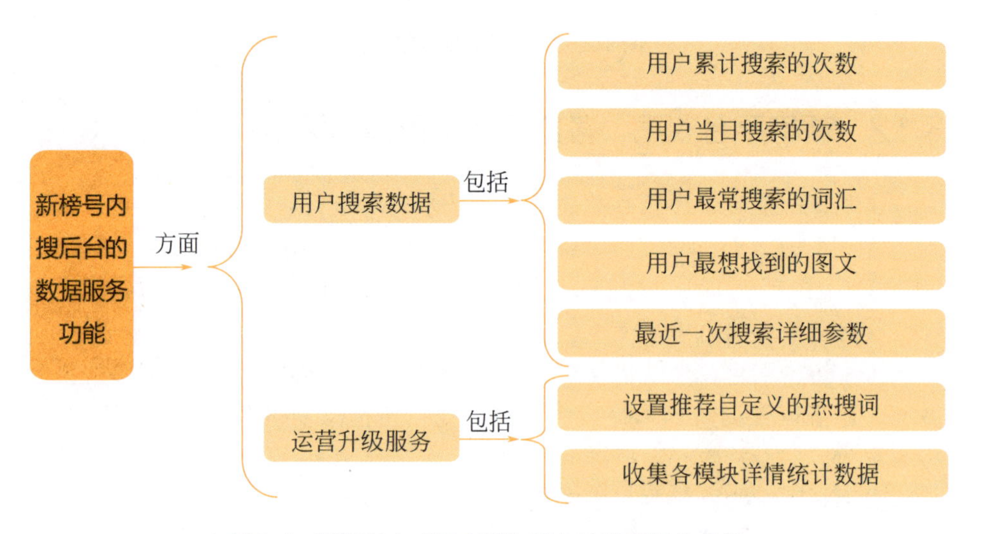

图3-4　新榜平台“号内搜”后台的数据服务功能

“分钟级监测”，全称为“微信公众号分钟级传播监测”，与“号内搜”一样，它也是为公众号服务的数据产品。它能分钟级连续监测到链接到公众号的阅读数和点赞数，并在分钟级的数据监测上完成对特殊的数据增长的准确判断。图3–5所示为新榜平台“分钟级监测”数据产品的功能。

正是因为新榜平台的“分钟级监测”有着如此强大的功能，因此，需要人们在运营公众号的过程中，规范自身的运营行为，不能为了快速增加流量或实现其他运营目标而扰乱正常运营秩序，如刷阅读量就是其中一例。

在“分钟级监测”产品下，所有的异常行为能很快被识别出来，且在新榜平台开通了公众号数据存疑举报邮箱的情况下，还有可能被取消在新榜平台的数据展示，可谓得不偿失。

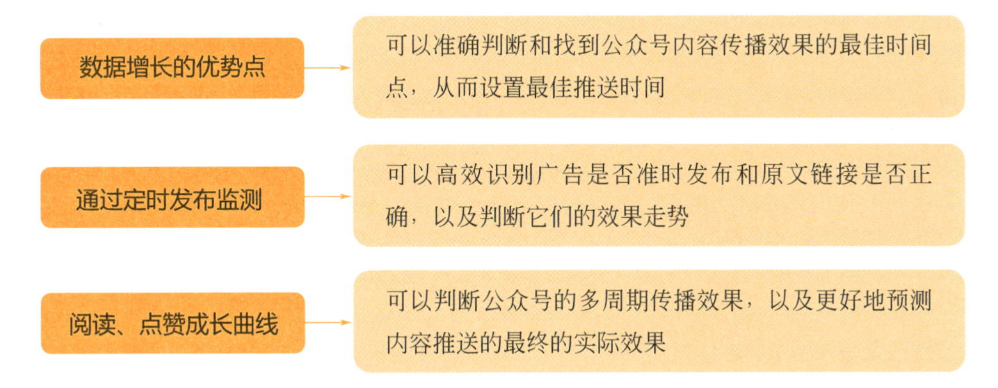

图3-5　新榜平台“分钟级监测”数据产品的功能

3.1.3　清博大数据收集：找准具优势的平台数据

清博是一个大数据平台，目前拥有超过千万粉丝的社交矩阵，与BAT三大巨头、网易、今日头条等互联网公司有深度合作。

在清博指数平台上，运营者可以在首页输入账号的ID或者名称，就能看到它的排名情况，还可以收集以下的数据，包括：排名、活跃粉丝数、阅读数、头条阅读数、点赞数等。

图3–6所示为清博平台的媒体头条号排名和数据情况。对于运营者来说，他们可以在清博平台上收集零散的数据信息并从中挖掘出有价值的内容，来指导接下来的头条号运营工作。

媒体头条号 20181001_20181007 总榜

媒体　自媒体　热文　周榜　2018-10-01~2018-10-07

排名	头条号	发文量	总阅读数	平均阅读	总评论量	平均评论量	TGI
1	环球网	1570	7851W+	50012	188263	120	1475.78
2	光明网	5542	6407W+	11562	75769	14	1467.86
3	澎湃新闻	1105	6786W+	61419	129069	117	1457.36
4	人民网	2702	4529W+	16763	74733	28	1450.89
5	[illegible]	2095	5417W+	25857	161415	77	1447.71
6	人民日报	536	5192W+	96876	159511	298	1442.03
7	新华网	1876	2999W+	15991	53788	29	1416.19
8	北青网	601	4606W+	76653	66861	111	1414.04
9	央视网新闻	201	4226W+	210295	45221	225	1411.59
10	荔枝新闻	708	4530W+	63994	93067	131	1410.37

图3-6　清博平台的媒体头条号排名和数据情况

而运营者在搜索和搜集数据时，要想获得更优质的结果，就必须考虑搜索平台的数据呈现和数据的包容性。而清博大数据恰好在这两个关键点上有着巨大优势，具体分析如图3-7所示。

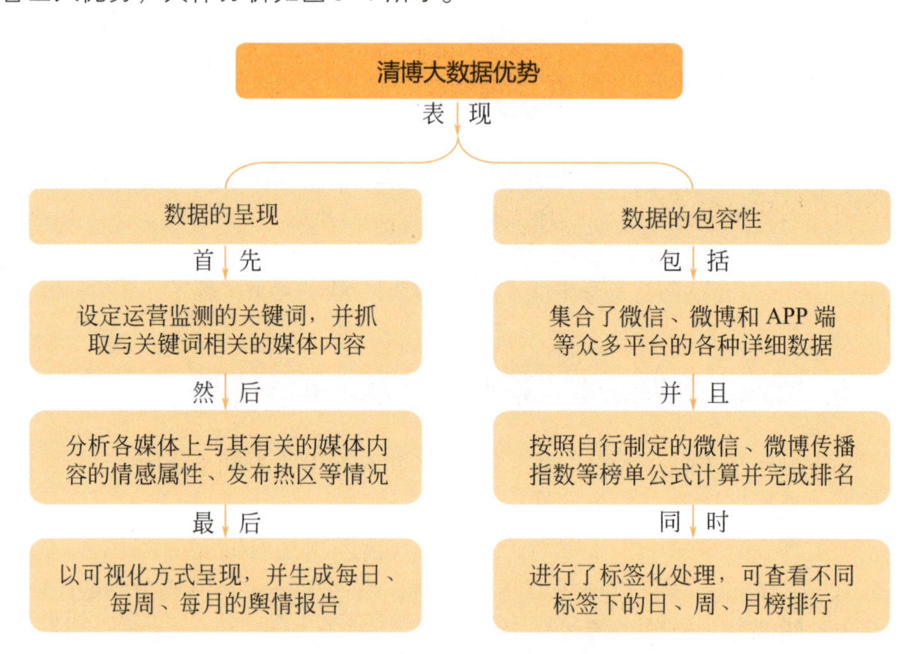

图3-7 清博大数据在数据呈现和数据的包容性上的优势介绍

3.1.4 整理数据：留下有价值数据，发现信息点

要整理数据，我们首先就要将后台的数据导出来，然后，就要对数据进行一定的整理，整理的方法有很多，例如。

- 剔除多余的、无用的数据或元素，以免对后面的数据分析造成某种干扰，如图3–8所示。
- 对数据进行简单的计算，以发现更多的信息点，为后面的数据分析打下基础，数据的计算包括求和、平均数计算等。数据计算的方式在“公式”选项卡中，如图3–9所示。
- 对于一些需要特别注意的数据，可以将其标注出来，例如改变数据颜色、字体、为单元格填充颜色等。改变数字颜色只要单击“字体颜色”按钮，就能选择想要的颜色。如果要进行其他标注，可以选中数据，然后更改数据所在单元格的格式，如图3–10所示。

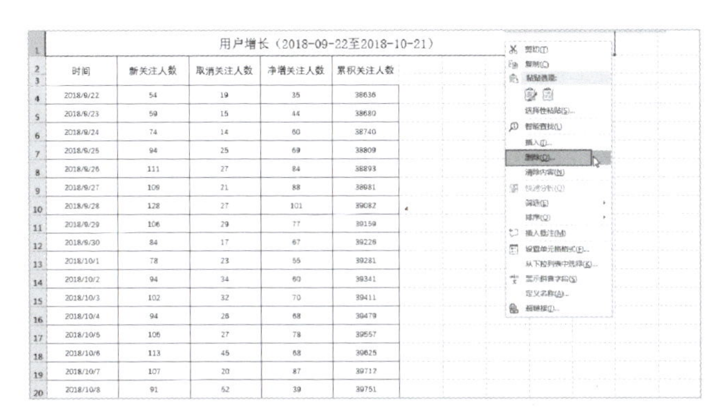

用户增长（2018-09-22至2018-10-21）

时间	新关注人数	取消关注人数	净增关注人数	累积关注人数
2018/9/22	54	19	35	38636
2018/9/23	59	15	44	38680
2018/9/24	74	14	60	38740
2018/9/25	94	25	69	38809
2018/9/26	111	27	84	38893
2018/9/27	109	21	88	38981
2018/9/28	128	27	101	39082
2018/9/29	106	29	77	39159
2018/9/30	84	17	67	39226
2018/10/1	78	23	55	39281
2018/10/2	94	34	60	39341
2018/10/3	102	32	70	39411
2018/10/4	94	26	68	39479
2018/10/5	105	27	78	39557
2018/10/6	113	45	68	39625
2018/10/7	107	20	87	39712
2018/10/8	91	52	39	39751

图3-8　删除不需要的元素

用户增长（2018-09-22至2018-10-21）

时间	新关注人数	取消关注人数	净增关注人数	累积关注人数
2018/9/22	54	19	35	38636
2018/9/23	59	15	44	38680
2018/9/24	74	14	60	38740
2018/9/25	94	25	69	38809
2018/9/26	111	27	84	38893
2018/9/27	109	21	88	38981
2018/9/28	128	27	101	39082
2018/9/29	106	29	77	39159
2018/9/30	84	17	67	39226
2018/10/1	78	23	55	39281
2018/10/2	94	34	60	39341
2018/10/3	102	32	70	39411
2018/10/4	94	26	68	39479
2018/10/5	105	27	78	39557

图3-9　数据计算

2018/9/22	54	19	35	38636
2018/9/23	59	15		
2018/9/24	74	14		
2018/9/25	94	25	69	38809
2018/9/26	111	27		93
2018/9/27	109	21		81
2018/9/28	128	27		82
2018/9/29	106	29		59
2018/9/30	84	17		26
2018/10/1	78	23		81
2018/10/2	94	34		41
2018/10/3	102	32		11
2018/10/4	94	26		79
2018/10/5	105	27		57
2018/10/6	113	45		25
2018/10/7	107	20		12
2018/10/8	91	52		51
2018/10/9	144	34		61
2018/10/10	121	30		52

图3-10　更改数据所在单元格格式

3.1.5 转化为图表：一眼明白重点和趋势的数据

数据其实可以有很多种表现形式，纯数据的表格形式往往会让人无法一眼就看到重点，所以整理好数据后，就要改变数据的表现形式，以方便运营者观察数据。如图3–11所示为新关注人数的柱形图。

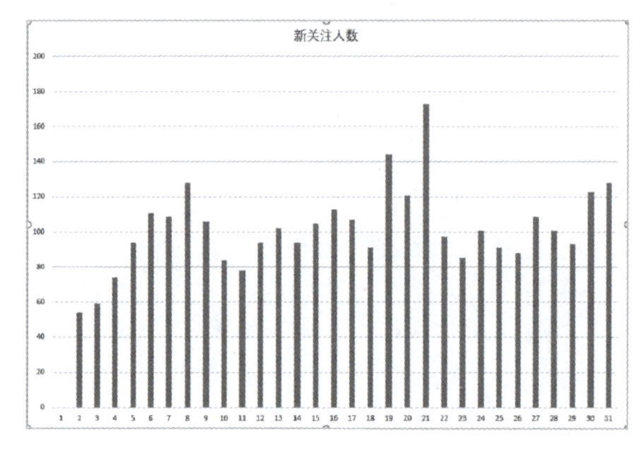

图3-11 新关注人数的柱形图

数据的表现形式，如表3–1所示。

表3-1 数据表现形式的总结

数据内容	表现形式
分析数据随时间连续变化的大趋势	折线图
分析数据占比及与数据总和间关系	饼图
对各项数据的情况进行对比分析	条形图
分析数据量随时间变化的增减及总值	面积图
充分表现若干个数据点之间的关系	XY散点图

3.2 数据分析：8大数据，实现准确、清晰的自我定位

学会在新媒体平台后台和数据服务平台上查看数据并进行分析，对我们进行营销与运营来说，都是非常必要的。本节就围绕新媒体运营的数据分析来展开阐述。

3.2.1 分析新增人数：积累并复制好的运营经验

在新媒体平台中，微信公众平台拥有十分便捷的数据分析系统。下面以微信公众平台“手机摄影构图大全”为例进行讲解，图3–12为该公众平台表现用户新增人数趋势情况的折线图。在该趋势图上，将鼠标指向不同的节点（日期点），还能够看到该日期下的详细的新增人数数据，如图3–13所示。

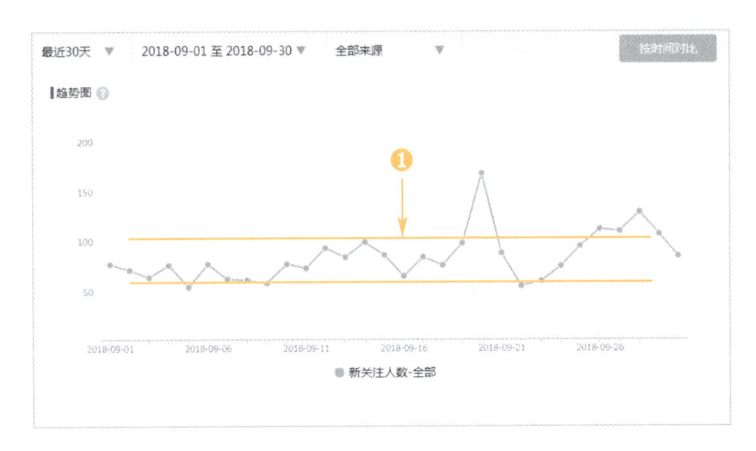

图3-12　微信公众平台用户新增人数趋势折线图

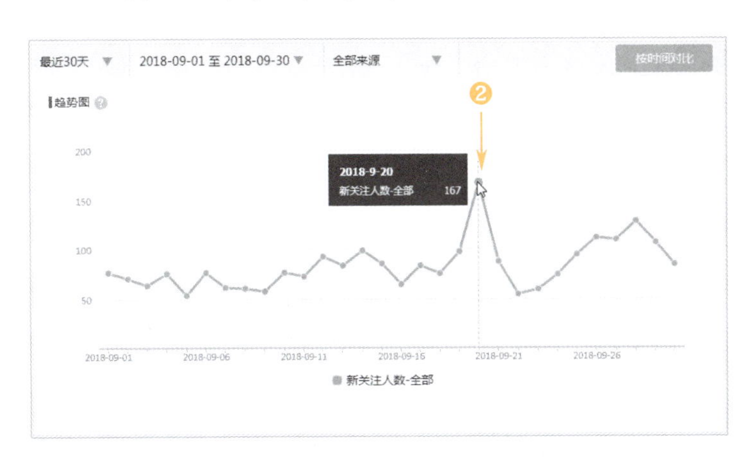

图3-13　显示具体日期数据的用户新增人数趋势折线图

在分析上面两幅新增人数的趋势数据图时，有以下两方面的意义。

（1）观察新增人数的趋势，可以以此来判断不同时间段的宣传效果。

❶ 整体趋势：从图上可以看出，平台的用户新关注人数趋势虽然有起有

伏，但整体上还是比较平稳的，可见在宣传推广上还是有效果的，时常有吸引用户关注的推广活动，从而取得了非常不错的宣传效果。

（2）观察趋势图的“峰点”和“谷点”，可分析出不同寻常效果出现的原因。

❷ 峰点：表示的是趋势图上突然上升的节点。它与“谷点”相对，都是趋势图中的特殊的点，意味着平台推送可能产生了不同的效果。

图中❷处，是2018年9月20日的新关注人数，数值为167人。那么，为什么这一天的新关注人数呈现出“峰点”的趋势？此时就需要找出原因，是因为平台内容吸引人、关键词布局合理、文章标题有吸引力，还是其他的原因，等查明原因后，新媒体运营者就相当于积累了一次经验，以后可以重复利用这种经验并把这种经验归纳总结出来，从而获得更好的效果，进一步扩大自身平台的影响力，吸引更多的潜在用户。

3.2.2 统计用户流失率：洞悉平台运营问题所在

通过“取消关注人数”的数据就能了解每天有多少粉丝取消了关注，一旦发现这个取消关注的趋势图呈现出了增长的趋势，那么运营者就要格外注意了，要努力找出问题所在，然后尽可能避免这种趋势。

本节主要介绍“用户流失率统计表”的制作流程和具体方法。

步骤 01 创建一个名为“用户流失率统计表”的工作表，❶在工作表中输入相关的信息内容，如图3-14所示；❷设置工作表的行高、列宽、字体格式、对齐方式以及框线效果，如图3-15所示。

用户流失率统计表

时间	累积关注人数	取消关注人数	用户流失率
2018/10/5	39557	27	
2018/10/6	39625	45	
2018/10/7	39712	20	
2018/10/8	39751	52	
2018/10/9	39861	34	
2018/10/10	39952	30	
2018/10/11	40101	24	
2018/10/12	40165	33	
2018/10/13	40238	12	
2018/10/14	40308	31	
2018/10/15	40370	29	

图3-14　输入相关的信息内容

用户流失率统计表

时间	累积关注人数	取消关注人数	用户流失率
2018/10/5	39557	27	
2018/10/6	39625	45	
2018/10/7	39712	20	
2018/10/8	39751	52	
2018/10/9	39861	34	
2018/10/10	39952	30	
2018/10/11	40101	24	
2018/10/12	40165	33	
2018/10/13	40238	12	
2018/10/14	40308	31	
2018/10/15	40370	29	

图3-15　添加所有框线效果

步骤02 选择D3单元格，❶在单元格中输入公式=SUM（C3/（B3–C3），"0.00%"），如图3-16所示，按【Enter】键确认，即可得出D3单元格的数据结果；将鼠标移至D3单元格右下角，当光标呈现加号时；❷单击鼠标左键的同时向下拖曳至D13单元格，如图3-17所示。

用户流失率统计表			
时间	累积关注人数	取消关注人数	用户流失率
2018/10/5	39557		=SUM(C3/(B3-C3),"0.00%")
2018/10/6	39625	45	
2018/10/7	39712	20	
2018/10/8	39751		
2018/10/9	39861		
2018/10/10	39952		
2018/10/11	40101	24	
2018/10/12	40165	33	
2018/10/13	40238	12	
2018/10/14	40308	31	
2018/10/15	40370	29	

❶输入

图3-16 输入公式

用户流失率统计表			
时间	累积关注人数	取消关注人数	用户流失率
2018/10/5	39557	27	0.000683026
2018/10/6	39625	45	
2018/10/7	39712	20	
2018/10/8	39751	52	
2018/10/9	39861	34	
2018/10/10	39952	30	
2018/10/11			
2018/10/12			
2018/10/13			
2018/10/14	40308	31	
2018/10/15	40370	29	

❷拖曳

图3-17 计算10月5日的用户流失率数据

步骤03 选择D3:D16单元格区域，单击鼠标右键，弹出快捷菜单，在“设置单元格格式”面板中，❶选择“数字”选项卡；❷设置“分类”为“百分比”“小数位数（D）”为2；❸单击“确定”按钮，如图3-18所示，即可设置D3:D13单元格区域的百分比格式；❹在工作表的E2单元格中输入“警戒线”标题，并设置单元格格式以及添加框线效果；❺在E3：E13单元格填入数据，如图3-19所示。

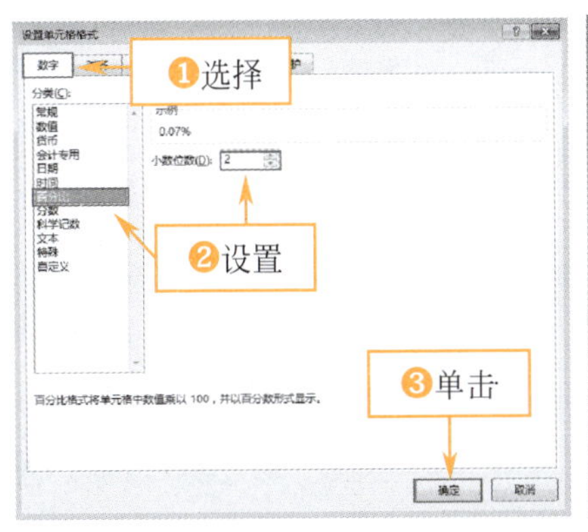

图3-18 选择“设置单元格格式”选项

用户流失率统计表				
时间	累积关注人数	[illegible]	[illegible]	警戒线
2018/10/5	39557			2.00%
2018/10/6	39625	45	0.11%	2.00%
2018/10/7	39712	20	0.05%	2.00%
2018/10/8	39751	52	0.13%	2.00%
2018/10/9	39861		09%	2.00%
2018/10/10	39952		08%	2.00%
2018/10/11	40101	24	0.06%	2.00%
2018/10/12	40165	33	0.08%	2.00%
2018/10/13	40238	12	0.03%	2.00%
2018/10/14	40308	31	0.08%	2.00%
2018/10/15	40370	29	0.07%	2.00%

❹输入
❺填入

图3-19 输入“警戒线”标题和数据

步骤 04 按住【Ctrl】键的同时，选择A2:A13、D2:D13与E2:E13单元格区域，在“插入”面板的“图表”选项板中，❶单击“插入柱形图或条形图”按钮，弹出列表框；❷选择“二维柱形图”下方的“簇状柱形图”选项，插入簇状柱形图图表，如图3-20所示；❸并设置“图表标题”为“用户流失率情况分析”，如图3-21所示。

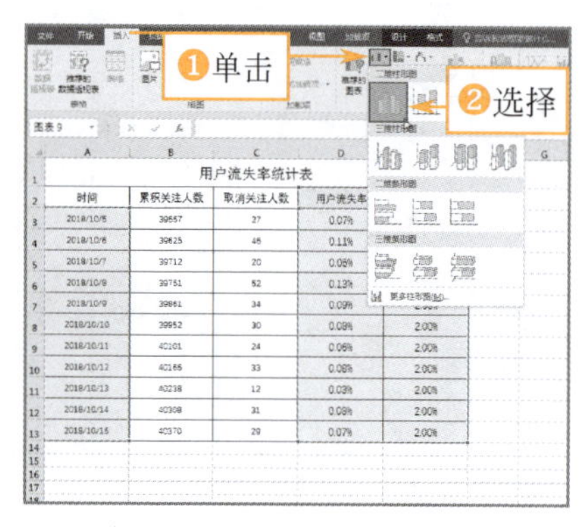

图3-20 选择相应选项

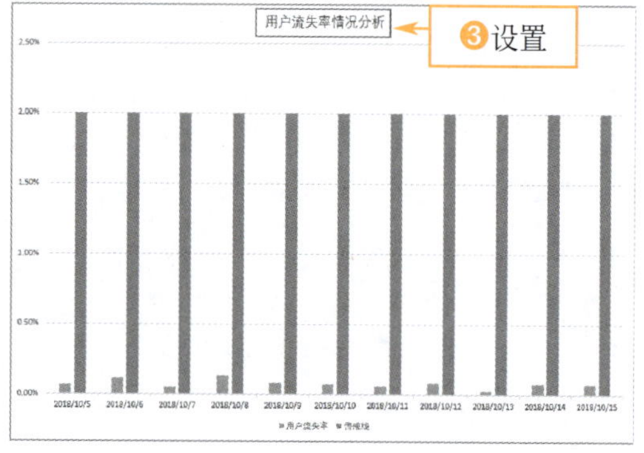

图3-21 设置图表标题

步骤 05 在图表中选择橙色柱形条，单击鼠标右键，弹出快捷菜单，❶选择“更改系列图表类型（Y）”选项，如图3-22所示；❷单击“警戒线”右侧的下拉按钮；❸在弹出的列表框中选择“折线图”选项；❹单击“确定”按钮，即可更改“警戒线”图表类型，如图3-23所示。

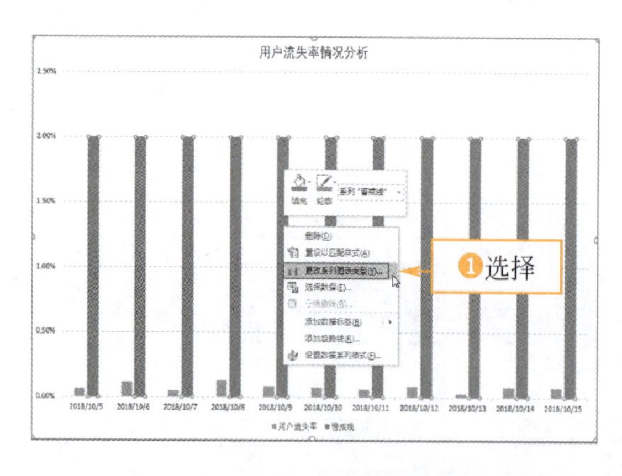

图3-22 选择“更改系列图表类型”选项

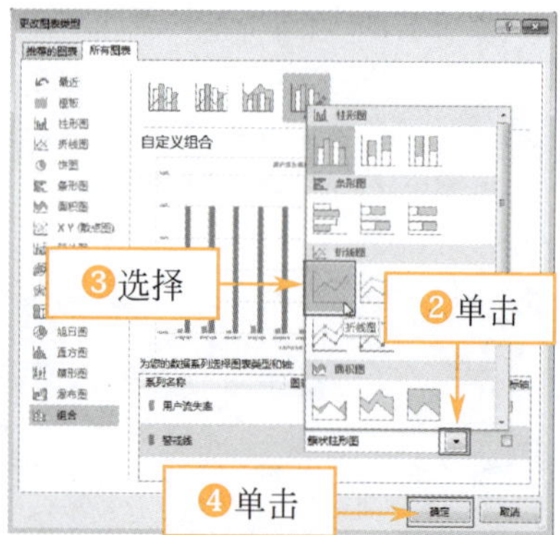

图3-23 更改“警戒线”图表类型

步骤 06 选择警戒线，单击鼠标右键，弹出快捷菜单，❶选择“设置数据系列格式（F）”选项，如图3-24所示；弹出“设置数据系列格式”面板，在“填充与线条”选项区下，❷单击“短划线类型”右侧的下拉按钮，弹出列表框；❸选择“圆点”选项，如图3-25所示。

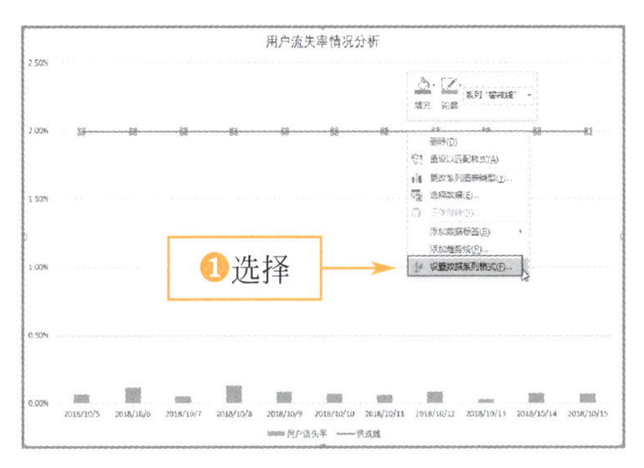

图3-24 选择“设置数据系列格式”选项

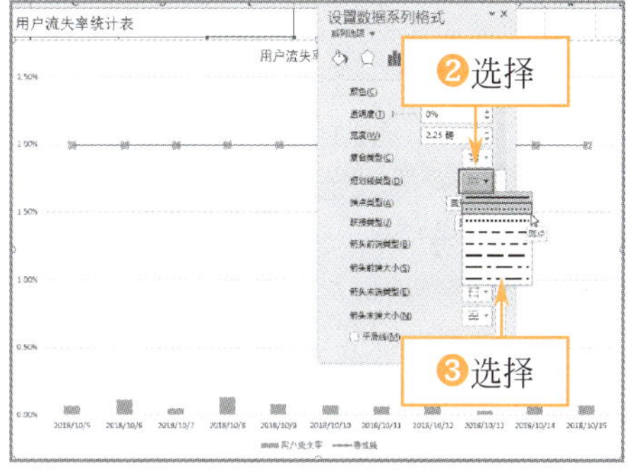

图3-25 选择“圆点”选项

步骤 07 继续在“填充与线条”选项区下，❶单击“箭头末端类型”右侧的下拉按钮，弹出列表框；❷选择“箭头”选项，如图3-26所示；❸单击“箭头末端大小”右侧的下拉按钮，弹出列表框；❹选择“右箭头5”选项；❺单击面板右上角的“关闭”按钮，关闭面板，即可设置警戒线格式，如图3-27所示。

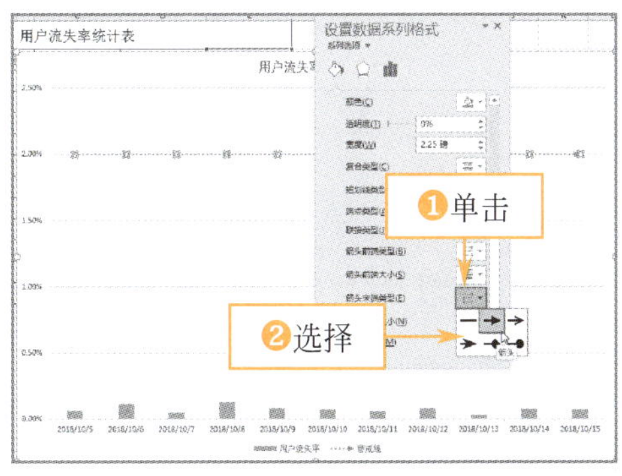

图3-26 选择箭头类型

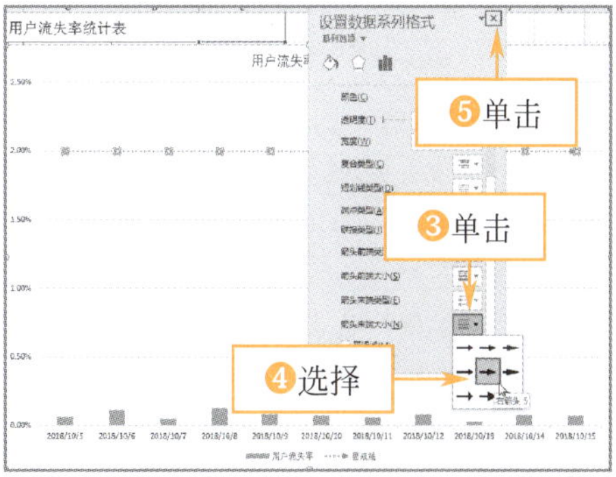

图3-27 选择箭头大小

步骤 08 选择灰色柱形条，单击鼠标右键，弹出快捷菜单，❶选择“添加数据标签（B）”选项，如图3-28所示；可在灰色柱形条上添加各个数据的值，选择整个图表；在“格式”面板的“艺术字样式”选项板中，❷选择“填充：黑色，文本色1；阴影”样式，如图3-29所示。

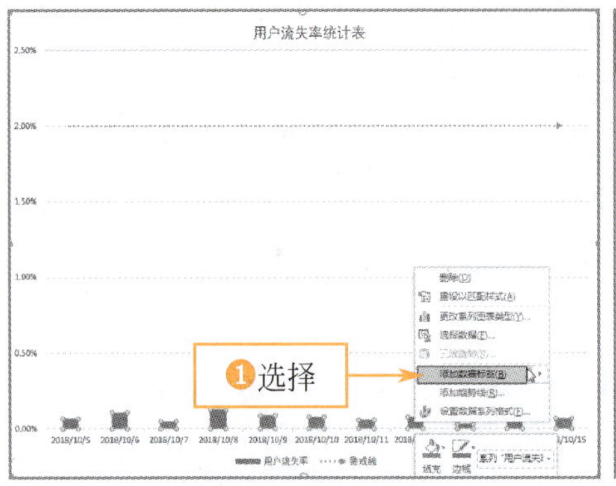

图3-28　选择“添加数据标签”选项

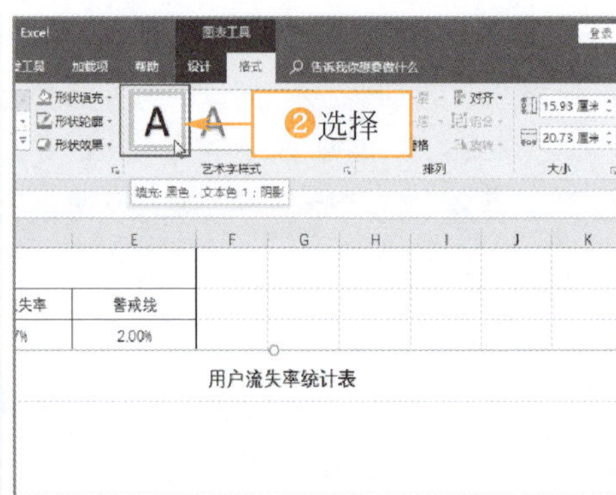

图3-29　选择艺术字样式

3.2.3　用户关键词偏好：统计出多数人兴趣爱好

用户偏好关键词统计表里面主要包含了偏好关键词、用户人数、用户偏好关键词占比等内容，下面介绍创建用户偏好关键词统计表的操作方法。

步骤 01 新建一个名为“用户偏好关键词统计表”的工作表，输入相关信息，①设置表格各项属性，如图3-30所示；②在A3单元格中输入数值“1”；③选择需要填充数据的单元格区域，如图3-31所示。

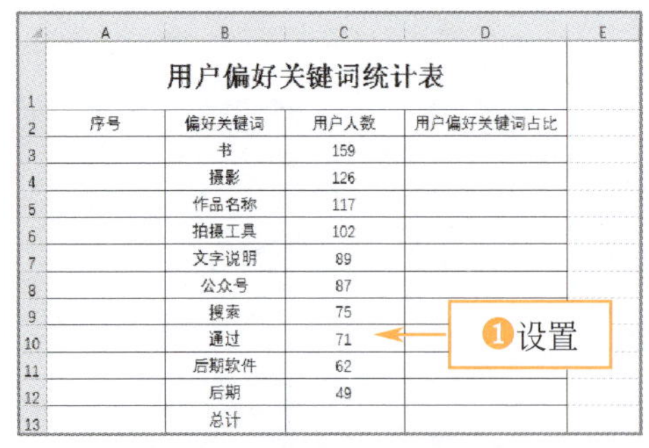

图3-30　新建工作簿图

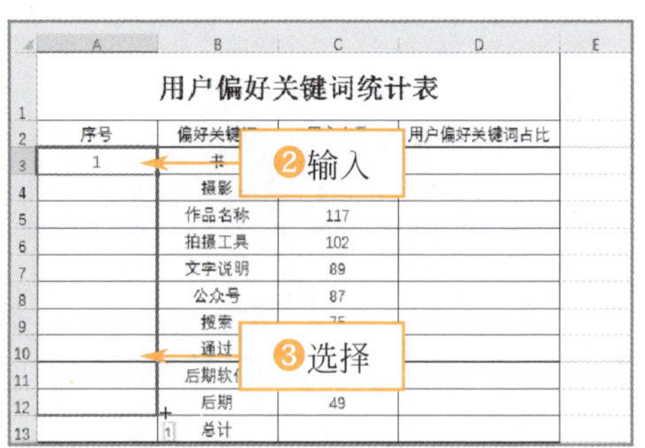

图3-31　选择相应单元格区域

步骤 02 在“开始”面板的“编辑”选项板中，①单击“填充”按钮，弹出列表框；②选择“序列（S）”选项，如图3-32所示；弹出“序列”对话框，③在“序列产生在”选项区中选择填充方向为“列（C）”；④设置“类型”为“等差序列（L）”，在“步长值（S）”右侧的数值框中输入“1”；⑤单击“确定”按钮，如图3-33所示。

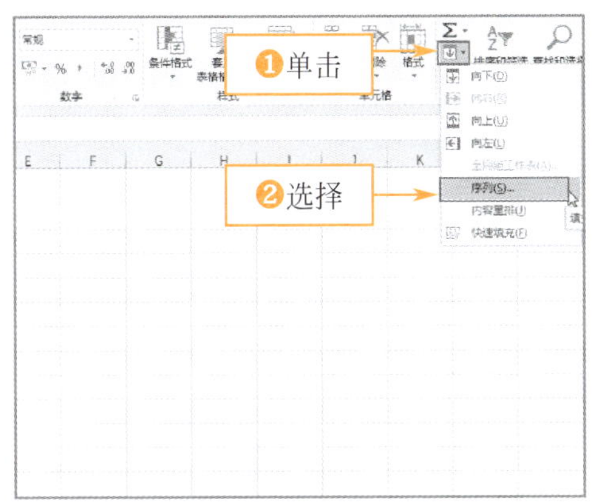

图3-32　选择“序列”选项

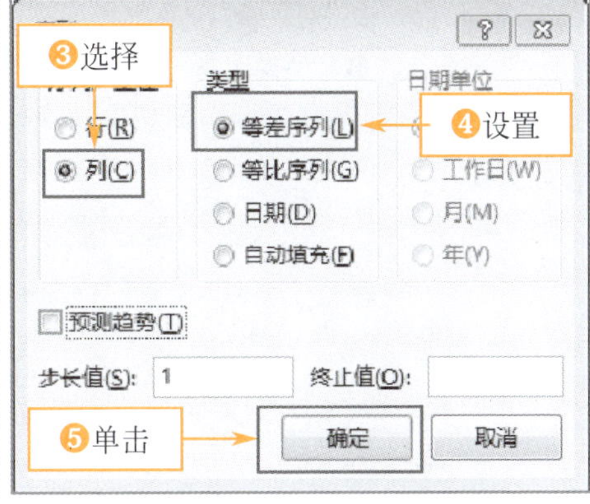

图3-33　进行相关设置

步骤03　选择A1:D13单元格区域，❶单击“开始”面板“字体”选项板中的“填充颜色”按钮，如图3-34所示；弹出颜色面板，❷选择“主题颜色”下的“橙色，个性色2，淡色80%”色块，即可设置单元格填充颜色效果，如图3-35所示。

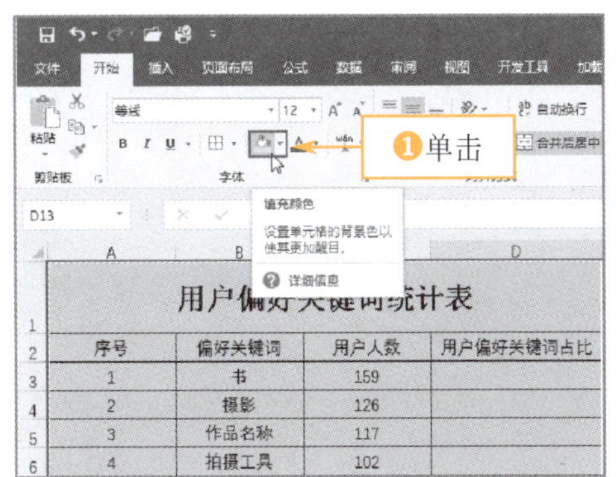

图3-34　单击“填充颜色”按钮

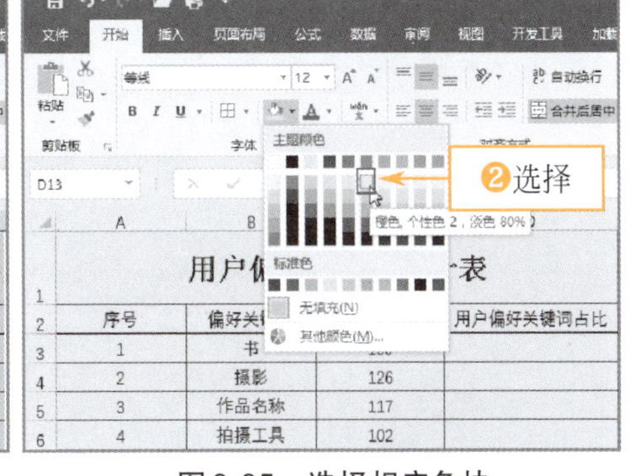

图3-35　选择相应色块

专家提醒

设置单元格的填充颜色效果，还可以选择A1:D13单元格区域，调出“设置单元格格式”对话框，在“填充”选项卡中设置相应颜色色块，然后再用鼠标单击“确定”按钮。

步骤04　选择C13单元格，❶在单元格中输入公式=SUM（C3:C12），如图3-36所示；按【Enter】键确认，即可得出C13单元格的数据结果；❷统计用户人数的总人数，如图3-37所示。

	A	B	C	D
1	用户偏好关键词统计表			
2	序号	偏好关键词	用户人数	用户偏好关键词占比
3	1	书	159	
4	2	摄影	126	
5	3	作品名称	117	
6	4	拍摄工具	102	
7	5	文字说明	89	
8	6	公众号	[illegible]	
9	7	搜索	[illegible]	
10	8	通过	[illegible]	
11	9	后期软件	62	
12	10	后期	49	
13		总计	=SUM(C3:C12)	

图3-36　在单元格中输入公式

	A	B	C	D
1	用户偏好关键词统计表			
2	序号	偏好关键词	用户人数	用户偏好关键词占比
3	1	书	159	
4	2	摄影	126	
5	3	作品名称	117	
6	4	拍摄工具	102	
7	5	文字说明	89	
8	6	公众号	87	
9	7	搜索	[illegible]	
10	8	通过	[illegible]	
11	9	后期软件	62	
12	10	后期	49	
13		总计	937	

图3-37　统计用户人数的总人数

步骤 05 选择D3单元格，❶在单元格中输入公式=SUM(C3/C13)，如图3-38所示，按【Enter】键得出D3单元格的数据结果；❷统计“类别”关键词的用户占比情况，如图3-39所示。

	A	B	C	D	E
1	用户偏好关键词统计表				
2	序号	偏好关键词	用户人数	用户偏好关键词占比	
3	1	书	159	=SUM(C3/C13)	
4	2	摄影	126		
5	3	作品名称	117		
6	4	拍摄工具	102		
7	5	文字说明	89		
8	6	公众号	87		
9	7	搜索	75		
10	8	通过	71		
11	9	后期软件	62		
12	10	后期	49		
13		总计	937		

图3-38　在单元格中输入公式

	A	B	C	D	E
1	用户偏好关键词统计表				
2	序号	偏好关键词	用户人数	用户偏好关键词占比	
3	1	书	159	0.169690502	
4	2	摄影	126		
5	3	作品名称	117		
6	4	拍摄工具	102		
7	5	文字说明	89		
8	6	公众号	87		
9	7	搜索	75		
10	8	通过	71		
11	9	后期软件	62		
12	10	后期	49		
13		总计	937		

图3-39　统计用户关键词占比情况

步骤 06 用同样的方法，套用计算用户关键词占比的公式，计算其他单元格的数据结果，选择C3:D13单元格区域，❶设置“字体”为“Times New Roman”，如图3-40所示；选择D3:D12单元格区域，调出“设置单元格格式”对话框，在“数字”选项卡下，❷设置“分类”为“百分比”，“小数位数（D）”为0；❸单击“确定”按钮，设置百分比格式，如图3-41所示。

步骤 07 按住【Ctrl】键的同时，选择B2:B12与D2:D12单元格区域，❶单击“插入”面板的“图表”选项板中的“插入柱形图或条形图”按钮，弹出对话框；❷选择“三维柱形图”选项，如图3-42所示；选择图表，在“设计”面板的“图表样式”选项板中选择“样式12”选项，❸即可设置图表样式，如图3-43所示。

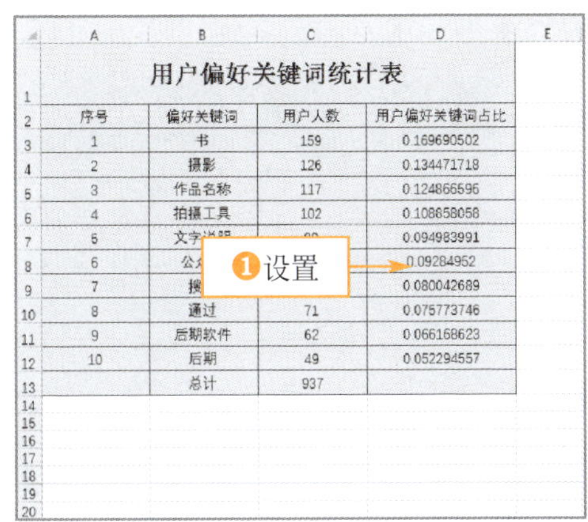

序号	偏好关键词	用户人数	用户偏好关键词占比
1	书	159	0.169690502
2	摄影	126	0.134471718
3	作品名称	117	0.124866596
4	拍摄工具	102	0.108858058
5	[illegible]	[illegible]	0.094983991
6	[illegible]	[illegible]	0.09284952
7	[illegible]	[illegible]	0.080042689
8	通过	71	0.075773746
9	后期软件	62	0.066168623
10	后期	49	0.052294557
	总计	937	

图3-40　设置字体格式

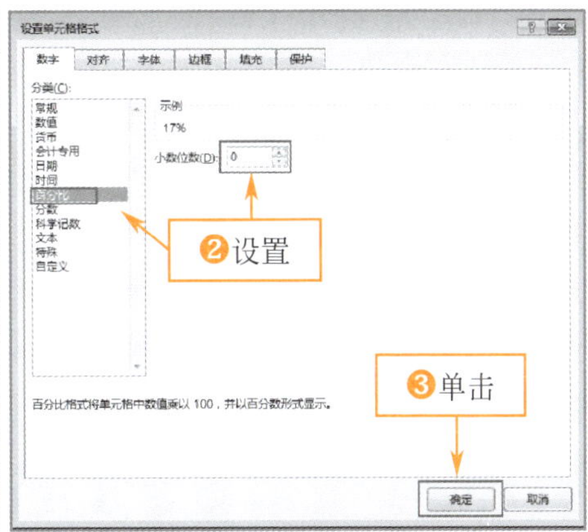

图3-41　设置百分比格式

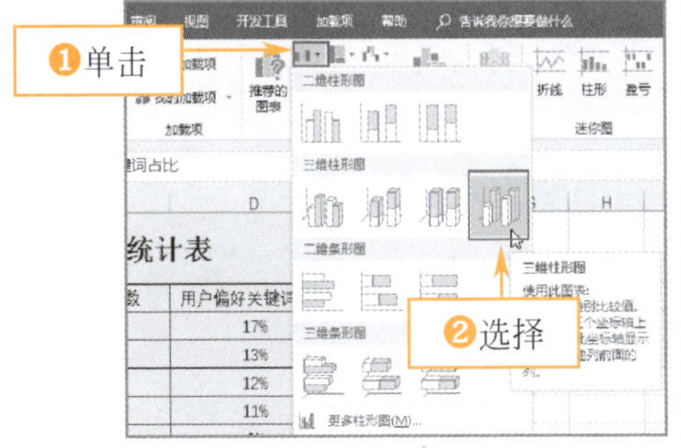
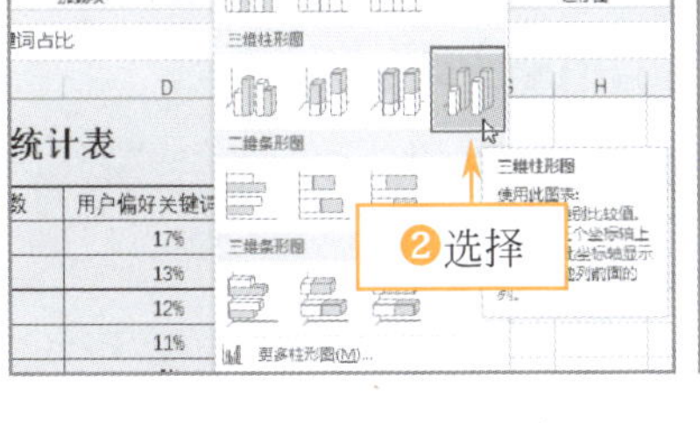

图3-42　选择“三维柱形图”选项

图3-43　设置图表样式

步骤08 选择图表，在“设计”面板的“图表样式”选项板中，❶单击“更改颜色”按钮，弹出下拉列表；❷选择“单色调色板2”选项，如图3-44所示，即可更换图表的颜色效果；选择橙色柱形条，单击鼠标右键，弹出快捷菜单，选择“添加数据标签”选项，❸即可在橙色柱形条上显示各个数值，效果如图3-45所示。

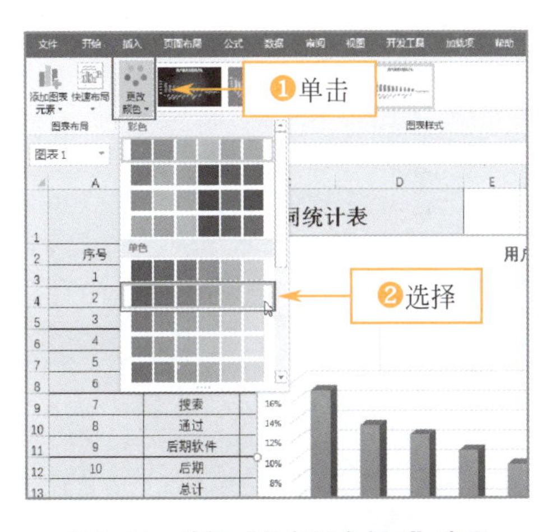

图3-44　选择“单色调色板2”选项

从图3-45的用户偏好关键词占比数据显示，在新媒体平台上发布

文章，用户偏好的是拥有书和摄影这方面关键词的文章，其中“书、摄影、作品名称、拍摄工具”，这几个关键词的文章，在所有的关键词中用户人数占比较高。

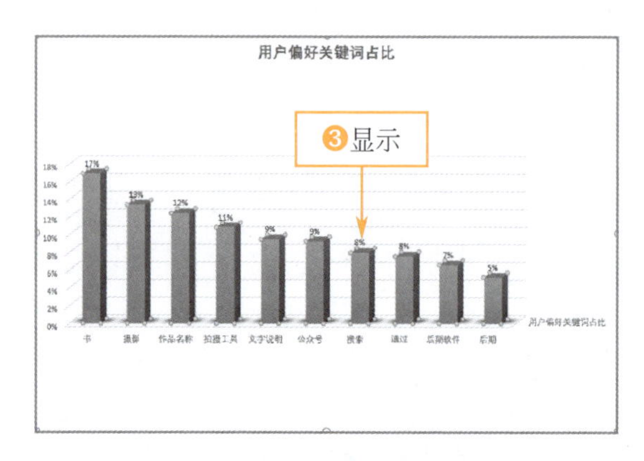

图3-45　在橙色柱形条上显示各个数值

3.2.4　用户性别分布：定位匹配和内容细分的基础

关于用户的属性分析也是新媒体运营的重要内容，在此以微信公众号的用户性别分布为例进行介绍。在运营微信公众号时，如果你想要知道用户的性别属性，就可以在后台的“用户属性”页面进行查看。如图3–46所示为微信公众号“手机摄影构图大全”用户的性别分布图。把鼠标放在图上，就能看到分布的数据，而如果想要查看用户性别属性的详细数据，还可以在“用户属性”页面下方的“用户属性分布表”中查看详细数据。

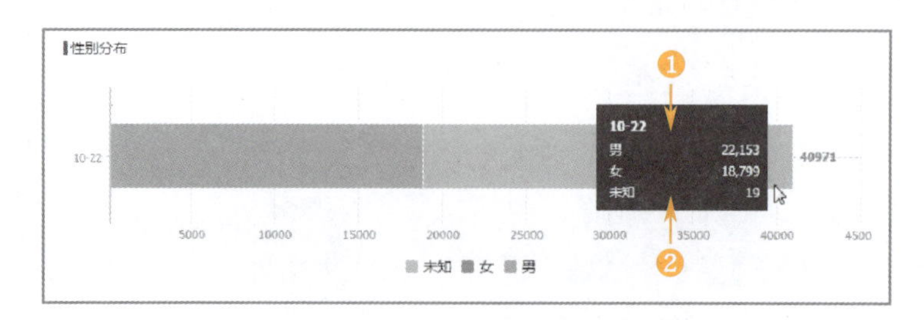

图3-46　“手机摄影构图大全”微信公众号的用户性别分布图

查看了平台用户性别分布后，从图3–46中运营者可以得出以下两个结论。

① 男女比例分布：该公众号男性成员和女性成员比例相当，男性用户比女性用户稍微多一点，运营者要根据微信公众号的定位来判断这样的比例是

否和微信公众号的目标用户群体相匹配。

因为用户的性别比例相当，所以运营者在发布图文消息的时候，要兼顾男性用户和女性用户的喜好习惯和行为模式，这就要求运营者对“摄影构图”的内容进行更为精细化的分类。

专家提醒

笔者认为，运营者可以将用户分为女性组和男性组，然后发布一些有个性的或者有针对性的内容。如针对女性用户，就可以发布一些和美妆、情感、闺蜜相关的摄影构图知识。而针对男性用户，则可以发布一些黑科技、美剧大片相关的摄影构图知识。笔者在这里只是举例说明，详细的策略还需要运营者自行揣摩和研究。

❷ 未知性别分布：因为微信平台上每一位用户的信息都是保密的，因此运营者在对男女性别进行分类的时候可能会遇到困难，但是笔者可以教给大家一个方法，就是看用户的姓名和头像。

专家提醒

现在的人玩微信，很少会出现以前QQ上的那种非主流的名字了，很多人的名字都比较有特点性，通过名字，一看就知道是男是女了，而且很多用户的头像也很有代表性，包含一定的性别意味在里面，因此运营者可以通过用户的头像和名字来辨别其真实的性别。

3.2.5 总体图文阅读数：判断推广方案是否可行

总体图文数据变化表，主要是基于总体图文数据统计表的基础上，根据计算百分比指标，然后运用折线图将图文数据的变化趋势显示出来，便于微信运营人员分析数据，根据图文的变化判断推广方案的可行度。下面主要介绍“总体图文数据人数日变化折线图”的制作流程。计算日百分比的公式：日百分比=（当日图文页阅读人数－昨日图文页阅读人数）÷昨日图文页阅读人数。下面介绍利用公式计算日百分比变化的操作方法。

步骤 01 打开一个Excel工作簿，选择C3单元格，❶在单元格中输入公式=SUM（（B4–B3）/B3），如图3-47所示。按【Enter】键确认，即可得出C3单

元格的数据结果；❷计算9月29日的日百分比变化数据，如图3-48所示。

	A	B	C	D	E	F	G
1						总体图书数据变化表	
2	时间	图文总阅读-人数	阅读人数日变化	图文总阅读-次数		读-次数	朋友圈阅读-人数
3	2018/9/29	1628	=SUM(B4-B3)/B3	2870			169
4	2018/9/30	1405		2483			43
5	2018/10/1	1260		2192	943	1385	25
6	2018/10/2	1758		2728	956	1453	13
7	2018/10/3	1380		2365	892	1406	16
8	2018/10/4	1206		2315	887	1415	5
9	2018/10/5	1247		2322	937	1508	9
10	2018/10/6	1319		2277	843	1329	164
11	2018/10/7	391		860	183	343	9
12	2018/10/8	1313		2376	1035	1593	7
13	2018/10/9	2094		3519	1388	2265	275
14	2018/10/10	464		1225	195	356	35
15	2018/10/11	1786		2631	1279	1638	201
16	2018/10/12	448		1107	217	409	37
17	2018/10/13	1720		2635	1288	1682	139

❶输入

图3-47　在单元格中输入公式

	A	B	C	D	E	F	G
1						总体图书数据变化表	
2	时间	图文总阅读-人数	阅读人数日变化	图文总阅读-次数		读-次数	朋友圈阅读-人数
3	2018/9/29	1628	-0.136977887				169
4	2018/9/30	1405		2483			43
5	2018/10/1	1260		2192			25
6	2018/10/2	1758		2728	956	1453	13
7	2018/10/3	1380		2365	892	1406	16
8	2018/10/4	1206		2315	887	1415	5
9	2018/10/5	1247		2322	937	1508	9
10	2018/10/6	1319		2277	843	1329	164
11	2018/10/7	391		860	183	343	9
12	2018/10/8	1313		2376	1035	1593	7
13	2018/10/9	2094		3519	1388	2265	275
14	2018/10/10	464		1225	195	356	35
15	2018/10/11	1786		2631	1279	1638	201
16	2018/10/12	448		1107	217	409	37
17	2018/10/13	1720		2635	1288	1682	139

❷计算

图3-48　计算9月29日的日百分比

步骤02 选择C3单元格，将光标移至C3单元格右下角，当光标呈现✚形状时，单击鼠标左键并向下拖曳至C31单元格，即可在单元格中填充相关数据，❶计算其他日期的日百分比变化数据，如图3-49所示。选择C3:C32单元格区域，在“开始”面板的“字体”选项板中，❷单击“字体设置”按钮 ，如图3-50所示。

	A	B	C	D	E	F	G
1						总体图书数据变化表	
2	时间	图文总阅读-人数	阅读人数日变化	图文总阅读-次数	公众号会话阅读-人数	公众号会话阅读-次数	朋友圈阅读-人数
3	2018/9/29	1628	-0.136977887	2870	1202	1893	169
4	2018/9/30	1405	-0.103202847	2483	1099	1769	43
5	2018/10/1	1260	0.395238095	2192	943	1385	25
6	2018/10/2	1758	-0.215017065	2728	956	1453	13
7	2018/10/3	1380	-0.126086957	2365	892	1406	16
8	2018/10/4	1206	0.033996683	2315	887	1415	5
9	2018/10/5	1247	0.057738573	2322	937	1508	9
10	2018/10/6	1319	-0.703563306	2277	843	1329	164
11	2018/10/7	391	2.358056266	860	183	343	9
12	2018/10/8	1313	0.594821021	2376			7
13	2018/10/9	2094	-0.778414518				275
14	2018/10/10	464	2.806034483	1225			35
15	2018/10/11	1786	-0.746319366	2631	1279	1638	201
16	2018/10/12	448	2.839285714	1107	217	409	37
17	2018/10/13	1720	0.049418605	2635	1288	1682	139
18	2018/10/14	1805	-0.695844875	2851	1291	1779	176
19	2018/10/15	549	1.965391621	1110	252	413	24
20	2018/10/16	1628	-0.020884521	2553	1241	1659	50
21	2018/10/17	1594	0.003764115	2415	1116	1573	195
22	2018/10/18	1600	-0.65125	2615	1227	1733	163

❶计算

图3-49　计算其他日期的日百分比

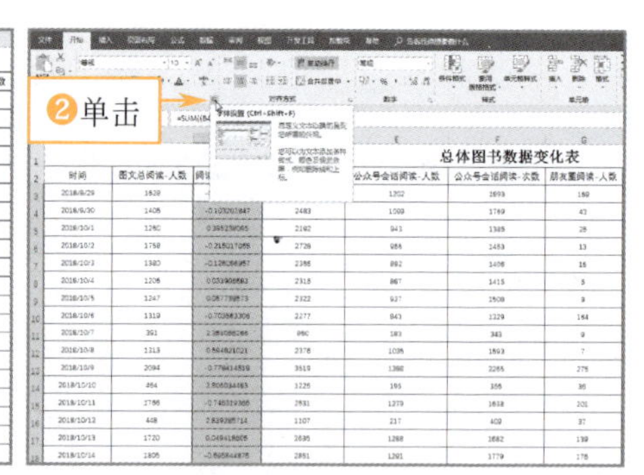

图3-50　单击“字体设置”按钮

步骤03 弹出“设置单元格格式”对话框，❶切换至“数字”选项卡；在“数字”选项卡中，❷设置“分类”为“百分比”；❸设置“小数位数”参数为2；❹单击“确定”按钮，如图3-51所示；执行操作后，❺即可设置百分比格式，效果如图3-52所示。

步骤04 选择C2:C31单元格区域，在“插入”面板的“图表”选项板中，❶单击“插入折线图或面积图”按钮 ，弹出列表框；❷选择“二维折线图”下的“折线图”选项，如图3-53所示；❸即可在工作表中插入图表，如图3-54所示。

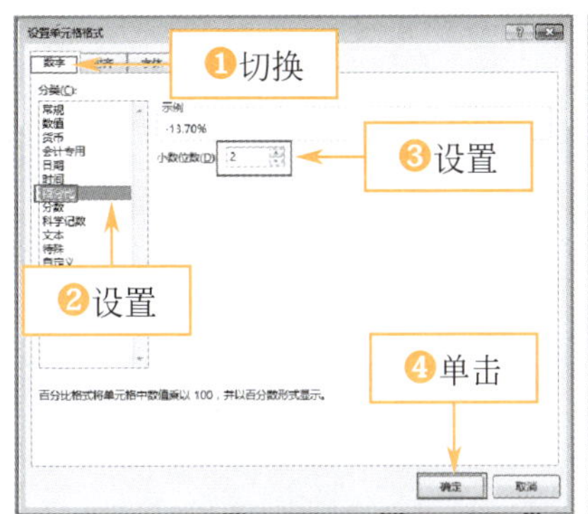

图3-51 “数字”选项卡

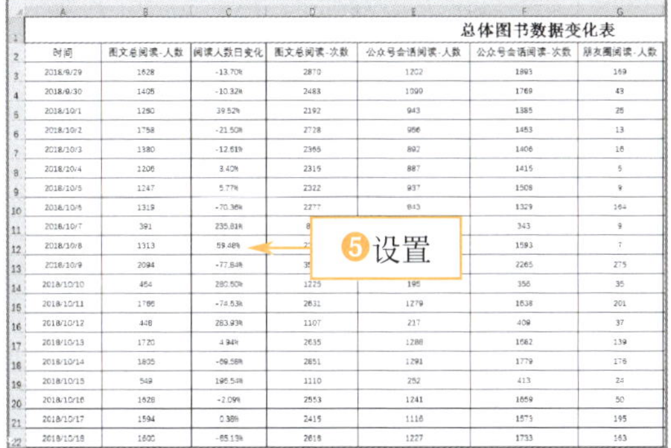

时间	图文总阅读-人数	阅读人数日变化	图文总阅读-次数	公众号会话阅读-人数	公众号会话阅读-次数	朋友圈阅读-人数
2018/9/29	1628	-13.70%	2870	1202	1893	169
2018/9/30	1405	-10.32%	2483	1090	1769	43
2018/10/1	1260	39.52%	2192	943	1385	25
2018/10/2	1758	-21.50%	2728	986	1453	13
2018/10/3	1380	-12.61%	2366	892	1406	16
2018/10/4	1206	3.40%	2315	887	1415	5
2018/10/5	1247	5.77%	2322	937	1508	9
2018/10/6	1319	-70.36%	2277	843	1329	164
2018/10/7	391	235.81%	[illegible]	[illegible]	343	9
2018/10/8	1313	59.48%	[illegible]	[illegible]	1593	7
2018/10/9	2094	-77.84%	[illegible]	[illegible]	2265	275
2018/10/10	454	280.50%	1225	195	356	35
2018/10/11	1766	-74.53%	2631	1279	1638	201
2018/10/12	448	283.93%	1107	217	409	37
2018/10/13	1720	4.94%	2635	1288	1662	139
2018/10/14	1805	-69.58%	2651	1291	1779	176
2018/10/15	549	195.54%	1110	252	413	24
2018/10/16	1628	-2.09%	2553	1241	1659	50
2018/10/17	1594	0.38%	2415	1116	1573	195
2018/10/18	1600	-65.13%	2618	1227	1733	163

图3-52 设置百分比格式

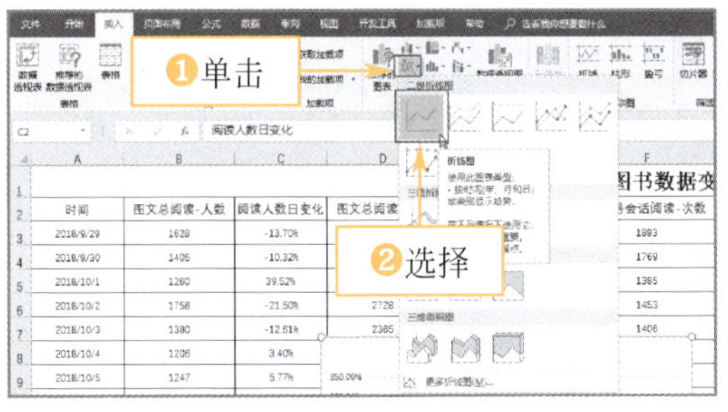

图3-53 插入折线图

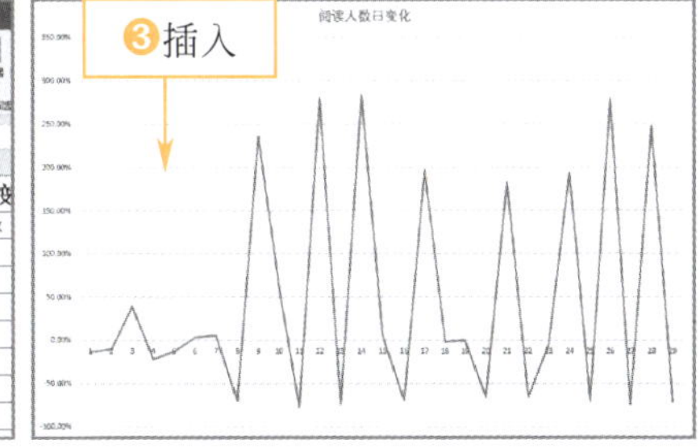

图3-54 插入图案效果图

步骤 05 选择图表，在“设计”面板的“图表样式”选项板中，1选择“样式4”选项，即可设置图表样式，如图3-55所示；在图表中，2选择“水平（类别）轴”；单击鼠标右键，弹出快捷菜单，3选择“设置坐标轴格式”选项，如图3-56所示。

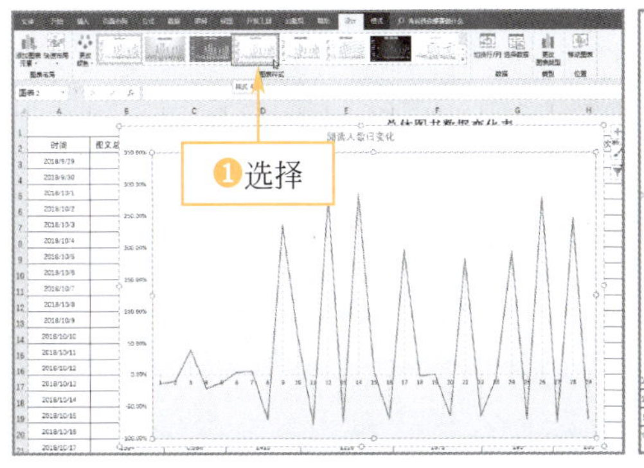

图3-55 设置图标样式

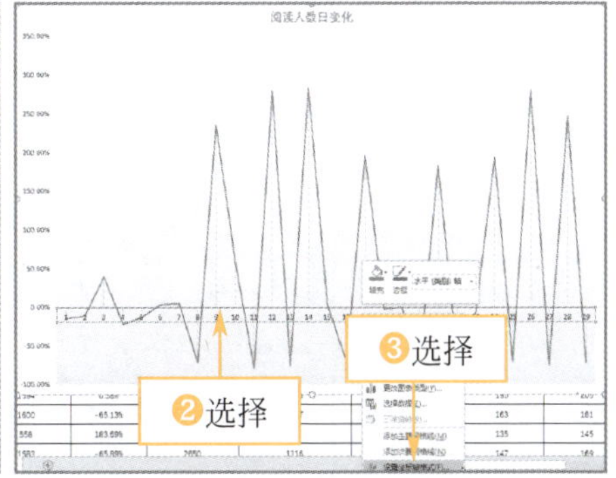

图3-56 设置坐标轴格式

步骤 06 弹出“设置坐标轴格式”面板，①单击“标签”左侧的倒三角按钮；在展开的选项中，②单击“标签位置”右侧的下拉按钮，弹出列表框；③选择“低”选项；④单击“设置坐标轴格式”面板右上角的“关闭”按钮 ×，关闭“设置坐标轴格式”面板，即可设置图表水平（类别）轴的格式，如图3-57所示；修改图表标题为“阅读人数日变化数据分析”，得到阅读人数日变化数据分析效果图；⑤显示效果如图3-58所示。

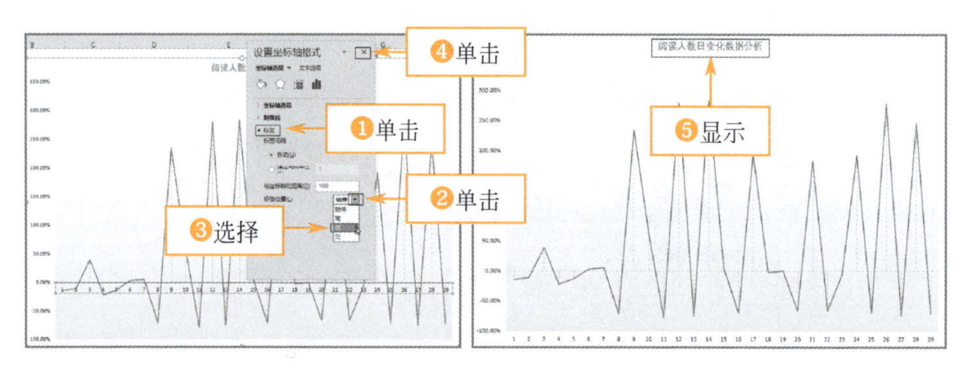

图3-57　选择“低”选项　　　　图3-58　阅读人数日变化数据分析效果图

3.2.6 图文阅读来源：明确用户搜索途径和方式

随着互联网和移动互联网的发展，人们可以搜索和查看图文信息的途径和方式也越来越多，而运营者了解其中的具体情况，就可以选择合适的平台和渠道来营销和运营了。本节以“手机摄影构图大全”微信公众号为例进行介绍。平台后台的“图文分析”页面中查看平台图文页阅读的阅读来源的圆环图，如图3–59所示。

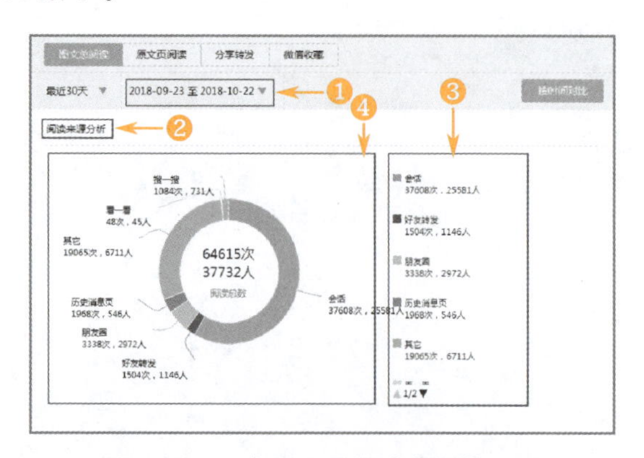

图3-59　平台图文页阅读来源情况图

图3–59中所反映的是在2018年9月23日至10月22日这30天内的图文页阅读来源情况。从上图中很容易就能发现很多有用信息：

❶ 显示统计时间段：平台运营者在查看平台图文页阅读来源情况时，首先应明确想要了解哪一时间段的情况，然后通过平台自带的日历表图，选好查看时间的范围。

❷ 显示图表标题：在整个图表的左上角显示阅读来源分析，帮助平台运营者选择正确的分析图，获得所需的图表，具有启示作用。

❸ 显示图表标注：从图标的右侧区域，很容易看出不同颜色的矩形代表的阅读来源，除了以上不同颜色矩形的信息提示之外，在每种矩形的下方，清晰地显示了不同阅读来源使用的次数以及具体的人数。

通过数据比对，可以很容易看出阅读来源会话的使用人数以及次数最多，其次是选择其他阅读来源，另外，阅读来源为朋友圈的比例也比较高。

❹ 阅读来源分析圆环图：通过分析不难发现，会话所占面积超过圆环的一半，因此，可以得出会话是平台图文页阅读的第一来源的结论，其次是其他和朋友圈，分别位于图文页阅读来源的第2位和第3位，再通过对比图中显示的具体数据，发现得出的结论一致。

3.2.7 广告主推广：制定合适的广告推广目标

关于广告主的推广目标，单指微信公众平台后台数据库，其主要的推广目标分别是公众号推广、移动应用推广–iOS、应用移动应用推广–Android、应用品牌活动推广、微信卡券推广、电商推广，且每一种的推广目标所花费的金额也不同。

因此，在运营过程中，针对不同平台、不同类型的新媒体账号，运营人员应当根据事实所需，制定相对应的广告推广目标，一切方案应当以适合为主。下面主要介绍“广告主推广目标数据圆环图”的制作流程和具体方法。

步骤01 新建一个名为“推广目标数据表”的工作表，输入相关的信息，❶设置工作表的行高、列宽、对齐方式、字体格式属性以及添加表格的框线效果，如图3-60所示；按住【Ctrl】键的同时选择B2:B8、D2:D8单元格区域，在“插入”面板的“图表”选项板中，❷单击“插入饼图或圆环图”按钮，弹出列表框；❸选择“圆环图”选项，即可在工作表中插入圆环图，如图3-61所示。

步骤02 选择图表，在“设计”面板的“图表样式”选项板中选择“样式8”选项，即可设置图表样式，如图3-62所示；即可得到设置推广目标统计分析效果图，如图3-63所示。

推广目标数据表

广告位	推广目标	广告名称	曝光量	点击率	消耗（元）	购买方式
底部广告	公众号推广	手机摄影构图大全	156123	45223	3233	竞价购买
底部广告	移动应用推广-IOS推广	手机摄影构图大全	86256	11212	1022	竞价购买
底部广告	移动应用推广-Andiord推广	手机摄影构图大全	91102	32356	2569	竞价购买
底部广告	品牌活动推广	构图大全	121010	41110	5895	竞价购买
底部广告	微信卡券推广	构图大全	115210	51211	1512	竞价购买
底部广告	电商推广	构图大全	145121	12112	5652	竞价购买

❶设置

图3-60　创建新工作表

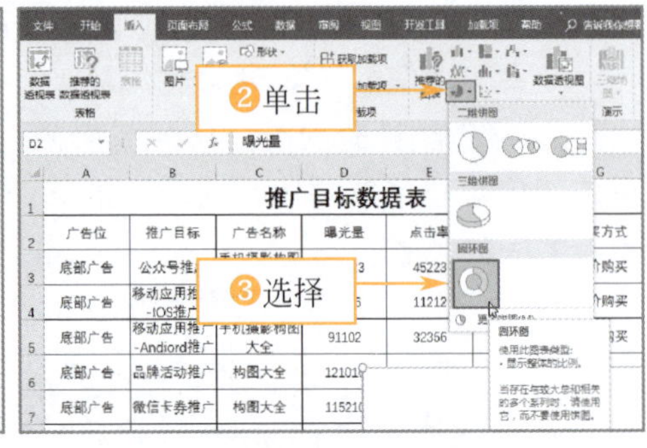

图3-61　插入圆环图

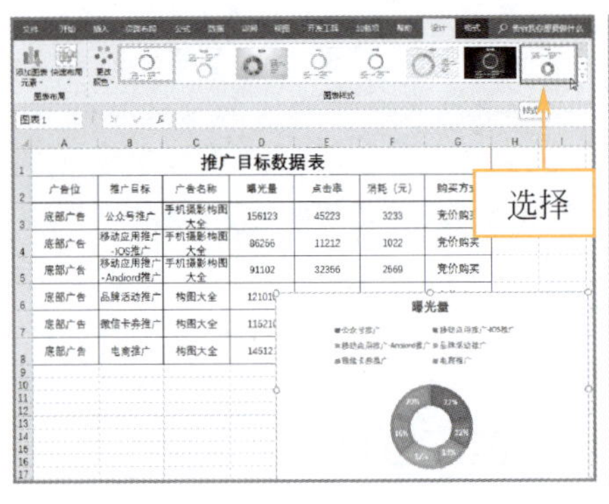

图3-62　在设置图表样式

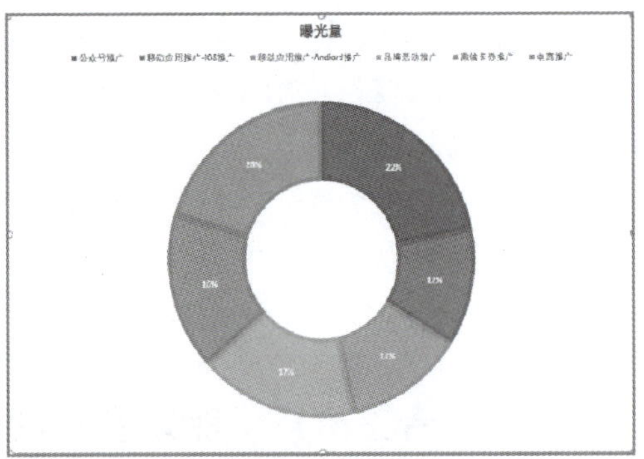

图3-63　推广目标统计分析效果图

步骤 03 在“格式”面板的“形状样式”选项板中，选择“彩色轮廓-黑色，深色1”选项，即可设置图表的形状轮廓，如图3-64所示；从而最终得到推广目标统计分析圆环图，如图3-65所示。

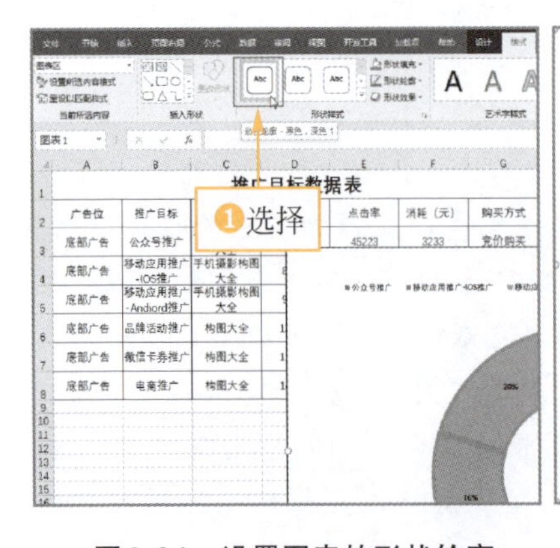

图3-64　设置图表的形状轮廓

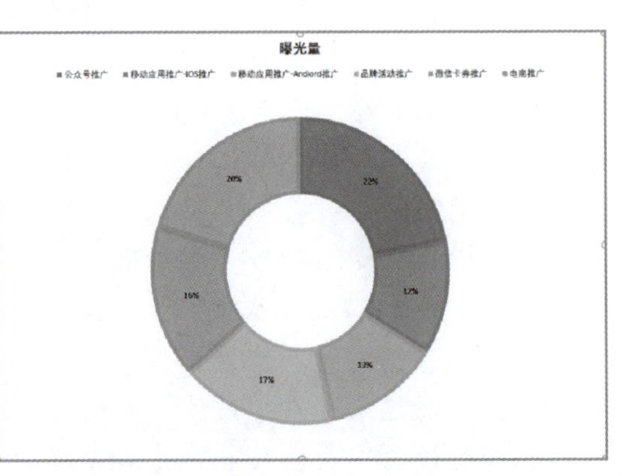

图3-65　推广目标统计分析最终效果图

3.2.8 流量主曝光量：多角度统计和分析数据

在微信后台，有一个“流量主”功能，流量主是腾讯为微信公众号量身定做的一个展示推广服务，流量主展示的位置在图文消息的全文页面底部。而流量主曝光量是流量主中的一种数据，是指微信上发布的推广信息或者文字链接被浏览的次数。下面介绍“流量主曝光量统计表”的制作流程和具体方法。

步骤 01 新建一个名为“7天曝光量数据表”的工作表，❶在工作表中输入相关的信息内容，如图3-66所示；❷设置工作表中的行高、列宽、字体格式、对齐方式等属性，为表格添加所有框线效果，如图3-67所示。

7天曝光数据表	
时间	曝光量
2018/11/1	125
2018/11/2	324
2018/11/3	224
2018/11/4	463
2018/11/5	252
2018/11/6	177
2018/11/7	389

❶输入

图3-66 输入相关的信息内容

7天曝光数据表	
时间	曝光量
2018/11/1	125
2018/11/2	324
2018/11/3	224
2018/11/4	463
2018/11/5	252
2018/11/6	177
2018/11/7	389

❷设置

图3-67 为表格添加所有框线

步骤 02 在工作表中选择A1:B9单元格区域，在“插入”面板的“图表”选项板中，❶单击“插入折线图或面积图”按钮，弹出列表框；❷选择“折线图”选项，即可在工作表中插入折线图，如图3-68所示；❸修改图表标题为“7天曝光量数据表分析”，即可修改图表标题，如图3-69所示。

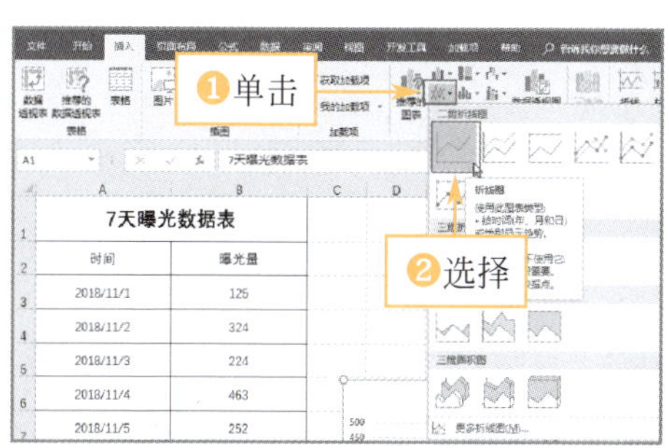

图3-68 选择相应选项

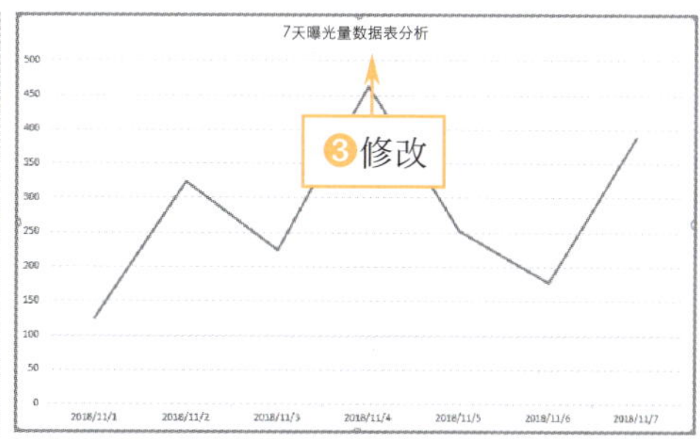

图3-69 修改图表标题（图题、图格式）

步骤 03 选择图表，在“设计”面板的“图表样式”选项板中，选择“样式11”选项，参见图3-61 ① 即可设置图表样式；在图表中选择折线图，单击鼠标右键，弹出快捷菜单，选择“添加数据标签”选项，② 即可在折线图上添加数据标签，如图3-70所示。

步骤 04 选择图表，在“设计”面板的“图表布局”选项板中，① 单击“添加图表元素”按钮，弹出列表框；② 选择“线条”；③ 选择“垂直线”选项，如图3-71所示。

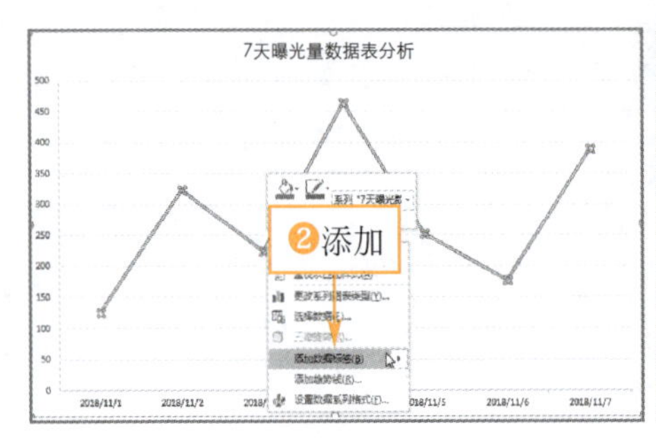

图3-70　添加数据标签

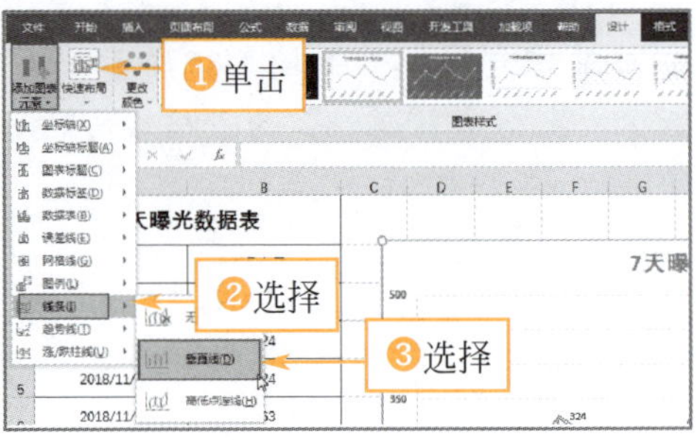

图3-71　选择相应选项

步骤 05 选择图表，在“格式”面板的“形状样式”选项板中，① 单击“形状填充”按钮，弹出颜色面板；② 选择“蓝色，个性色1，淡色80%”色块，如图3-72所示。选择图表标题，③ 设置“字体”为“黑体”、“字号”为18，设置字体格式，效果如图3-73所示。

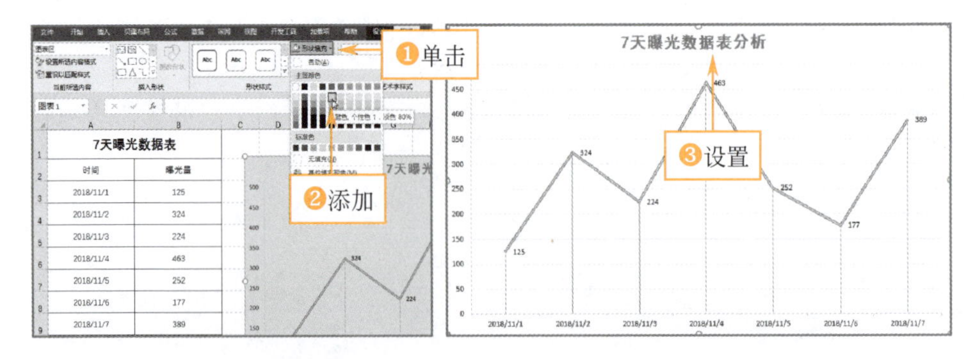

图3-72　选择相应色块　　　　图3-73　设置字体格式

从图3–73中可以看出，2018年11月1日～2018年11月7日，这7天的曝光量浮动趋势较大，特别是11月4日～11月6日的曝光量数据上下浮动是较为明显的，从中可以分析11月4日发布的文章特别受用户喜爱并且让用户觉得值得推广，在11月5日曝光率瞬间下降，可以分析这一天发布的文章有可能不能引起用户读下去的欲望，也有可能发布文章的时机不对等原因，运营人员应当从多角度思考、深入分析问题。

3.3 寻找热点：4类指数，助你打开热点营销的“开关”

想要做好运营，就必须了解一些寻找热点、打开营销道路的方式。只有平台本身聚集了话题和热点，才能获得用户的关注。而想要获得这些热点，就必须了解一些热点话题的来源方式。

3.3.1 百度搜索风云榜：反映网民兴趣和需求

百度搜索风云榜是基于数亿网民搜索行为数据，以关键词为统计对象建立关键词排行榜的平台，该平台覆盖10余个行业类别，100多个榜单，能够直观地反映出互联网网民的兴趣和需求。图3-74所示为百度搜索风云榜的首页页面。

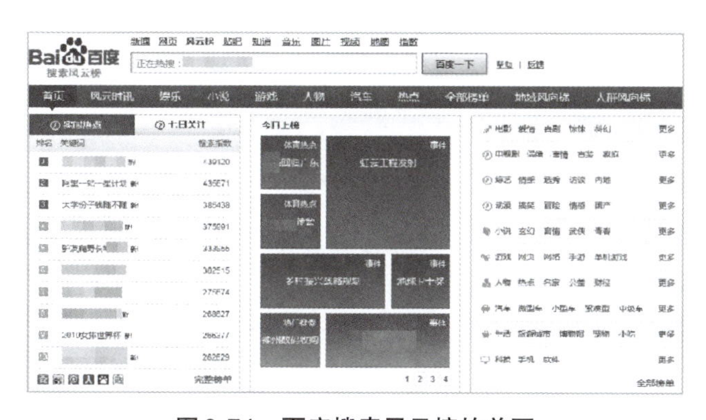

图3-74　百度搜索风云榜的首页

在该页面上，从“实时热点”“七日关注”和“今日上榜”等版块中都可查找搜索热点，当然，运营者还可以查找不同分类下的热点。在此以“实时热点”为例，介绍百度搜索风云榜的热点详情。

大家可以看到，在“实时热点”榜单中，可以看到“关键词”“搜索指数”和“排名”3个类目，榜单中的每个热点罗列在这3个类目下，分别显示了热点的各项基本数据。图3-75所示为“排名”“关键词”和“搜索指数”的具体含义。

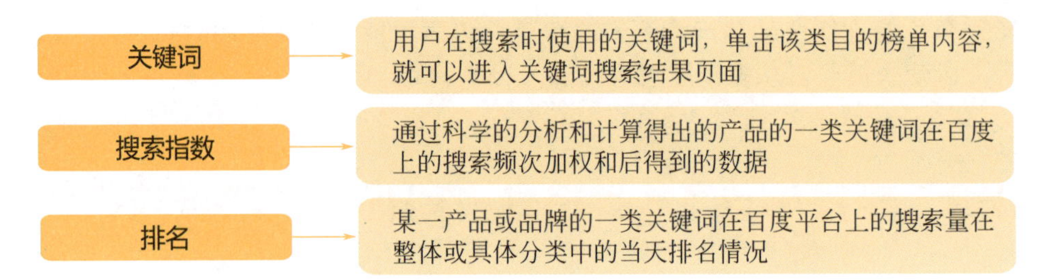

图3-75 “排名”“关键词”和“搜索指数”的含义解读

在“实时热点”榜单中，热点相关数据都是准确而权威的，真实地展示了互联网网民的搜索关注情况。因此，运营者可以在百度搜索风云榜上查看网民关注的兴趣点，然后结合自己的运营内容，将热点与自己的内容结合起来，推送给用户，这样更容易引起用户点击阅读。

3.3.2 微博热门话题：找准大家最关心的问题

热门话题，其所产生的影响都是有一定的时间区间的，同时也是有一定的影响范围的。基于这两个条件，社会上发生的公众最关心、最直接、最现实的热点问题就可称为热门话题。对于运营者来说，把热门话题引入到运营中，往往能起到引起他人共鸣和促进交流的作用。那么，这种热门话题去哪里找呢？毋庸置疑，微博就是一个方便的寻找热门话题的平台。

微博上的微话题，向人们展示了1小时内或者24小时内关注度较高的热门事件，在PC端，①单击微博顶部的“发现”按钮，进入热门微博推荐界面；②单击左侧的“更多”|“话题”按钮，就能看到相关的热门话题，十分简单方便，如图3–76所示。

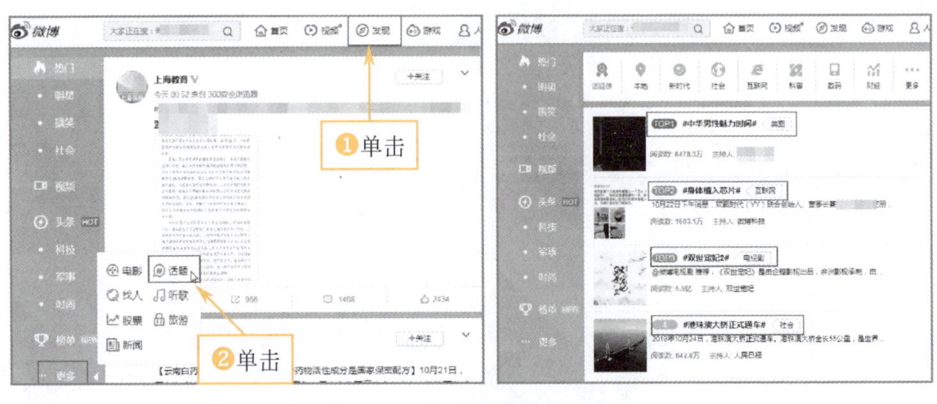

图3-76 搜索微博热门话题

在微博热门话题榜下，可以查看微博热门话题的不同类型的话题排行。运营者可以根据自己平台运营的方向，找到自己关注的领域的微话题，然后将这个微话题嵌入到自己推送的消息中，就能提高用户的关注度和点击阅读率。

3.3.3 百度指数：了解和对比热点火热程度

百度指数是互联网时代最重要的数据分享平台之一，它是基于百度用户行为数据建立起来的平台。通过该平台，运营者可以了解到某个热点的火热程度，从而能够将竞争产品、受众指向、传播效果等数据和信息，以科学的图谱方法呈现在人们面前。

如果你想要了解某个热点的火热程度，只要在百度指数查询栏里输入热点关键词即可。图3–77所示为热门综艺《中国好声音》的指数趋势图。

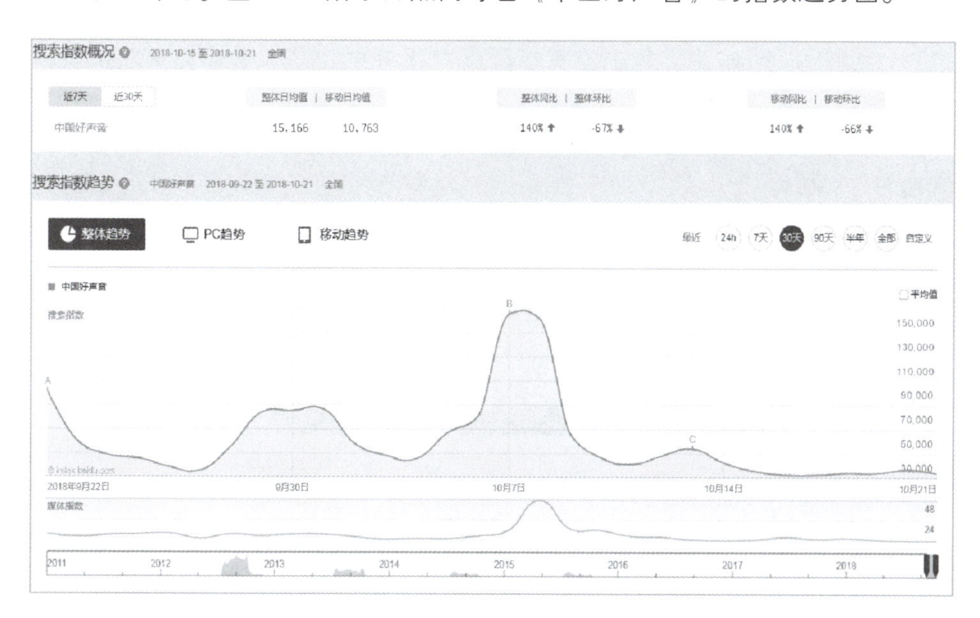

图3-77 《中国好声音》的指数趋势图

如果你遇到了好几个同类的热点，不知道哪个热点更受人关注些，可以在热点关键词后面添加对比词，然后可以查看哪一个热点的关注指数更好一些。

总结来说，通过百度指数，用户可以了解到热点信息，如图3–78所示。

通过百度指数可以了解的信息信息

包括

- 某一关键词在百度平台上的搜索规模和数量
- 某一关键词的搜索涨跌趋势和相关新闻舆论
- 关注某一关键词的网民的特征及其分布情况
- 关注某一关键词的网民还搜索了哪些相关的词
- 可以帮助你优化平台账户的数字营销活动方案

图3-78　通过百度指数可以了解的热点信息

3.3.4　爱奇艺指数：分析热门视频播放情况

爱奇艺指数是一个视频数据分析平台，通过该平台，用户可以了解以下信息，如图3–79所示。对于视频类的平台账号来说，就需要经常利用这样的视频指数平台来分析热门视频的一些播放趋势、用户的观看行为、观看用户的特征特点等。你只需在搜索栏中输入关注的视频名称即可查看视频的指数情况。

新媒体运营者还可以进行多视频对比，从而选择最优的视频热点和热点视频作为运营热点。其操作方法为在搜索栏中输入视频名称时，以分号分隔即可。还可以点击“添加对比”按钮，在页面的文本框输入用作对比的视频名称，点击“对比”按钮就可进行视频数据的对比。

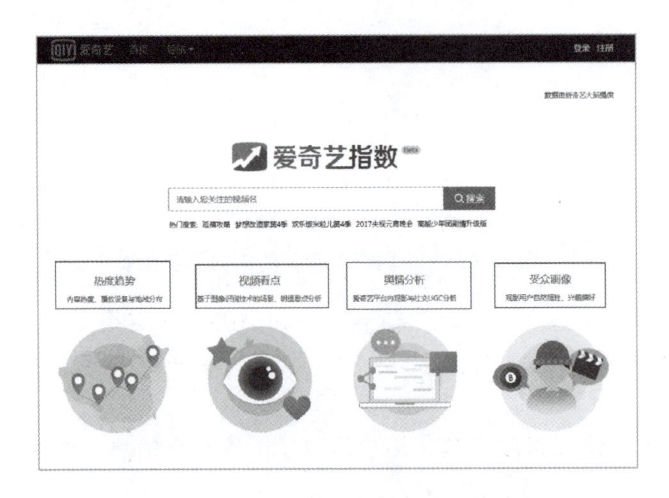

图3-79　通过爱奇艺指数了解到的信息

第4章

用户运营：23个技巧，告诉你成大号的秘密

学前提示

在工作烦琐的用户运营中，我们具体应该怎么做呢？说到底，就是了解用户的需求，引导用户关注自身平台和把用户长期留存下来。本章就从了解用户、引导用户和留存用户这三方面，提供23个技巧，帮助你一步成为大号。

要点展示

- 运营阶段：6大流程，呈现完整的进阶关键
- 用户引流：9种技巧，帮助平台迅速聚粉
- 用户留存：8种方法，让用户留在平台上

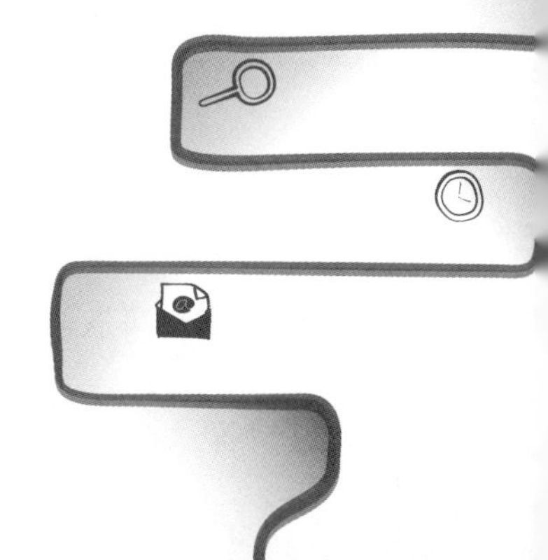

4.1 运营阶段：6大流程，呈现完整的进阶关键

用户运营，最重要的一点，便是站在用户的角度看待问题。如何筛选匹配，精准找到用户，同时对用户进行总结关联和管理，让用户对自身平台十分满意，就是我们这节要学习的内容。

4.1.1 4大步骤，筛选目标用户

一个互联网产品，在面对极其广阔的网络空间时，可以发展的潜在用户数量是很多的。而运营者要做的就是把其中的目标用户筛选出来，作为互联网产品推广和宣传的主要目标。至于目标用户的确定，就需要运营者通过以下步骤来确定，具体内容如图4-1所示。

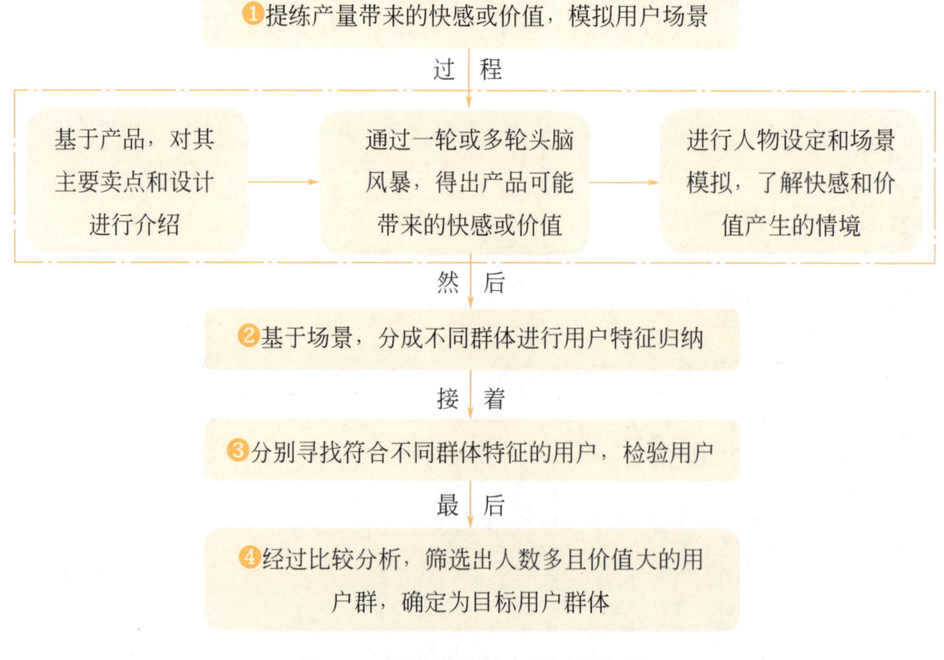

图4-1 确定目标用户的过程介绍

要注意的是，在最后进行用户群体筛选时，运营者要注意筛选的角度，具体说来，可从以下3个方面来考虑。

- 对自身平台推出的产品是否有足够强烈的需求欲望；

- 是否在群体大小、消费能力和传播力方面占有优势；
- 引流吸粉时获取这一群体的难度如何，成本是多少。

4.1.2 3大方面，匹配用户需求

在有了明确的目标群体后，就需要了解他们的具体需求是什么，以便进行运营内容和具体产品的准备。

一般来讲，用户需求源自人的根本需求，根据马斯洛需求层次理论，可将人的需求分为五个等级：生理需求、安全需求、社交需求（爱和归属感）、尊重需求和自我实现需求。用户需求便是在一段时间内的上述五种需求的一种或者几种。但当用户描述自身需求的时候，往往会出现自身也不清楚的状况，这时就需要运营者尽最大的努力去挖掘用户的真实需求。

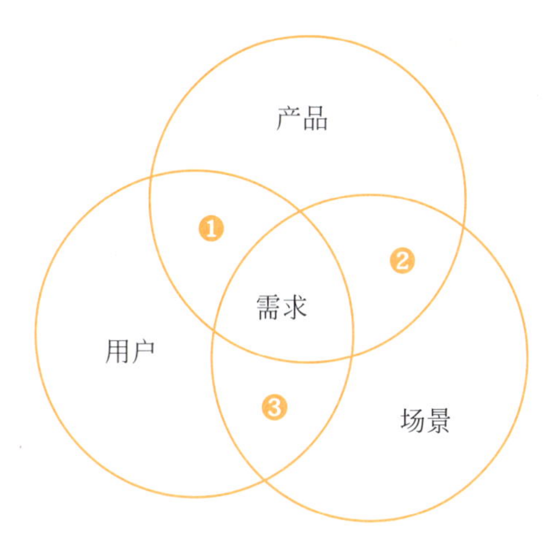

图4-2　初步定位用户需求

在进行目标用户的需求定位时，要结合具体场景。这样才能把目标用户群体与相应的场景、相应的需求进行匹配，如图4-2所示，这样才能初步了解用户需求。至此，就完成了用户需求定位的第一步。

❶ 产品用户：处于产品与用户的结合部，把产品与用户相匹配，可以很清晰地展现目标用户群体；

❷ 产品场景：处于产品与场景的结合部，把产品与使用场景相匹配，可以很清晰地展现出产品功能；

❸ 用户场景：处于用户与场景的结合部，把用户与使用场景相匹配，可以清晰地展现相应场景的用户需求。

然后把❶、❷、❸结合起来，把用户、产品和场景串联在一起，就形成了在某一场景下关于某产品的某一用户群体的需求。如果把所有筛选出来的用户群体按照不同场景的产品使用，一一进行匹配，就可以把所有类型的用户群体的需求分析出来。这样，用户需求的初步定位也就完成了。

最后对整理和分析出来的用户需求进行需求优先级定义，过程如图4-3所示。

筛选需求：去除无法实现、价值低、不合理和不适合的使用场景的需求

接着

挖掘需求：尽量对用户的真正目标进行仔细挖掘，找到他们真实的需求

然后

匹配产品：针对用户的真实需求匹配产品，突出相应产品的功能和特色

最后

最终确定：根据自身的资源和拥有的产品来最终确定用户需求的优先级

图4-3　确定需求的优先级的过程分析

4.1.3　多项内容，总结用户属性

完成了目标用户定位和用户需求定位，接下来的用户运营就是围绕具体的已确定的目标用户而工作的。首先是了解目标用户本身，也就是对用户的属性进行总结，以便更精准地进行宣传推广。

一般来说，用户属性就是用户的身份背景。在微信公众号平台后台的“用户分析”，就包括了“用户属性”的统计分析，用户属性分布表，如图4–4所示。

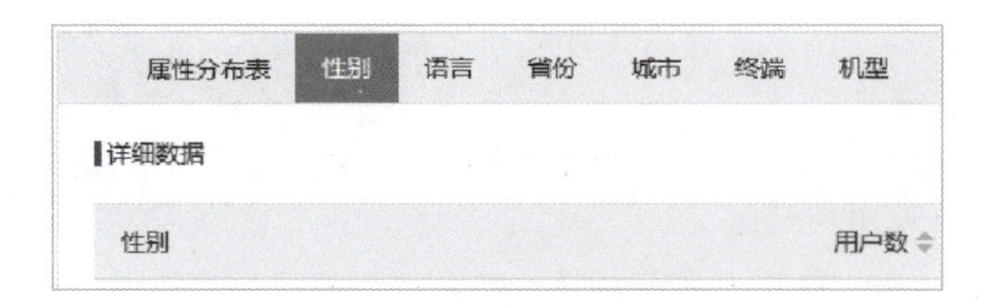

图4-4　微信公众平台后台用户属性分布表

除了图4–4提及的6项内容外，用户属性还包括其他方面的内容。当然，在进行用户运营时，并不是所有的用户属性的价值是一样的和必需的。运营者可以根据需要，对与产品有关的用户属性进行总结，制作表述清晰的表格。这样能帮助运营者更准确地了解用户和找准方向，提升运营效果。

4.1.4　两大途径，关联用户喜好

把用户的行为用一条条虚拟的线连接起来，就是用户的行为路径。一般

说来，用户的行为路径可以非常真实地体现出用户的喜好和需求，也可反映出运营者的运营推广能力和效果。

对用户路径进行探索，可以让用户运营脉络更清晰，方向更确切。因此，我们需要对用户的两条路径有一个清晰的了解，具体内容如图4-5所示。

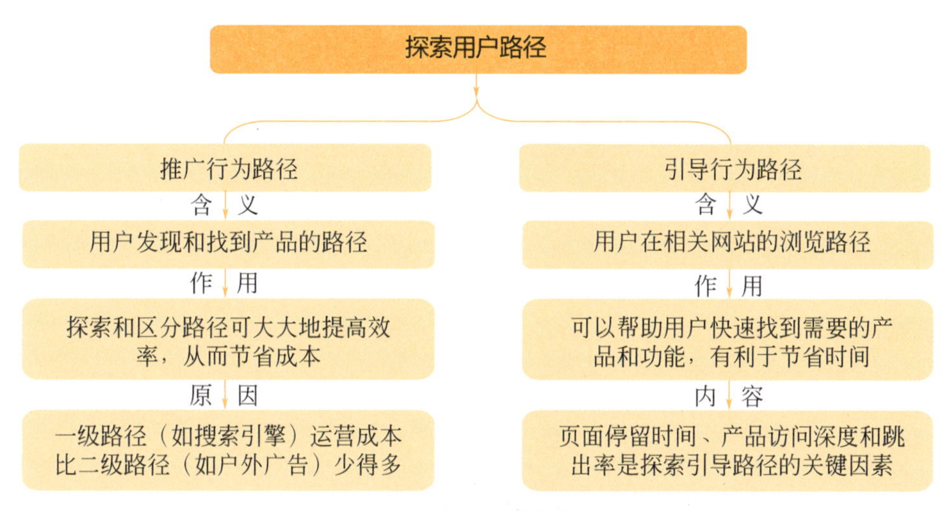

图4-5　用户路径的分析

4.1.5　3大要素，做好用户分级管理

为平台吸粉引流是用户运营的目标。而当这一目标快实现时，可能运营者会发现，运营过程出现了新的问题：用户增长太快，用户数量太大，关于用户的管理及其与平台关系的维护无法达到预期的效果。此时，就需要进行用户分级管理了。

用户分级管理的出现，是运营过程中必须要进行的工作。其原因就在于：运营人员的能力和精力是有限的，平台所属企业的资源和精力也是有限的，而其能投入运营中的资源和精力更是有限的。

而对用户进行分级管理又是提升用户运营效率、更好地进行宣传推广的有效途径。既然如此，用户分级管理是必须的，又是有着重大价值的，那么我们应该怎样来对用户进行分级呢?

我们可以把传统商业的用于用户管理的RFM模型引入到用户运营中来，并定义其为：❶R（Recency），为最近一次登录和关注；❷F（Frequency），为特定时间内的登录次数和天数；❸M（Monetary），为产生内容或评论内容的数量。运用这一模型进行的用户分级管理，具体含义和依据如表4-1所示。

表4-1 运用RFM模型进行用户分级管理的依据

要素	具体含义和依据
①R	最近一次登录和关注的时间越近越好，用户的敏感度更高，运营效果将更好
②F	特定时间内的登录次数和天数越多越好，说明用户的满意度很高，愿意关注
③M	产生内容或评论内容的数量越多越好，说明用户的价值很高，是很好的运营目标

而在具体的用户分级管理中，可以基于表4-1中的3个要素，对用户行为分别进行层级划分。如可以把一个月的用户登录天数和次数划分为F1、F2、F3、F4、F5等5个等级，汇总在一起，就可以把用户划分为125个等级进行管理。

当然，在划分等级的过程中，运营者可以根据实际情况选择要考虑的要素有哪些、选择各要素划分的等级有多少、选择各要素划分的区间内容等。

4.1.6 4大方法，让满意度少打折扣

运营者应该知道，不同的用户对产品的喜好和细节要求是不一样，而且有些用户喜欢“鸡蛋里挑骨头”。因此，不论多么好的产品，总是有人不会感到满意。

何况在不能保证产品非常完美的情况下，用户的满意度更是会大打折扣。而运营者能做到的，不是百分之百的满意度，而是尽量提高用户满意度，让其无限接近于100%。那么，我们应该怎样做呢？具体内容如图4-6所示。

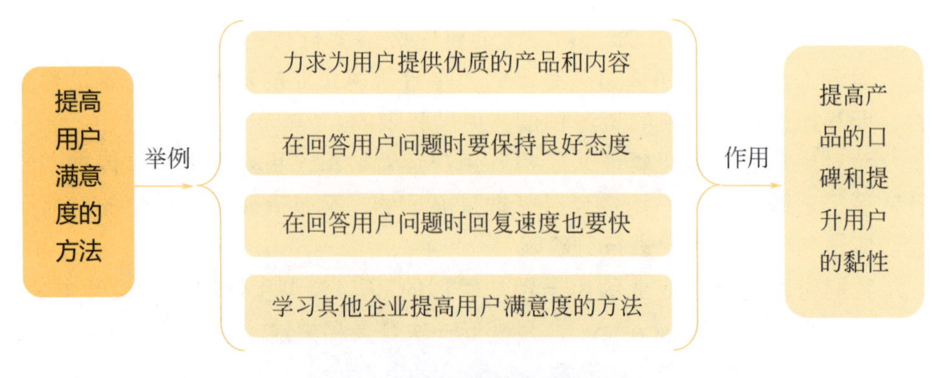

图4-6 提高用户满意度的方法

4.2 用户引流：9种技巧，帮助平台迅速聚粉

在平台高速发展的时代，人们的信息获取平台每时每刻都在发生改变。而运营者想要获得大量粉丝，并转化成为现实价值，就离不开各种方式带来的用户引流。

引流实际上是在运营者和用户之间建立一个快捷联系，能让用户实时地接收到你的相关信息。当你在辛苦寻找用户的同时，用户也在寻找你所能提供的类似信息。这九种技巧，将让你快速接触到精准用户，使平台的粉丝能出现高速上涨。

4.2.1 利用爆文，实现大范围引流

爆文应该如何打造呢？下面分别从大角度和小局部来进行讲解。

1. 从大角度来看

从大角度来看，爆文内容应该具备3个特点，如图4–7所示。

内容要有特色	在各大平台的内容方面，要把握好个性化和价值化导向，才能提升平台内容特色，增强用户的黏性
增强内容的互动性	运营者可以多推送一些能调动用户参与积极性的内容，将互动的信息与内容结合起来进行推广
激发好奇心的内容	运营者要从激发他们的好奇心出发，如设置悬念、提出疑问等，往往会有事半功倍的效果

图4-7　从大角度打造爆文的方法

2. 从小局部来看

下面将从具体的一篇文章的局部因素出发，谈谈怎样打造爆文，如图4–8所示。

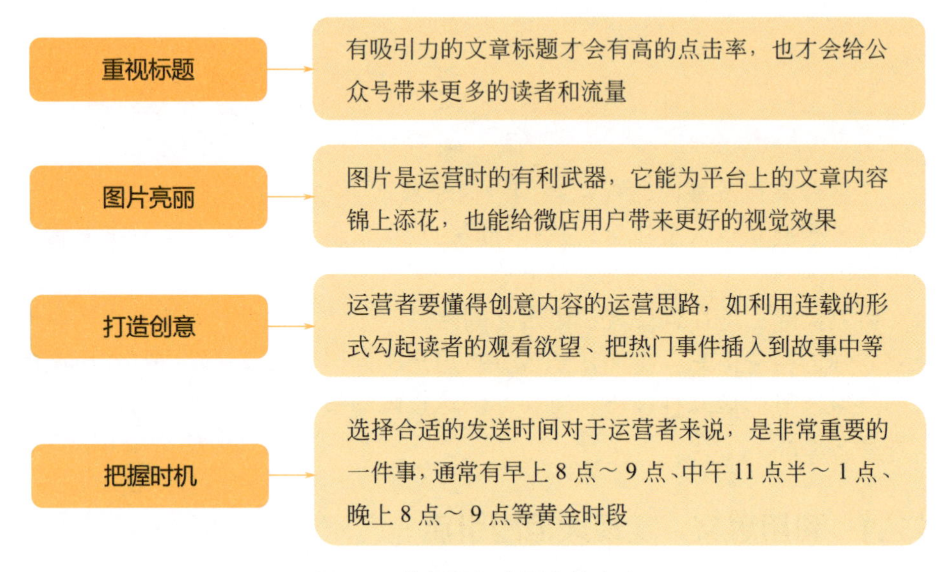

图4-8　从局部打造爆文的方法

“内容为王”这一理念是适用于整个运营过程的，在引流方面更是有着巨大作用，一篇吸引人的爆文能瞬间吸引大量粉丝来关注自身平台。运营者需要把握好大角度和小局部两种方法，尽力去打造一款，甚至多款爆文，为自身平台引流。

4.2.2　通过活动，引导高质量用户

活动运营不单单只是一个运营岗位，同时也是不断推出新产品的总指挥。无论线上线下，活动运营都是推广产品和引流的必备之选。

所有活动运营本质上都是围绕内容和用户来进行的，当清楚确立活动目标，例如：增加下载量，增大活跃度，加强传播度等，就可以以此开始运营。

运营者可以通过在自身平台上，或者其他平台上开展各种大赛活动，进行吸粉引流。通常因为奖品或者其他条件的诱惑下，参加活动的人会比较多，而且通过这种大赛获得的粉丝质量都会比较高，因为他们会更加主动地去关注平台的动态。

以微信公众号“手机摄影构图大全”为例，该公众号根据其自身的优势，在自己的平台上开展了一个“图书征图征稿”活动。图4–9所示为“手机摄影构图大全”微信公众号对这次举办的活动的相关介绍。

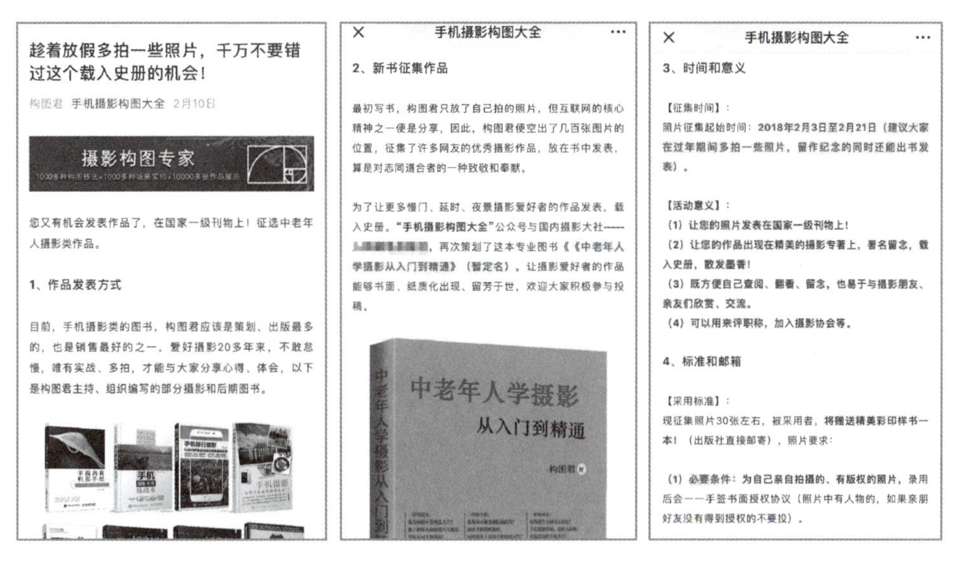

图4-9 微信公众号开展征稿大赛活动的案例

4.2.3 利用话题，让用户积极关注

利用互动话题内容来涨粉，归根结底还是得力于内容的作用和平台的发展，也就是说，平台打造一个互动话题，可以在提升粉丝黏性的基础上吸引更多有意愿参与话题的粉丝关注。那么，这些话题一般是什么样的话题呢？它们又是如何引导关注的呢？在此笔者将进行具体介绍。

一般来说，平台打造的互动话题，一般有两方面的要求：一方面是要有足够的吸引力，如提供某方面的福利、利用话题引导用户发表看法等。另一方面就是在时间和具体事务上做好安排。一般来说，话题打造是可以通过提前给出信息来吸引更多粉丝的。且在用户参与的过程中和话题结束后的安排上要妥当，即运营者要充分注意引导用户，提升用户体验，并及时就用户的观点给出自己的态度。

4.2.4 通过社群，聚集同类用户

在互联网迅速发展的推动下，我国已走进了社群经济时代，每一个社群里的成员或是有共同的爱好，或是有共同的目标。总之，社群里的每个成员都是由某个共同点来维系的。而运营者在吸粉引流过程中要做的是利用这个共同点，让用户关注自身平台。一般说来，可以从两个方面着手，具体内容如下。

1. 社群的运营之道

如今不少的社群，已经成为消费者搜索产品、品牌，进行互动交流的重要场所。社群可以实现一对多的沟通，为企业提供接近消费者的互联网平台。社群运营，从本质上来讲，就是对一群有明显且共同的属性的人群进行统一交流和运营。

下面就来了解一下社群的运营方式，如图4–10所示。

内容运营	针对群的定位每天发布固定内容 1 ～ 5 条，以微信打折购物群为例：每天发布 3 条，内容以特价商品为主
活动运营	用户可以在群里与有共同兴趣爱好或话题的人畅聊，每天可找热点话题讨论；可定期开展讲笑话、猜谜语、智力问答等小游戏；可配合官方活动同步开展微信活动
会员运营	积极与群内活跃成员沟通，使其帮企业一起发布内容，带动其他会员参与；设立类似群主的职位，让他在企业不在的情况下帮忙维持群内秩序
微信群矩阵	建立多个微信群和公共号，互相推广，使粉丝利用最大化，要努力让社群成员主动变成企业的推广专员

图4-10　运营好社群的方法

2. 社群的引流之路

有些运营者可能会犯这样的错误，与社群里的成员稍微熟悉之后就疯狂推广，其实这是不明智的。因为和你同处一个社群的成员都是有着个人的喜好、思想的，这样的做法只能给他们留下不好的印象。那么，运营者应该怎样利用社群引流呢？

（1）培养一定数量的铁杆粉丝

企业可以通过制订详细的粉丝计划来大力培养自己的铁杆粉丝，树立相同的观念，最终成功打造成拥有铁杆粉丝的社群运营平台。企业在“培养铁杆粉丝”的过程中，可以从以下3方面出发，一步一步地进行铁杆粉丝的培养计划。

- 聆听用户的心声，与用户互动，耐心与用户对话。只有这样做粉丝才能有被尊重的感觉，提升用户体验。

● 从粉丝需求出发，通过奖励来提升粉丝的活跃度。分析粉丝的需求、制订奖励计划，送上用户需要的礼品，这样能大大地增加粉丝的体验，进一步巩固粉丝的黏性。

● 与粉丝进行线下活动。企业可以在社群运营过程中发布一些活动，为粉丝提供参与的机会、有趣好玩的经历以及优质的用户体验，使其获得更强烈的粉丝认同，从而与用户维持亲密关系。

（2）打造口碑，让用户乐于推广

在社群运营中，想要顺利实现用户的"智造"，就需要使用一些小窍门，比如赠送礼品、口碑推荐等来打响企业品牌，为品牌树立良好形象。而社群运营中口碑的打造是需要粉丝的努力的，主要是在粉丝认可产品、品牌的基础上，心甘情愿地将产品推荐给自己身边的人，从而形成口碑。一般来说，形成口碑的途径主要如图4-11所示。

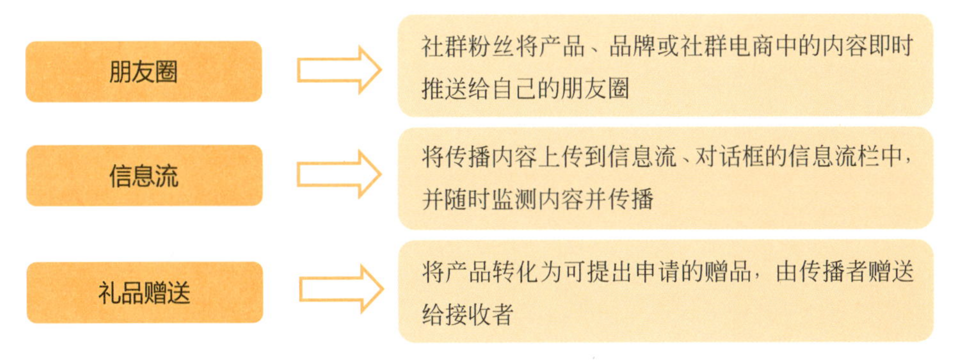

图4-11　形成口碑的途径

（3）5大方面，塑造品牌，扩展人气

企业在进行社群营销时，需要注意五个方面的问题：一是有自己的独特观点，二是把产品信息介绍详细，三是要学会互动，四是要学会分享干货，五是要传递正能量，树立好口碑。

4.2.5　找准互补平台，进行大号互推

大号互推，是平台进行营销和运营过程中比较常见的现象，其实质是企业和商家建立账号营销矩阵，从而达到共赢的目的。

1. 寻找适宜的大号互推

大号互推，要求是双赢，因此，在选择合作的大号方面要慎重，要双方

得利，这样才能合作愉快并维持稳定的互推关系，具体方法如图4–12所示。

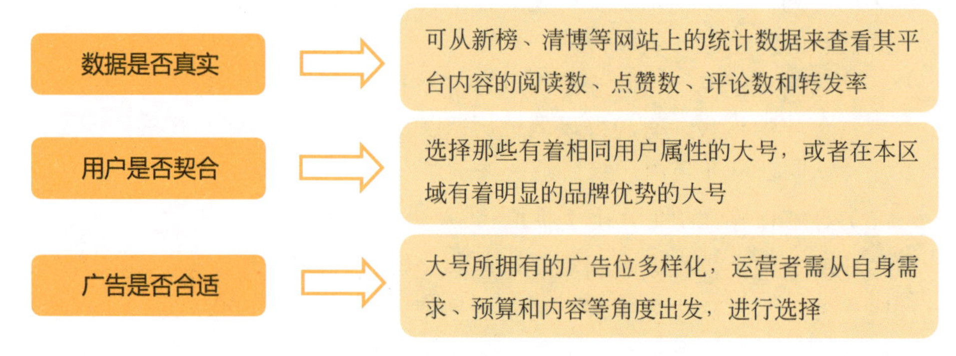

图4-12 寻找适宜大的大号互推

2. 进一步提升互推效果

找到了互推资源并确定了一定范围内的合适的互推大号后，接下来运营者要做的就是最大程度提升互推效果，如图4–13所示。

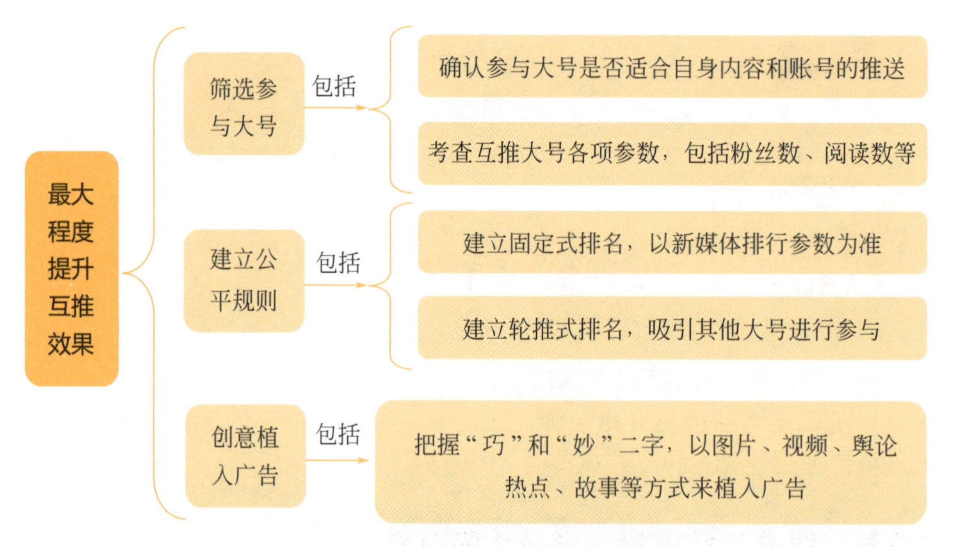

图4-13 最大程度提升互推效果方式

4.2.6 多类平台，实现用户剧增

随着互联网和移动互联网的发展，越来越多的新媒体平台开始出现，其领域所涉及的范围之广、内容类型之多，实在是让人目不暇接。而作为在各

类平台发展的运营者，又将有着哪些机会可以为自身主力平台吸引更多粉丝和引导关注呢？本小节就从社交、资讯和视频等类型的平台出发，来介绍一下平台运营者该如何利用其他平台吸粉引流的。

1. 运用社交类平台

微信是如今运用范围极广、发展极快的社交媒体平台，与之相关的微信公众平台更是成为众多运营者进一步运营的摇篮。因此，一些以今日头条为主战场的运营者开始考虑从微信公众平台引流。如微信公众号“头条易”就是一个专门介绍头条号投放传播的平台，用户在阅读其推送的内容时，极有可能关注其中的头条号。

2. 运用资讯类平台

如今，提供社会资讯的平台也越来越多，如一点号、搜狐号等，都是普遍受人们喜欢的资讯平台。在此，笔者以一点号为例来讲解它是如何引流的。

一点号是由一点网聚科技有限公司推出的一款有机融合搜索和个性化推荐技术的平台。一点号平台所具有的3大特色也将为引流提供助力，如图4-14所示。

24类别：满足用户全部阅读需求	在一点号平台上，用户可以看见各个领域的最新资讯，该平台主要有24个类别的资讯频道，大大满足了各种用户的阅读的兴趣爱好，让一个平台满足他们所有的阅读需求
兴趣引擎技术：向用户精准推送信息	依靠平台系统对用户订阅的信息、搜索的关键词等操作行为，挖掘出更多用户感兴趣的资讯，然后非常精准地抓住平台用户阅读的兴趣需求，将他们最需要新闻资讯在最短的时间内传递给用户
个性化：依据用户数据推测兴趣领域	一点号可以借助用户登录时选择的社交软件类型、选择的兴趣频道等操作收集相关信息，整理成数据资料，然后再根据这些资料了解、推测用户的感兴趣的新闻领域

图4-14　一点号的平台特色

就这样，在图4-14所述的平台特色支撑下，平台运营者可以在与自身账号相关的领域发布他们需要的内容，而一点号能让内容被那些有需求的读者关注到，而这些读者又恰是自有平台的目标用户群体，他们可能因为想要了解关于运营主体的更多内容而去关注平台，因此，实现引流也就轻而易举了。

3. 运用视频类平台

在各大平台上，经常可以看到右上角有水印为“西瓜视频”“抖音”字样的视频内容。由此可知，通过这些视频平台与自有平台之间的引流操作，还是可行的。

因此，当与自有平台相关联的抖音号发布内容时，用户如果觉得你的视频内容有价值，而其又想了解更多的相关内容，那么，用户是极有可能通过“抖音短视频”平台来关注自有平台，从而实现跨平台的引流目标。

4.2.7 百度热词，通过搜索引导用户

每当一个热点、热词出来时，都会在各大平台广泛传播，比如，“个人所得税”“长租公寓”等词都在各大平台中有过一段热潮。营销者可关注百度热词，结合“热词”发软文来进行推广和引流，具体过程如图4-15所示。

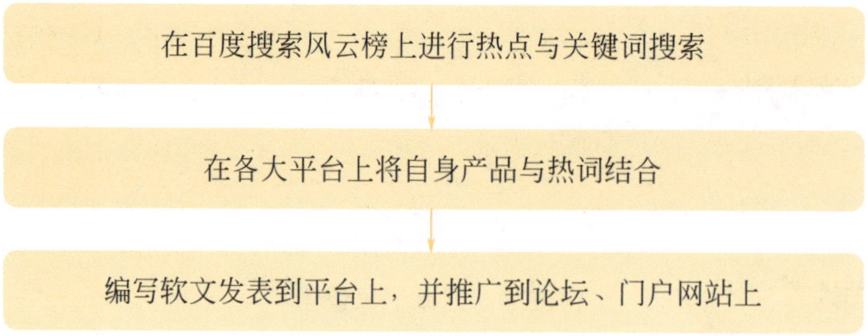

在百度搜索风云榜上进行热点与关键词搜索

↓

在各大平台上将自身产品与热词结合

↓

编写软文发表到平台上，并推广到论坛、门户网站上

图4-15 利用百度热词引流的具体过程介绍

4.2.8 通讯录好友，直接进行导入

如今微信被越来越多的人使用，并且已经成为众多企业和商家进行运营的必要工具和媒介。而导入手机通讯录好友是一种很简单的利用微信来进行用户引流的方法。

手机通讯录是每个人最为直接的联系方式和信息，通讯录好友一般都存

有姓名、电话号码、公司、生日等信息。

运营者在“微信”界面点击“+”“添加朋友”“手机联系人”按钮，然后进入“查看手机通讯录”界面，点击右边的“添加”按钮即可添加通讯录的朋友。

4.2.9 利用小程序，3大方法有效引导

小程序一般是与微信公众号关联在一起的，因此，运营好小程序，是有利于吸引用户关注公众号的。下面介绍几种运营小程序的方法。

1. 提供特定功能，加强实用性

对于小程序来说，实用性可以说是制胜法宝之一，那么，如何体现小程序的实用性呢？其中较为简单和直接的一种方法就是提供特定的实用功能，创造机会让受众使用小程序，并将这一行为变成一种习惯，从而有效地增加用户的使用率。

提供特定功能对于以实用性取胜的小程序来说尤其重要，因为特定功能的创造不仅是增加小程序的使用率，更是对品牌的有效宣传，只要特定功能做好，便可以争取大量用户。

2. 关注市场趋势，提高创新力

时刻关注市场趋势，可以了解其他企业是如何提升用户体验的，进而改善和提高自身小程序的吸引力。分析流行的产品特色，重点是保持小程序的创新力度，第一时间了解企业所在领域的流行趋势。

打造用户体验的方法不计其数，但有的企业仅仅关注小程序本身或者小程序的相关服务，而忘记从市场其他的产品和企业吸取经验。很显然，这种借鉴、参考的方法的力度是不够的。

那么，运营者在打造消费者体验的过程中，具体应该怎样根据市场潮流趋势增加小程序的新鲜体验呢？笔者觉得运营者不妨先认真观察市场的潮流走向，然后把自身营销方法与别人对比，最好再总结经验，为己所用。

3. 深化自身创意，增加吸引力

创意是任何小程序都需要具备的特质，而用户体验的打造也少不了创意这一要素。要怎样通过创意来增加对用户的吸引力呢？笔者认为，运营者主要需要把握好4个要点：即信息必须真实、进行多方传播、契合用户需求、围绕主旨打造。

4.3 用户留存：8种方法，让用户留在平台上

对运营者来说，把用户成功引流到平台上是不够的。我们要做的是把这些引流来的用户成功地留在平台上，让他们为平台的发展提供助力。本节就围绕这一问题，对多种技巧进行讲解。

4.3.1 做好引导设置工作，让用户愿意体验

在具体的用户留存运营中，对一些新用户来说，他们是首次使用平台产品和关注平台内容，还不了解和清楚平台。此时，如何让用户更快地熟悉起来，更快地进入用户的角色，就成为决定用户留存的主要影响因素之一。

只有做好新用户的引导工作，才可以让用户对平台及其内容产生兴趣，从而愿意继续关注平台内容和体验产品。此时，我们可以从平台产品出发，做好用户引导的设置工作。这一工作可以从多个方面来完成，下面以微信公众号为例进行介绍。

例如，在资料页上，要想做好用户引导，就需要在功能介绍上体现微信公众号亮点和内容，为用户了解公众号和阅读文章提供认识基础。图4–16所示为“手机摄影构图大全”微信公众号的资料页界面。图4–17所示则为微信公众号欢迎页面。

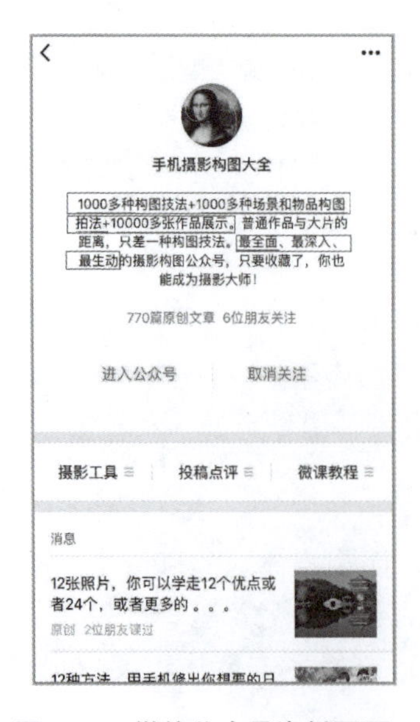

图4-16　微信公众号资料页面

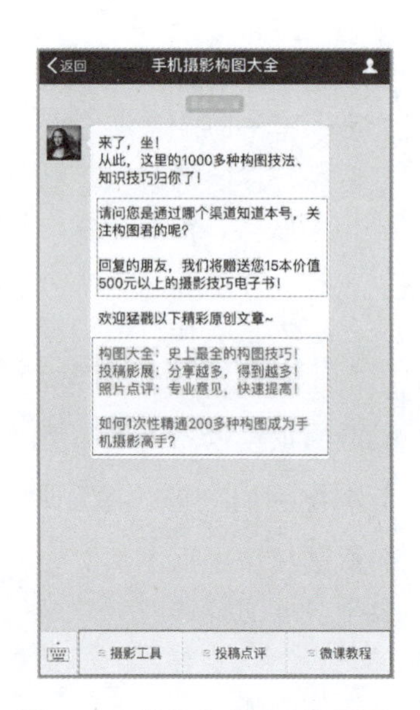

图4-17　微信公众号欢迎页面

该微信公众号资料页面上，功能介绍部分用了“1000多种构图技法”“1000多种场景和物品构图拍法”和“10000多张作品展示”连续呈现平台内容，又用了“最全面”“最深入”“最生动”加以修饰，带给用户的绝对是专业的体验。

而在公众号欢迎页面上，运营者在设置上为留住用户做了许多努力，具体如下所述。

（1）对公众号中的精彩文章进行了超链接设置，可以进一步了解平台。

（2）“自定义菜单”设置，有利于用户有针对性地进入平台和阅读相关内容。

（3）设置了奖励选项，用户回复自身的渠道来源，就能获得高价值的电子书。

4.3.2 保证产品更新、优质，才能留住用户

关于用户留存技巧，说一千，道一万，归结为一点，首先还是应该在平台产品上下功夫。也就是说，如果你的产品主体是技巧性、专业性的文章内容，那就应该提供有自己观点和见解的优质内容，并根据需要不断进行优化。如果你的产品主体是商品，就应该保证产品质优价廉，让用户购买了之后能满意。

在这一方面，各大电商平台就做得很好。在如今电商平台如雨后春笋般不断出现的环境下，它们的营销策略也层出不穷。在优化产品方面，商品自身和宣传内容上都有大的突破。它们不仅以各种方式对商品质量作出承诺，还搭配了不同的展现方式。

不论是推送内容的优化，还是商品的优化，归根结底还是平台产品的优化。而对于用户来说，假如你经常推出的是相同的或是“换汤不换药”的内容，抑或是你经营的商品在品类、品牌、款式上没有任何更新，那么，用户是不愿意关注的。这样的平台产品无疑是留不住用户的。只有不断优化、不断推陈出新，才是留住用户的不二法门。

4.3.3 通过4大途径，实现与用户友好互动

关于用户的运营，首先还是人与人之间关系的运营。在日常生活中，人与人之间的关系维护，是需要有来有往的，这一点反映在线上的用户运营中，就表现在彼此之间的互动上。

培养企业和运营者与用户之间的关系，经常进行友好互动，是运营的应有之义。特别是对运营者来说，应该积极主动地利用各种途径来培养与用户之间的关系，从而更好地留住用户，具体分析如图4–18所示。

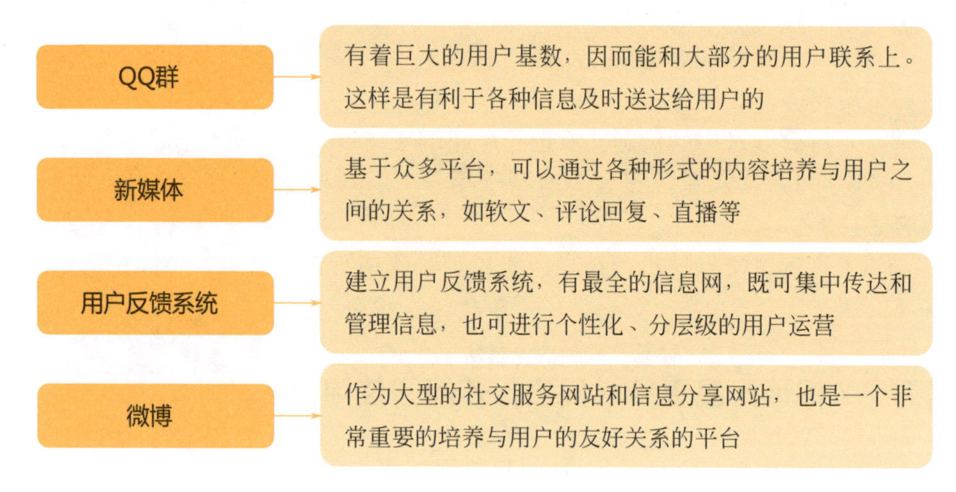

图4-18　4大途径培养与用户的关系

4.3.4　利用3种渠道，把流失的用户找回来

对于运营者来说，用户的流失是不可避免的。基于此，我们要做的事主要有两件：一是怎样尽量减少用户的流失，二是怎样把流失的用户重新找回。

关于前者，前面已经有了相关内容介绍，在此主要对怎样把流失的用户找回来进行具体介绍。

其实，相较于吸引一个新用户而言，把流失的用户找回来，其价值是更大的。因为流失的用户本身对平台有一定兴趣，且流失的一般是对平台不了解的、黏性不高的新用户。在保证优质平台产品的情况下，只要解决了用户流失的问题，让流失的用户重新回到平台上来，明显更容易和更有意义。

可见，对流失的用户进行运营，把他们找回来，是比较有效的、有意义的运营工作。那么，针对这些流失的用户，应该怎样找回来呢？具体说来，可从3大渠道来进行分析，内容如下。

1. 找回方式一：短信、Push（服务信息）

无论是短信还是Push，都是信息，因而在实现用户找回上有着共同点。

首先，它们都有着比较高的送达率和打开率。这一点对用户找回非常重要，也是运营者选择这一渠道找回用户的主要原因所在。

但是要注意的是，在考虑其优点的同时也不要忘了其缺点。这一类的用户找回方式，一方面，它内容比较单一，大多是以文字为主的文案形式，有时包含链接，在内容的新颖和吸引力方面明显不足；另一方面，这种找回方式用得多了，容易让用户反感，一不小心就有可能被拉黑或屏蔽。

可见，用短信、Push找回用户，有如一把双刃剑，只有把握一个度，才能对找回用户有效。否则，将会适得其反，在用户讨厌的同时也破坏了前期已有的运营成果。那么，怎样才能让这把双刃剑向好的一面发展呢？一般说来，应该从以下几个方面着手，如图4-19所示。

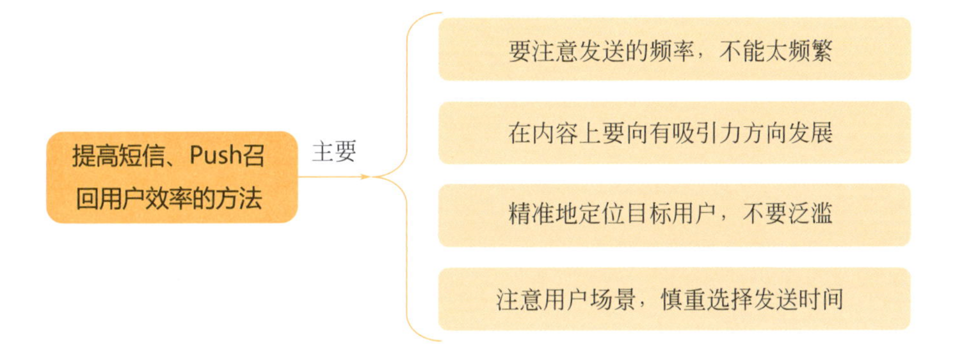

图4-19 提高短信、Push找回用户效率的方法

2. 找回方式二：电子邮件信息（EDM）

与短信、Push找回用户相比，发送电子邮件来找回用户的优势主要表现在其内容类型的多样性上。除了短信、Push方式常见的文字和链接外，还可以包含图片、视频等内容。当然，任何事物都有两面性，用电子邮件找回用户也是如此。它的缺点主要表现在电子邮箱的使用率较低和容易被屏蔽两个方面。

运营者如果想要利用电子邮件更好地完成找回用户的任务，那么就需要在两个方面加以努力，具体内容如下。

- 标题方面：需要撰写一个非常吸睛的标题，这样用户才会愿意打开，才有接受找回的可能；
- 规范方面：应该确立一定的规范，发送电子邮件时服从规范要求，这样才能不被屏蔽。

3. 找回方式三：微信公众号

用微信公众号找回用户同样有其优势，除了成本低和内容打开率较高之外，还有一个非常重要的优点，微信公众号是一个有着持续内容和产品推送功能的平台，因而能更好地提升用户黏性。当然，这些优势都是建立在用户没有取消关注的基础上的。而要想找回用户并让用户持续关注，优质的内容是基础。另外，运营者还可以通过开展有趣的活动来实现。

4.3.5 跟踪收集，解决用户不满意的问题

数量众多的用户，对于平台的体验也是有区别的，不可能完全一样。正是这种体验决定了他们对平台账号的观感，也决定了有多少用户愿意继续留在平台上。

而从客观上来说，平台产品是不可能十全十美的，总是存在让用户感觉不如意或欠缺的地方。只有不断减少这种让用户不如意的体验，才能有效减少用户流失，留住用户。

那么，在具体的过程中，面对客观的可能存在的问题和用户的主观上不完美的体验，运营者要做的就是去跟踪收集用户的体验，从而区分出哪些地方在运营上是做得好的，哪些又是需要改进的。把这些资料和信息收集整理出来，才是解决问题的前提条件。

4.3.6 及时回复用户，才能更好地留住用户

用户有问，运营者有答，才是正确的用户运营之道。在此主要从两个方面来介绍利用回复来留住用户的方法，具体如下。

1. 没有时间和精力的情况：消息自动回复

当运营者没有时间或没有条件及时手动回复时，利用平台的消息自动回复功能是一个很好的选择。在某些平台上是有消息自动回复的功能的，如微信公众平台、QQ等，充分利用这些功能，可以更好地留存用户。

例如，微信公众平台的自动回复功能有三种模式，具体如下。

- 关键词回复：在后台设定关键词及其规则，当用户发送的消息中含有匹配的关键词时，就会依照设置自动回复相应信息；
- 收到消息回复：用户发送的消息不能匹配设置的关键词时，系统就会依照“收到消息回复”的设置回复给用户相应的信息；

- 被关注回复：当新用户关注平台账号后，会进行相应的欢迎页，欢迎页的内容就是“被关注回复”设置的自动回复内容。

无论是哪一种回复功能模式，只要设置得好，就可以给用户留下好的印象。而有新意的自动回复消息往往更容易引起用户的关注，同时也更容易留住用户。可见自动回复消息也是一门学问，用得好不好就看运营者肯不肯用心了。

2. 拥有时间和精力的情况：评论回复

文章有人看，自然也会有人评论留言。而且每个人思考问题的角度都不一样，对同一问题的看法和立场也不尽相同。

运营者需要去回复网友在文章评论的留言，其实回复留言的过程也就是与网友互动交流的过程。虽然回复留言比不上彻夜长谈那种详细的交流，但是最起码能够知道会去评论留言的这些人，还是对推送内容很感兴趣的，并且有时候还能提出一些有建设性的意见。

网友评论留言功能是需要得到运营者开启的，因此运营者在编辑图文消息的时候要注意检查留言功能开启与否。如果没有开启，网友是不能评论留言的。

在开启留言功能后，要及时查看留言，与网友产生互动，互动的成功与否，也是考验运营者运营水平的一种方式。

其实，笔者认为，巧妙回复网友文章评论留言，是一种有效留住用户、提升用户黏性和忠诚度的方式。通过与用户之间回复留言的互动，也可以有效沟通和了解。比如说，有网友评论留言说你的哪些东西做得好或者写得好，运营者应该要肯定网友，回复一些赞美支持鼓励的语言。

运营者在回复网友评论留言的时候，要根据不同的留言回复不一样的内容，语言风格方面尽量活跃风趣一点，“伸手不打笑脸人”就是这个道理。

4.3.7 利用微信群宣传，积极积攒更多人气

相信许多企业都会建一个或者多个微信群，也加入了很多的微信群。但如何利用这些微信群去积攒人气、提升与用户之间的互动，并成功留住用户，其实很多运营者都没有掌握到要领。

微信群推广操作起来比较简单，而且不需要什么成本，且通过微信群更能与用户达到较好的互动效果。通过微信群你可以找每个群员单独聊天，还可以通过微信群发二维码去宣传企业公众号或APP等。利用微信群做宣传来

积攒人气，只要做得好，肯定会有不错的效果。

在这里，笔者主要分享一下自己所了解的“运营和玩转微信群”的技巧，具体内容如图4-20所示。

把微信群看成圈子	在这里你想说什么就说什么，把粉丝都当成好友，这样才能与微信群好友积极互动并打好关系
备足几个活跃分子	这是准备工作的一部分，运营者可以让这些活跃分子每天担当起带动群里气氛的工作，以至于不会冷群
有频次地进行价值输出	平台账号时不时搞一些线下活动，在群里面宣传一下，偶尔在群里发红包，让群成员感受到这个群的价值
每天固定时间互动	运营者可以规定一个时间段，每天在这个时间段内跟群成员一起互动聊天，以便了解群成员的动向和情况
多传递有价值的干货内容	比如一个关于手机摄影构图的平台账号，就可以多给群成员推荐有实用价值的相关的干货内容
重视积累互动数据	一般说来，运营者与群成员也就是粉丝之间互动的时间越多，关系就会越好，这样才能更好地留住用户

图4-20 运营和玩转微信群的技巧介绍

另外，要注意的是，创建微信群的目的就是为了巩固粉丝群，在微信群中积攒人气与粉丝互动。但是你的平台账号不可能没有类似的，总有和你的类似的平台账号。那么，在这里就要考虑自己的粉丝会不会被同行吸走了。因为如果同行积攒人气的方式比你的更有吸引力，那么，你的粉丝就会放弃你，而去选择一个更好的。

企业与企业之间的竞争也不外乎于此，所以创建了微信群之后，运营者最好是要建立一些让用户无法拒绝的群规。让用户可以老老实实地待在你的微信群里面，而不会因为外面同行的诱惑离开你的微信群。创建了群规之后也可以很好地约束到用户，俗话说“没有规矩，不成方圆”也是这样一个道理。

那么，现在问题来了，要建立些什么群规才能约束到粉丝，并让粉丝能够自愿留在你的微信群而不受到其他同行的诱惑，让你的微信群发挥最大的价值呢？接下来，笔者将举例分析建立群规的相关内容，具体如下。

- 统一群名片：为了便于快速相互认识，要统一群名片，格式可以让运营者自己来定，笔者在这里以“姓名+地区”的群名片为例，如“张三+湖南”。
- 在群里可以发布分享消息：如干货文（必须是有实用价值的干货）和自己的原创文章。
- 刺激分享：在群里发布帮忙转发的文章需要注明，并发不少于100的红包。
- 发放红包：群里不定时发放红包雨，用户进群不能只是为了来抢红包，一旦运营者不发红包了就退群，这是不可以的。
- 分享有价值的内容：多分享关于自身平台的有实用价值的干货文。让用户知道你的平台账号确实存在有实用价值的东西，粉丝才会不想离开，想留下来交流学习。
- 缴纳群费：进群之后每个人要缴纳不少于10元的群费。群费会在每个成员加群两个月之后双倍返还，如果中途退群就不予返还。
- 保证消息健康性：群里发布的消息必须要健康，不然会引起其他群成员的不满，引起不必要的误会，从而降低微信群的质量。
- 群里定期举行活动：包括“线上活动”和“线下活动”。线上活动可以是有奖竞猜之类的，线下活动可以是关于吃喝玩乐之类的，反正只要是可以吸引粉丝的都是好活动。这样就更能促进运营者与粉丝之间的互动，培养有质量的粉丝。

其实笔者讲的这些群规也还只是些皮毛，笔者相信广大运营者们看完之后心里应该已经有了一套属于自己的群规，并且会把粉丝维护得特别好，不给其他同行一丁点圈粉的机会。

4.3.8 巧妙设计签到，让用户长久关注平台

有什么是能够让用户每天都来关注的功能呢？那就是“签到”功能了。签到功能兴起后，很多网站都开始对这一功能进行了开发和利用。就拿喜马拉雅FM来说，要想留住用户，运营者在设计签到功能的时候，要从用户的心理需求出发，设置一定的奖励，例如积分兑换、现金奖励、物品抽奖等，不然谁会天天没事跑来签到，喜马拉雅FM“签到”功能设置如图4-21所示。

图4-21　喜马拉雅FM“签到”功能设置

可见，所谓的“签到”，其实就是基于一定的利益点设置，让用户逐渐形成持续性关注的签到的习惯。因此，从本质上来说，签到就是一种提高用户活跃度和黏性的运营方式。

一般说来，签到主要有三种形式，即每日签到、连续签到和累积签到。无论是哪种形式，其目的无非是让用户持续地、长时间地关注平台。基于这一点，在运营过程中设置“签到”功能时，可从图4-22所示的几个方面着手，才能取得更好的用户运营效果。

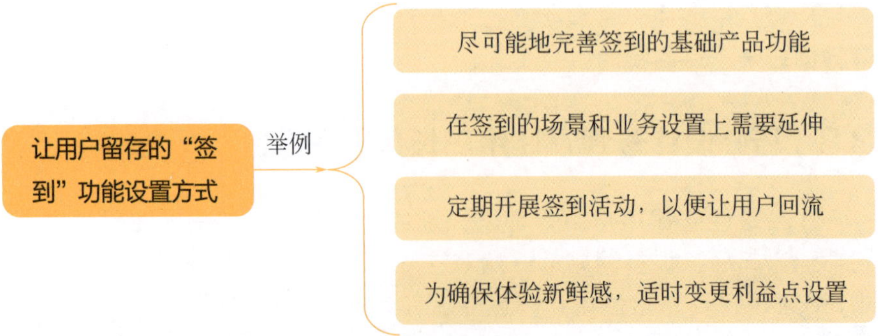

让用户留存的“签到”功能设置方式

举例

- 尽可能地完善签到的基础产品功能
- 在签到的场景和业务设置上需要延伸
- 定期开展签到活动，以便让用户回流
- 为确保体验新鲜感，适时变更利益点设置

图4-22　让用户留存的“签到”功能设置方式

第 5 章

变现运营：13种方式，做到稳定收割收入

学前提示

随着新媒体的迅速发展，互联网行业的盈利模式也是花样百出，层出不穷。在完成各方面的运营工作后，运营者可能还是会有所疑问，到底如何能够成功变现，获取盈利呢？在此将为大家提供13种的变现技巧和平台盈利模式。

要点展示

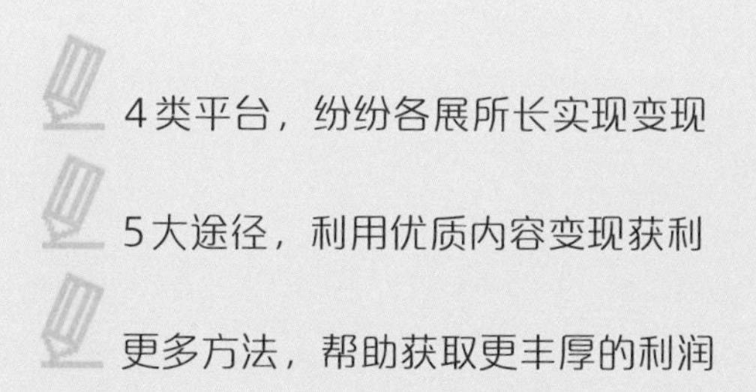

4类平台，纷纷各展所长实现变现

5大途径，利用优质内容变现获利

更多方法，帮助获取更丰厚的利润

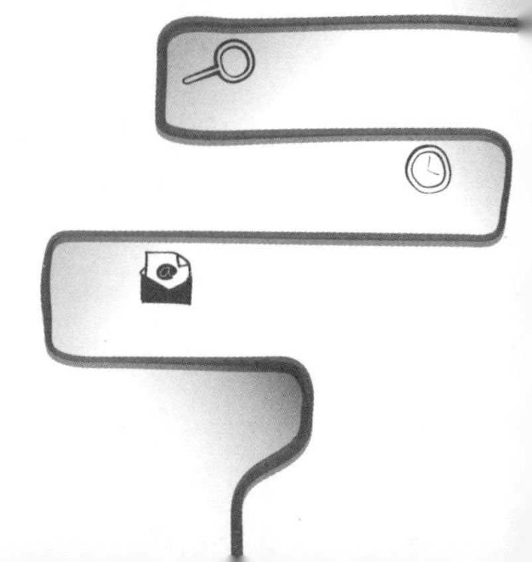

5.1 4类平台，纷纷各展所长实现变现

企业和个人想要通过平台的运营来实现变现，具体应该怎么做呢？在笔者看来，首先要了解各平台的具体收益方式。这对运营团队而言是至关重要的，一是因为不同的平台在不同的时间段对各种内容的扶持力度是不同的——会随着时间的变化而变化，因此把握趋势很重要；二是了解不同的平台有助于运营团队提升变现的效率。本节从4类平台入手，介绍平台的盈利变现模式。

5.1.1 社交媒体：以广告、内容收益为主

社交媒体一直都是互联网世界中的一大巨头，同时也一直保持着高用户活跃度，其吸粉、引流的能力之强大，让人感到不可思议。但这确实是社交媒体的本质属性，人是无法离开群体而生存的。因此社交媒体也成为互联网时代最受人们欢迎的平台之一，足不出户就可与五湖四海的人们展开交流，何乐而不为？

社交媒体上的内容十分丰富，同时图片、文字、语音、动图、视频等多样的内容形式也为内容增添了几分色彩。那么，社交媒体上的收益主要来源于哪里呢？社交媒体渠道的收益方式又有什么要求呢？

以新浪微博为例，它是一款为大众提供娱乐服务和展示自我生活的信息交流分享平台。随着功能的升级和版本的更迭，以及平台的设计富有人性化，大部分内容的质量也比较高，越来越多的用户愿意使用新浪微博，一边为平台生产内容，一边获取平台的内容。

新浪微博的收益又是从何而来呢？它又是通过哪些方式赚取收益的呢？目前来看，新浪微博的收益方式主要分为两大类型，即广告收益和内容收益。首先来看广告收益，一般来说，微博自媒体的广告收益需要满足如图5-1所示的几个条件才能成功获取。

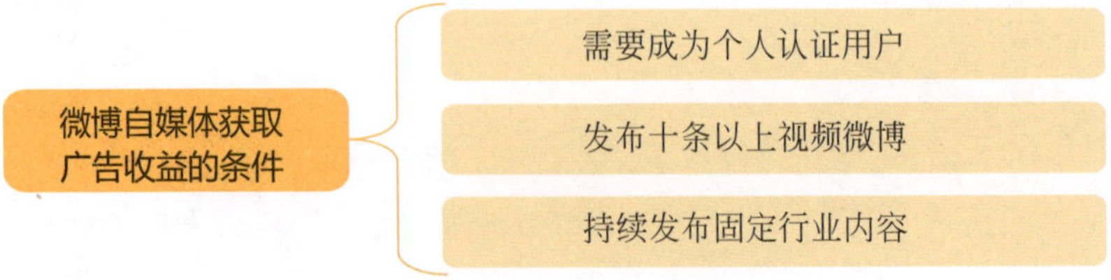

微博自媒体获取广告收益的条件
- 需要成为个人认证用户
- 发布十条以上视频微博
- 持续发布固定行业内容

图5-1 微博自媒体获取广告收益的条件

再来看内容收益，在移动客户端的微博内容收益页面，显示了3种类型的微博收益，即付费订阅、微博打赏和微博问答。

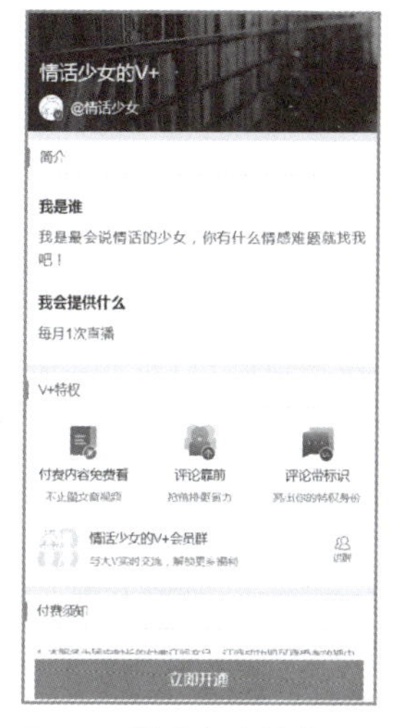

图5-2　微博内容付费页面

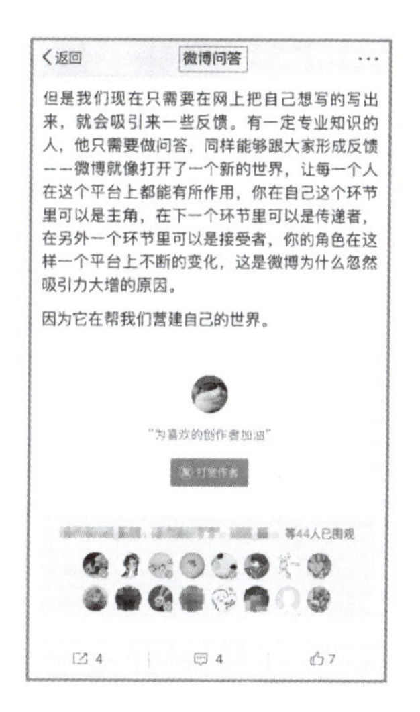

图5-4　“微博问答”页面

第一个是付费订阅，如图5-2所示，这是顺应付费的潮流，其中提供的内容质量都是很高的，垂直性也很强，主要是为了获取收益。

第二个是微博打赏，如图5-3所示为收益指标的展示页面。微博打赏功能的开发分为两种情况，一种是对于已经是微博自媒体的用户，小编会私信你进行测试开发；另一种是通过私信的方式自行申请。

图5-3　微博“打赏记录”页面

第三个是微博问答，实际上微博问答和微博打赏是有联系的，如图5-4所示，在提出问题后，会有专业的人回答问题；之后如果别的用户也有相同的问题，可以直接打赏围观，金额可以自行设置。当然，微博问答这一功能的开通也是需要条件的，一是申请加入帮帮团，二是账号需要经过认证。

5.1.2　资讯平台：了解主流平台收益方式

资讯平台能够及时地带给用户有价值的信息，所提供的资讯能够被用户所利用。无论是出于对爱好类资讯的需求，还是对时政类资讯的了解欲望，资讯平台在带来庞大流量的同时，也需要新资讯的不断加入。在巨大的竞争趋势下，各大资讯平台纷纷推出各种政策来补贴运营者。下面着重介绍今日头条、百度号和一点资讯的平台收益方式。

1.今日头条：多方式的内容发布与变现

今日头条是一款基于用户数据行为的推荐引擎产品，同时也是内容发布和变现的一个平台。它可以为用户提供较为精准的信息内容，集结了海量的资讯，主要内容不仅包括狭义的新闻，还涵盖了音乐、电影、游戏和购物等。

作为资深的新媒体平台，今日头条的收益来源是比较典型的，同时形式也比较多。总的来说，今日头条的收益方式主要有6种，其具体内容如图5-5所示。

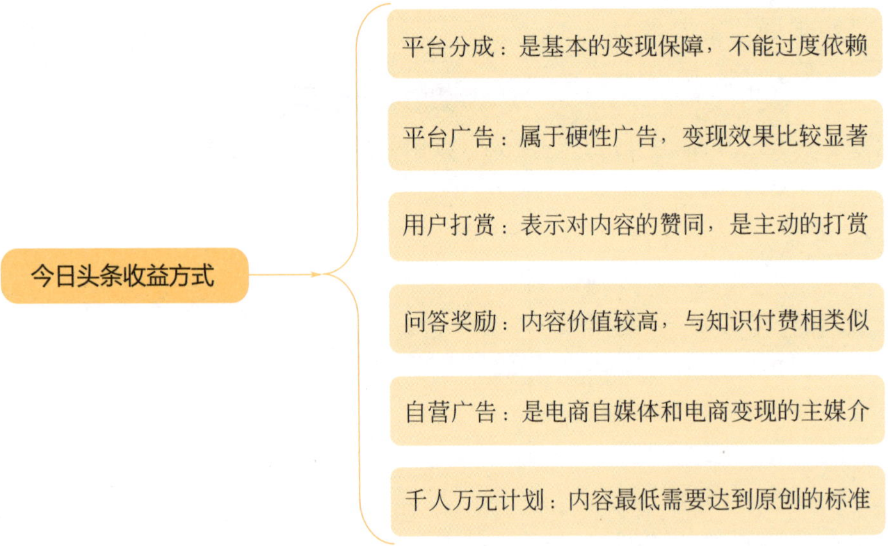

今日头条收益方式
- 平台分成：是基本的变现保障，不能过度依赖
- 平台广告：属于硬性广告，变现效果比较显著
- 用户打赏：表示对内容的赞同，是主动的打赏
- 问答奖励：内容价值较高，与知识付费相类似
- 自营广告：是电商自媒体和电商变现的主媒介
- 千人万元计划：内容最低需要达到原创的标准

图5-5　今日头条的收益方式

专家提醒

这里提到的“千人万元计划”指的是今日头条平台将在一年之内保证不低于1000个头条号创作者，在每个月内至少要获得1万元的收入。显而易见，如果想要加入这个计划，就必须要对发布的内容进行精打细磨，最好是拥有自己的创新点。

2.百家号：3大渠道，优质内容赢利润

百度旗下百家号于2016年9月28日全面对外开放，是百度公司全力打

造的创作平台，内容生产者可在此平台上发布内容、通过内容变现、管理粉丝等。百家号支持图片、文字、视频等内容发布形式，同时还将在未来提供更多的内容发布形式，比如动图、直播和H5等。

那么，百家号究竟是怎么获取收益的呢？总体来说，此平台的收益主要来自3大渠道，具体如图5-6所示。

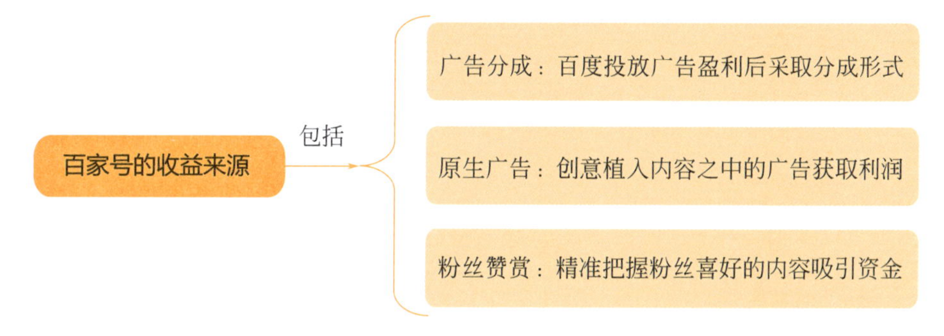

图5-6 百家号的收益来源

在百家号平台上，企业和商家想要获取更多的收益，就要打造更为优质的内容，内容为王的道理适用于很多领域，平台变现也少不了对内容的关注。

专家提醒

比较百家号的三种收益方式，其中广告分成和粉丝赞赏是比较简单的，只要发布了内容基本就可以获取，而原生广告则较为复杂一些，需要内容拥有较高的质量才能成功变现。

3. 一点资讯：平台分成+“点金计划”

一点资讯是一款基于兴趣推荐的平台，主要特色为搜索与兴趣结合、个性化推荐、用户兴趣定位精准等。此平台上的内容十分丰富，天文地理，无所不包，比如时政新闻、财经资讯、社会热点、家装设计、育儿常识、星座命理、出游旅行、野史探秘、太空探索、未解之谜和前沿科技等。

一点资讯平台的收益方式主要是平台分成，除此之外，平台又推出了主要针对图文自媒体的“点金计划”，如图5-7所示。如果在该平台运营的企业和个人想要在此渠道获取收益，是需要向平台方提出申请的，申请通过后才可以开始盈利。

账号状态	完善	账号信息完善可获得更多权限	详情
发文功能	20篇/天	账号每天可发布20条内容	
点金计划	不可申请	符合条件一点号可申请开通点金计划	详情
圈子功能	不可申请	符合条件一点号可申请开通圈子	详情
原创声明	已开通	优质原创一点号可申请开通 快速通道	详情
赞赏功能	已开通	开通原创声明功能的一点号将自动开通	详情
主页配置	申请	符合条件的一点号可申请开通个人主页配置	详情
外图封面	申请	符合条件的一点号可申请开通外图封面	详情

图 5-7　一点资讯的“点金计划”

专家提醒

“点金计划”的申请要求比较严格，审核不太容易通过，具体的条件包括内容比较垂直、综合质量高，账号在3个月内没有违禁、投诉记录，基础数据、核心数据达到标准，比如发布文章的数据、原创内容的数据等。综合数据是随着内容质量的提升而不断上涨的，只有内容优质，才有可能通过审核。

5.1.3　问答平台：垂直领域的知识付费

知识付费在近几年越发火热，因为它符合移动化生产和消费的大趋势，尤其是在新媒体领域，知识付费呈现出一片欣欣向荣的景象。付费平台也是层出不穷，比如在知乎、得到以及喜马拉雅FM等。那么，值得思考的是，知识付费到底有哪些优势呢？为何这么多用户热衷于用金钱购买知识呢？笔者将其总结为如图5-8所示的几点。

知识付费 —优势→
- 内容丰富：可以拓展到一般知识
- 时间较短：不需要过多精力制作
- 形式自由：视频、文本以及声音

图 5-8　知识付费的优势

细分专业的咨询是知识付费比较垂直的领域，针对性较强，国内推出了知识付费的问答平台，在“问视”的首页点击 ∨ 扩展图标即可看到更多类型的回答，如图5–9所示。

在“问答”页面，主要分为“单问”和“多答”两个版块，如图5–10所示。问视的盈利主要是通过回答问题来完成的。

图5-9　问视的问题分类　　　　图5-10　问视的“问答”页面

5.1.4　视频平台：提供多样化的获利方式

随着移动互联网和移动设备的不断发展，各种视频APP层出不穷，在线视频平台也火热起来，那么，这些移动端的视频APP和在线视频平台又是怎么盈利的呢？它们的分成收益又是如何计算的呢？

1. 视频APP：逐渐多样化的变现途径

在视频APP不断出现的情况下，新媒体领域的变现获利方式也在逐渐发展和多样化。表5–1所示为几个常见的视频APP获利变现方式。

表5-1　常见的视频APP获利变现方式

视频APP	获利变现方式
美拍	主要收益来自粉丝打赏，而打赏又依赖于粉丝的积累，有了足够多的粉丝才能进行变现，从而获得丰厚收益。另外，它可通过内容创作融入广告，而且还有多种不同的形式，有比较直接的，也有比较富有创意的

续表

视频APP	获利变现方式
快手	收益方式主要是以主播进行直播时的粉丝打赏为主。对于平台主播而言，只要能有足够的粉丝支持，视频内容的质量又高，就能够获取较为客观的收益
抖音	收益主要来源于平台补贴，同时该平台还常常与品牌主发起相关的话题挑战，吸引众多用户参与，以便推广品牌，从而获得品牌广告收益，实现变现
火山小视频	主要收益来自平台补贴，通过火力值来计算收益，10火力值相当于1块钱，关键在于内容要有保障，最好垂直细分。此外，其钻石充值则是为直播中送礼物提供的功能，这也是一种收益来源

2.在线视频平台：开发独有的收益方式

在线视频平台也是一个比较热门的渠道，自从其走入人们的视野，就备受大众的喜爱。此后，各式各样的在线视频平台如雨后春笋般涌现出来，不同的平台也开发了自己独有的收益方式。如今，比较有名的在线视频平台当属大鱼号、腾讯视频、搜狐视频、爱奇艺视频和哔哩哔哩动画等，在此以搜狐视频为例具体介绍其变现方式。

搜狐视频是一个播放量较高的在线视频分享平台，提供了高清电影、电视剧、综艺节目、纪录片等内容，同时还提供了视频的储存空间和视频分享的贴心服务，可以称得上是比较人性化的在线视频平台。其收益来源主要分为平台分成、边看边买、分享盈利以及赞助打赏。那么，这些收益方式具体有什么要求和标准呢？

首先来看平台分成。很多在线视频都具有这一收益模式，但搜狐视频与其他不同的地方在于它的要求十分简单，只要是原创或者是版权授予的视频都可以加入搜狐视频自媒体。

其次来看边看边买。这一收益其实是平台的广告收益，具体而言可以分为两种情况，如图5-11所示。

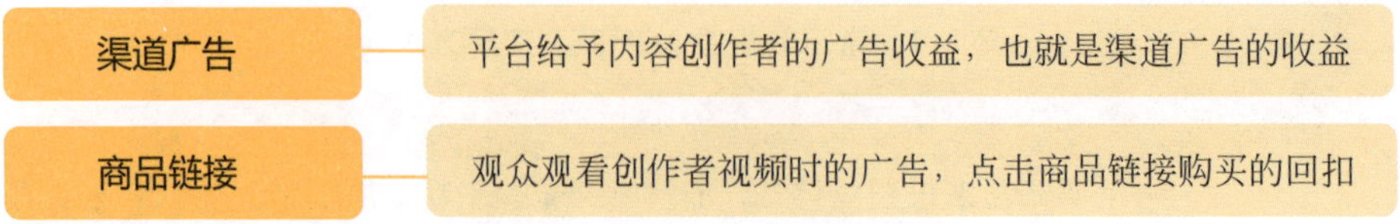

渠道广告	平台给予内容创作者的广告收益，也就是渠道广告的收益
商品链接	观众观看创作者视频时的广告，点击商品链接购买的回扣

图5-11　边看边买的收益方式

再次是分享盈利，一般的在线视频平台都会提供分享的功能，搜狐视频也不例外。通过分享视频到站外的其他渠道，比如QQ、微信、微博等社交媒体，吸引用户来到搜狐视频站内观看影片，从而提升站内的播放量。

那么，具体是怎样计算收益的呢？每获得1000人次的观看量，就可以得到另算的50元提成。这里的分享盈利需要满足的条件很简单，只要是搜狐视频平台内参与分成的视频，都可以通过分享的方式赚取收益。

最后是赞助打赏，这也是搜狐视频平台自媒体的主要收益来源，同时也是自媒体与用户进行互动的常用方式。一般而言，只要参与平台分成的视频都可以得到用户的赞助打赏。

一般而言，会在视频结尾出现打赏提示，用户如果对视频内容感兴趣，或者认为这个视频有帮他学到知识，就可以通过扫二维码的方式对视频进行打赏。

5.2 5大途径，利用优质内容变现获利

让用户为优质内容买单是一种比较常见的付费方式，也是众多用户基于某一目的而乐于付费的方式。

具体说来，内容付费包含多种形式，从付费与内容的关系来说，不仅有完全依靠优质内容本身获利的方式，如在线课程付费、付费进行阅读付费、点赞打赏付费等；也有借助优质内容在平台的传播来达到和平台共赢的获利方式，如平台流量分成和平台政策补贴。

本节就从各种优质内容的付费方式入手，告诉运营者应该怎样去变现。

5.2.1 在线课程：已发展成熟的付费模式

知识付费的变现形式还包括教学课程的收费，一是因为线上授课已经有了成功的经验，二是因为教学课程的内容更加专业，具有精准的指向和较强的知识属性。比如很多平台就已经形成了较为成熟的付费模式，比如网易云课堂、腾讯课堂等。

例如，以直播、视频课程为主要业务的“千聊”微信公众平台，其很多内容都是付费的，如图5-12所示，而且为了吸引用户观看，平台还会开展诸多活动，比如打折、优惠等。

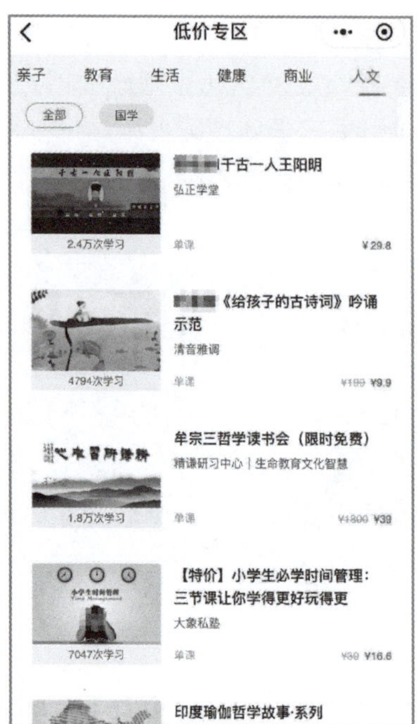

图5-12 千聊的付费课程页面

一般来说，线上课程的时间比较短，这对于观众接受信息而言是一大优势。但从内容的表达角度来看却是一大劣势，因为时间限制了内容的展示，让付费难以成功实施。如果新媒体平台运营者想要通过线上课程的方式变现，就需要打开脑洞、寻求合作，比如哔哩哔哩平台上的up主“薛定饿了么”投放的内容风格就别具一格，主要内容为一系列科普知识，表达方式符合年轻一代的认知思维。

5.2.2 付费阅读：忠实粉丝实现长期变现

付费阅读也是运营者用来获取盈利的一种方式，它是指运营者在平台上推送一篇文章内容，订阅者需要支付一定的费用才能够阅读该文章。如图5–13所示是“罗辑思维”微信公众号通过其小程序“得到”推出的付费订阅。

付费阅读，能够找出平台的忠实粉丝，让粉丝为运营者生产的内容买单。但是，需要注意的是，运营者要实施付费阅读的话，就必须确保推送文章有价值，不然就会失去粉丝的信任。

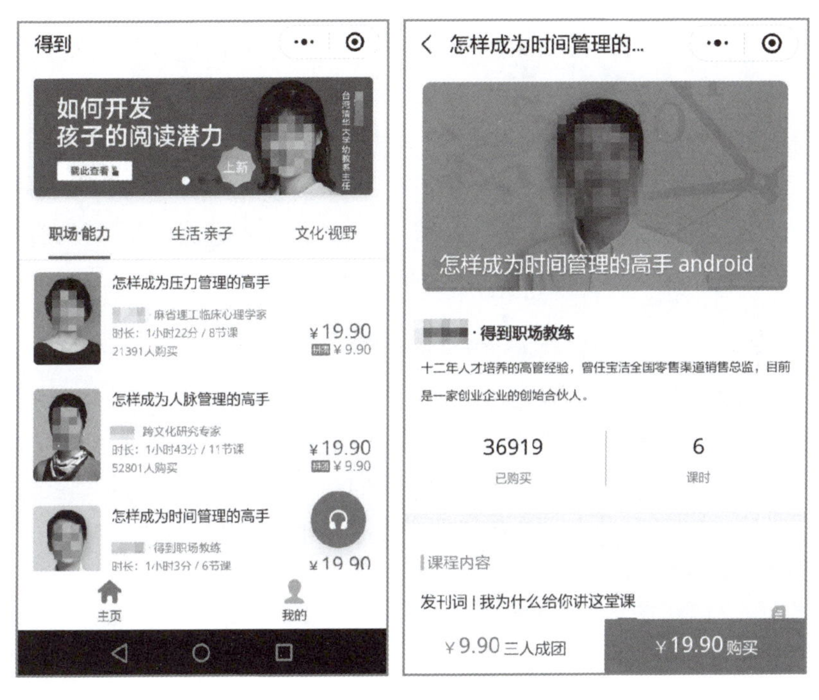

图5-13 “罗辑思维”微信公众平台小程序“得到”推出的付费订阅

5.2.3 点赞打赏：主动为优质内容付费

为了鼓励优质内容生产，平台一般会推出“赞赏”功能，例如：微信公众号、微博、简书、豆瓣等平台都开通了“赞赏”功能。下面以微信公众号为例，介绍开通“赞赏”功能的微信公众号必须满足如图5-14所示的条件。

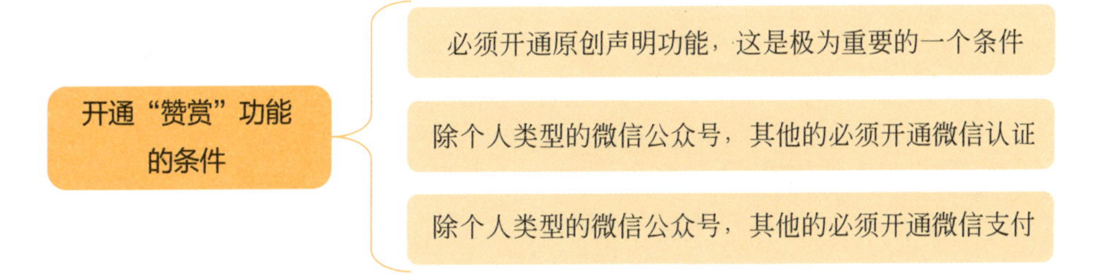

图5-14 开通“赞赏”功能的条件

企业想要让自己的微信公众号开通这一功能，就需要经历两个阶段，如图5-15所示。

开通赞赏功能需经历的两个阶段

- 第一个阶段是坚持一段时间的原创后，等到微信公众平台发出原创声明功能的邀请，企业就可以在后台申请开通原创声明功能了
- 第二个阶段是企业在开通原创声明功能后，继续坚持一段时间的原创，等待微信后台发布赞赏功能的邀请，这时，企业就可以申请开通赞赏功能了

图5-15　开通赞赏功能需经历的两个阶段介绍

随着消费大环境和个人实际需求的变化，提供独特而优质的内容，比较容易构成用户点赞打赏的重要理由。但实际上真正使用户完成点赞打赏这一举措，更要注意用户心理，与用户形成共鸣。

在微信公众号运营中，在积累了一定忠实粉丝的情况下，点赞打赏也不失为一种不错的获利方式。

图5-16所示是“手机摄影功能大全”微信公众号的“赞赏”功能的示例。

图5-16　“手机摄影构图大全”微信公众号的“赞赏”功能

5.2.4 流量分成：平台、作者相扶持获利

参与平台任务获取流量分成，这是新媒体领域较为常用的变现模式之一。分成包括很多种，导流到淘宝或者京东完成交易的佣金也可以进行分成。平台分成是很多网站和平台都适用的变现模式，也是比较传统的。以今日头条为例，它的收益方式就少不了平台分成。

但是，在今日头条平台上并不是一开始就能够获得平台分成的。广告收益是其前期主要盈利手段，平台分成要等到账号慢慢成长壮大后才有资格获得。而且如果想要获得平台分成之外的收益，比如粉丝打赏，则需要成功摘取“原创”内容的标签，否则无法获取额外的收益。

再比如暴风短视频平台的分成模式，相对于今日头条而言，就要简单得多，而且要求也没有那么多，具体规则如图5-17所示。

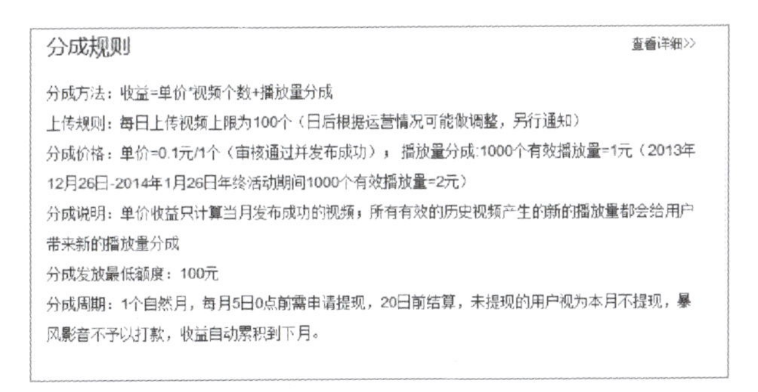
分成规则　　查看详细>>

分成方法：收益=单价*视频个数+播放量分成

上传规则：每日上传视频上限为100个（日后根据运营情况可能做调整，另行通知）

分成价格：单价=0.1元/1个（审核通过并发布成功）；播放量分成:1000个有效播放量=1元（2013年12月26日-2014年1月26日年终活动期间1000个有效播放量=2元）

分成说明：单价收益只计算当月发布成功的视频；所有有效的历史视频产生的新的播放量都会给用户带来新的播放量分成

分成发放最低额度：100元

分成周期：1个自然月，每月5日0点前需申请提现，20日前结算，未提现的用户视为本月不提现，暴风影音不予以打款，收益自动累积到下月。

图5-17　暴风短视频平台的分成规则

而且这一平台的盈利过程也很方便，四步轻松搞定，具体步骤如图5-18所示。

图5-18　暴风短视频平台的盈利流程

值得注意的是，暴风短视频平台分成实际上远远无法覆盖创作短视频的成本，并且平台和内容创作者是相辅相成、互相帮助的，只有相互扶持

才能盈利更多。这种变现模式要合理运用，不能一味依赖，当然，也可以适当经营那些补贴丰厚的平台。

5.2.5 平台补贴：策略支持作者有效变现

对于内容创作者而言，资金是吸引他们的最好手段，平台补贴则是诱惑力的源泉。作为魅力无限的内容变现模式，平台补贴自然受到了不少内容生产者的注意，同时平台的补贴策略也成为大家的重点关注对象。

自从2016年以来，各大平台便陆续推出了各种各样的补贴策略来扶持内容创作者，具体如图5-19所示。

图5-19 各大平台的内容创业补贴策略

平台补贴既是平台吸引内容生产者的一种手段，同时也是内容生产者盈利的有效渠道，具体的关联如图5-20所示。

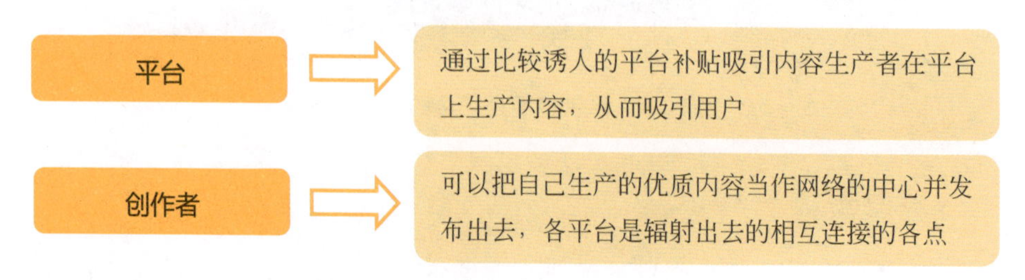

图5-20 平台补贴对于平台和创作者的意义

专家提醒

大鱼号、头条号等平台的补贴主要分为两种形式：一是根据内容生产者贡献的流量，按照每月结算的形式直接发放现金；二是提供站内流量的金额，内容生产者可以借此推广自己的内容，用巧妙的途径发放费用。

在这样的平台补贴策略的保护之下，部分的内容创作者能够满足变现的基本需求，如果内容足够优质，而且细分得比较到位，那么可能变现的效果可能会更显著，获取更为惊人的补贴。

以“小伶玩具”为例，一开始它的定位就很明确，即“演示全世界不同类型玩具的玩法”，属于垂直细分的短视频内容类型。而在其上线一个月后，就获得了300万播放量的成绩。图5-21所示为小伶玩具的画面截图。

图5-21　小伶玩具的画面截图

小伶玩具的主要创作人员表示，他们的变现主要是依靠平台补贴和流量分成，也就是说大部分的盈利都来自这两个渠道。那么，在借助平台补贴进行变现时，内容创作者应该注意哪些问题呢?

笔者认为有两点：一是不能把平台补贴作为主要的赚钱手段，因为它本质上只是基础的保障作用；二是跟上平台补贴的脚步，因为每个平台的补贴都是在变化的，因此顺时而动是最好的。

5.3　更多方法，帮助获取更丰厚的利润

自从新媒体走入人们的视野，就掀起一波又一波的浪潮。此后，各式各样的新媒体平台如雨后春笋般涌现出来，不同的平台也开发了自己独有的收益方式。如今，除了依靠平台和优质内容，也还有其他方式可以快速变现。

5.3.1　自营电商：内容巧妙推荐商品变现

电商与新媒体的结合有利于吸引庞大的流量，一方面新媒体平台适合碎

片化的信息接受方式，另一方面在新媒体平台上运营者可通过多种方式展示商品，若推送的内容能与商品很好地融合，无论是商品卖家还是自媒体人，都能获得较多人气和支持。

著名的自媒体平台“一条”，就走上了与电商结合的变现道路，它通过“电商+短视频”模式，盈利颇丰。图5-22所示为名为“一条”的微信公众号推送的内容，包罗万象，不仅有短视频和软文，还有关于自营商品的巧妙推荐。

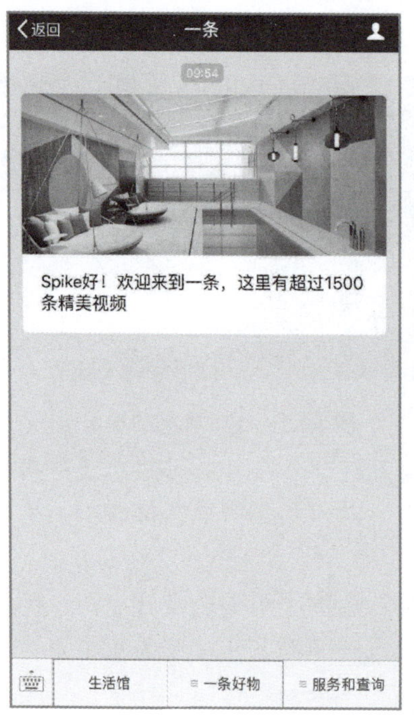

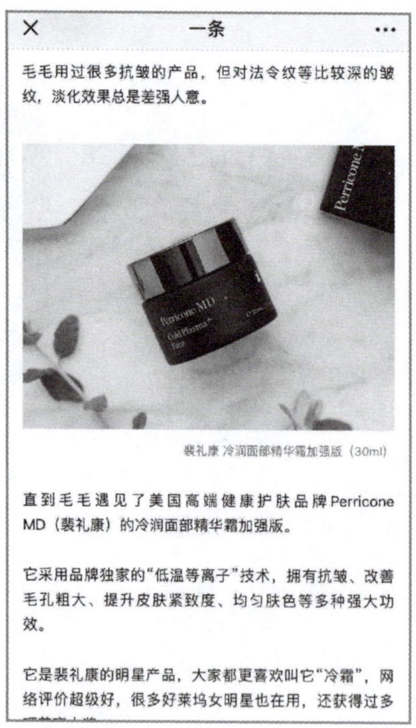

图5-22 “一条”微信公众号

专家提醒

“一条”推送的以短视频为主的内容一般都是把内容与品牌信息结合在一起，是软性的广告植入，不会太生硬，而且能够有效地传递品牌理念，增强用户的信任感和依赖感，这也是利用新媒体平台变现的一种有效方式。

“一条”不仅把商品信息嵌入到推送内容之中，而且还设置了“生活馆”

和“一条好物”两大版块，专门售卖自己经营的商品。除了在微信公众平台推送自营商品的信息之外，“一条”还专门开发了以“生活美学”为主题的APP，如图5-23所示。

图5-23 “一条”电商APP

5.3.2 第三方广告：多种形式，直接变现

广告变现是新媒体盈利的常用方法，也是比较高效的一种变现模式，而且新媒体平台的广告形式可以分为很多种，比如冠名商广告、浮窗logo、广告植入、贴片广告以及品牌广告等。创意植入广告可以说是新媒体运营者直接可见的变现手段，一是收入快，二是有新意。

当然值得注意的是，新媒体平台运营水平参差不齐，极大地影响了变现的效果，那么，究竟怎样的运营方式才能实现广告变现呢？笔者认为一是要有一定的人气基础，二是植入广告的内容要求优质，如此才能实现广告变现的理想效果。下面分别介绍新媒体平台常见的广告变现方式，如图5-24所示。

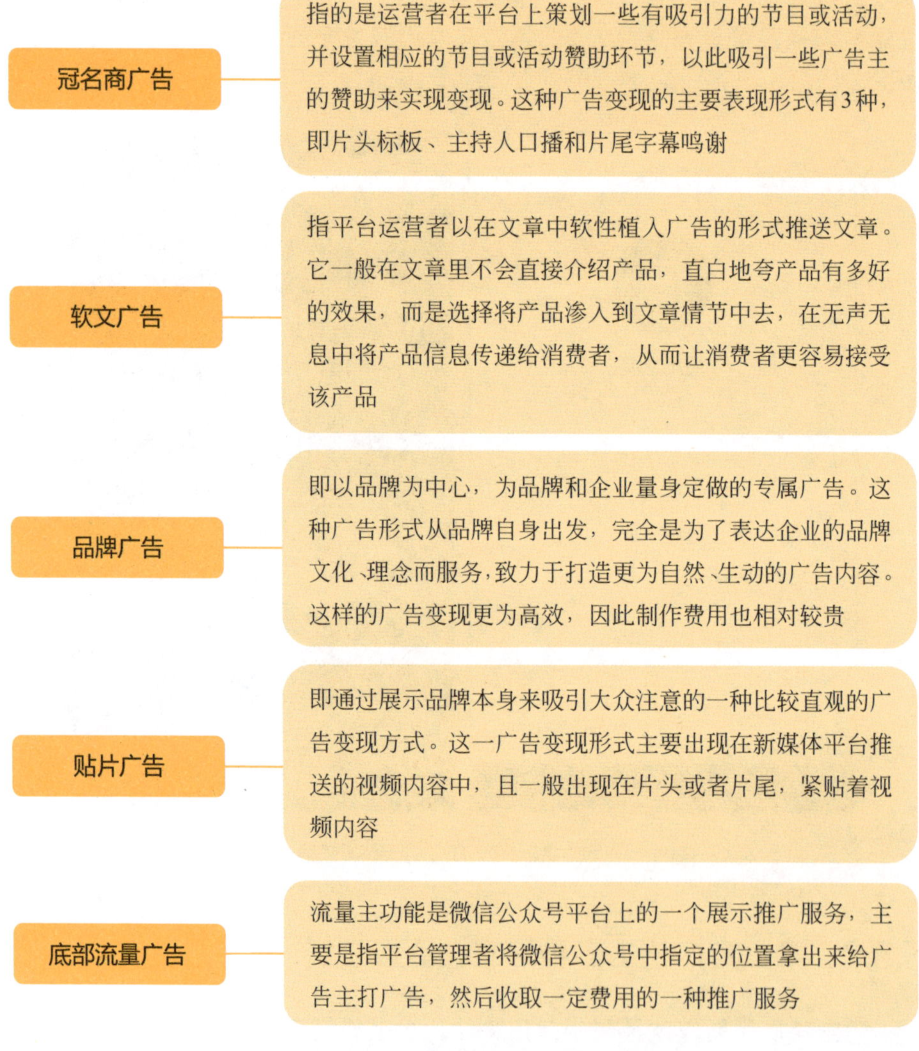

图5-24　新媒体平台常见的广告变现方式介绍

5.3.3 MCN模式：专业化内容生产变现

MCN，是Multi-Channel Network的缩写，MCN模式来自国外成熟的网红运作，是一种多频道网络的产品形态，基于资本的大力支持，生产专业化的内容，以保障变现的稳定性。随着新媒体的不断发展，用户对接收的内容的审美标准也有所提升，因此这也要求运营团队不断增强创作的专业性。

基于此，MCN模式逐渐成为一种标签化IP，单纯的个人创作很难形成有力的竞争优势。因此加入MCN机构是提升内容质量的不二选择：一是可以提供丰富的资源，二是能够帮助创作者完成一系列的相关工作，比如管理创作的内容、实现内容的变现、个人品牌的打造等。有了MCN机构的存在，创作者就可以更加专注于内容的精打细磨，而不必分心于内容的运营、变现。

以创作较复杂的视频内容为例，MCN机构开设了新片场社区，它一开始是以构建视频创作者的社区为主，聚集了40多万的加V创作者，从这些创作者生产的作品中逐渐孕育出《造物集》《感物》《小情书》等多个栏目，而这些栏目渐渐地也形成了标签化的IP。比如基于新片场社区而产生的“魔力美食”短视频创作团队，它就是由MCN机构模式孵化而来的。

MCN机构的发展也是十分迅猛的，因为直播和短视频行业正处于发展的阶段，因此MCN机构的生长和改变也是不可避免，而大部分短视频平台的头部内容基本上也是由如图5-25所示的几大MCN机构助力生产的。

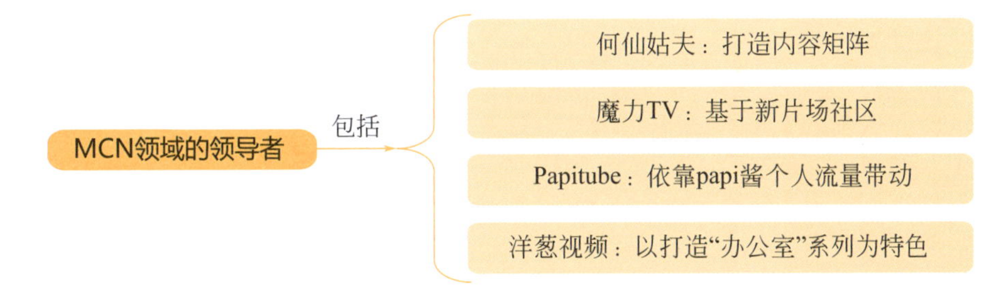

图5-25　MCN领域的领导者

MCN模式的机构化运营对于新媒体平台内容的变现来说是十分有利的，但同时也要注意MCN机构的发展趋势，如果不紧跟潮流，就很有可能无法掌握其有利因素，从而难以实现变现的理想效果。单一的IP可能会受到某些因素的限制，但把多个IP聚集在一起就容易产生群聚效应，进而提升变现的效率。

专家提醒

一般而言，推送的内容是否能够在人群中传播开来，主要取决于内容质量和运营模式。如果新媒体平台只是打造出了质量上乘的内容，却没有好的渠道和资源支持内容的输出，就很难形成大范围的传播，从而达到理想中的营销效果。

5.3.4 企业融资：更高要求的变现方式

各种新媒体和自媒体的火热发展也引发了不少投资者的注意，相信不少人都知道papi酱的名号，她拥有多重身份，在其微博平台上，粉丝数量已经突破了2600万，可见人气之高，影响力自然也不在话下。

融资就由papi酱这一热点带入了广大网友的视野，作为自媒体的前辈“罗辑思维”也为papi酱投入了一笔资金，联合徐小平共同投资1200万。papi酱奇迹般地转变为身价上亿的短视频创作者，而这一切，仅仅用了不到半年的时间。

融资的变现模式对创作者的要求很高，因此可以适用的对象也比较少，而且papi酱也是目前新媒体领域短视频行业的个例。但无论如何，融资也可以称得上是一种收益大、速度快的变现方式，只是发生的概率比较小。

除了对个人的融资之外，如今的新媒体领域还出现了对已经形成一定规模的自媒体平台的投资，比如“泽休文化”就成功获得由美图领投、聚桌资本跟投的千万元级A轮融资。“泽休文化”旗下开设了三个栏目，分别是“厨娘物语”“白眼初体验”“我们养猫吧”。

其中“厨娘物语”是极具特色的一档节目，其用户定位比较明确，即满怀少女心的群体，而且运营方面也采用了IP化与品牌化的思维。图5-26所示为“厨娘物语”的画面截图，从颜色布局就可以看出其风格定位。

图5-26 “厨娘物语”的截图

“厨娘物语”不仅通过自身精准的用户定位和鲜明的少女风格吸引了美图的融资，成功达到了盈利变现的目的，而且它还积极与用户展开互动，比如内容、评论的互动、出书与粉丝进行深入交流等。这些互动一方面可以增强粉丝的黏性，提升粉丝的信任度，另一方面可以从侧面实现变现。

活动策划篇

第6章　活动认识：17大要点，洞悉新媒体时代活动

第7章　活动策划：21大要点，循序渐进演绎完美活动

第8章　活动关键：16个技巧，让效果更上一层楼

第6章

活动认识：17大要点，洞悉新媒体时代活动

学前提示

随着新媒体时代的来临，活动方式也迎来一场变革，越来越多的活动从线下转入线上。网络，无疑让组织活动变得更加简单容易，也使新媒体运营者能通过活动更快、更好地接触到潜在用户，进一步收集数据，扩大用户群。

要点展示

6大表现，诠释新媒体活动策划

6大优势，让线上活动更受青睐

5种类型，助你具体了解基本活动

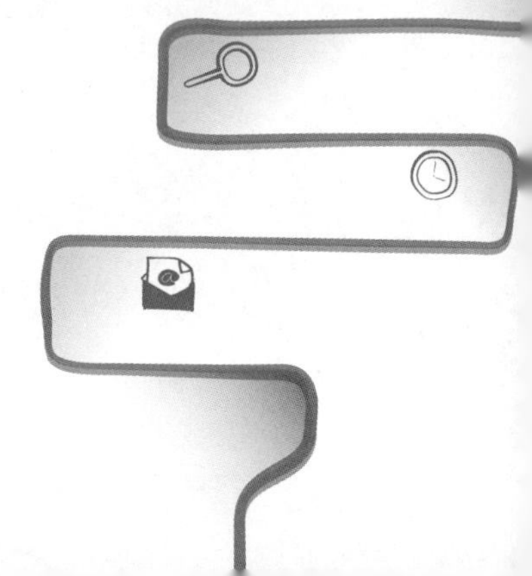

6.1 6大表现，诠释新媒体活动策划

网络似乎在改变一切，出行方式、沟通方式、支付方式等，当然，这其中也包括新媒体活动策划。网络不仅仅让人的生活变得更加便捷，也为新媒体活动策划提供了许多便利，主要表现在6个方面，下面就进行详细分析。

6.1.1 活动小窗口，聚焦大平台

据中国互联网络信息中心发布的《第42次中国互联网络发展状况统计报告》显示，截至2018年6月，中国网民规模达8.02亿，手机网民规模达7.88亿。另据国际电信联盟的一份报告显示，近四分之一的网民年龄在15岁到24之间，人数为8亿3千万。报告还指出，来自中印两国的年轻网民占该年龄段的40%，约为3亿2千万。如此庞大的群体还在继续增长，并且会随着信息技术的发展和互联网的进一步普及，增长地越来越快。

从上述信息中可以看出，互联网的普及率已经非常之高，一块块电脑屏幕或手机屏幕后都可能连接着千千万万的互联网用户，而这千千万万的互联网用户都是可以成为活动的受众的。

如图6-1所示，“小朋友画廊”这一项在互联网上发布的公益活动，在H5中展示出的36幅画作都是公益组织从学员作品中选出的，大部分作品都有学员亲自录制的语音，向大家说明画作的心意并表示感谢，虽然学员有精智障碍，但他们的艺术才华却让每个看到如此优秀画作的人都感到十分惊讶。

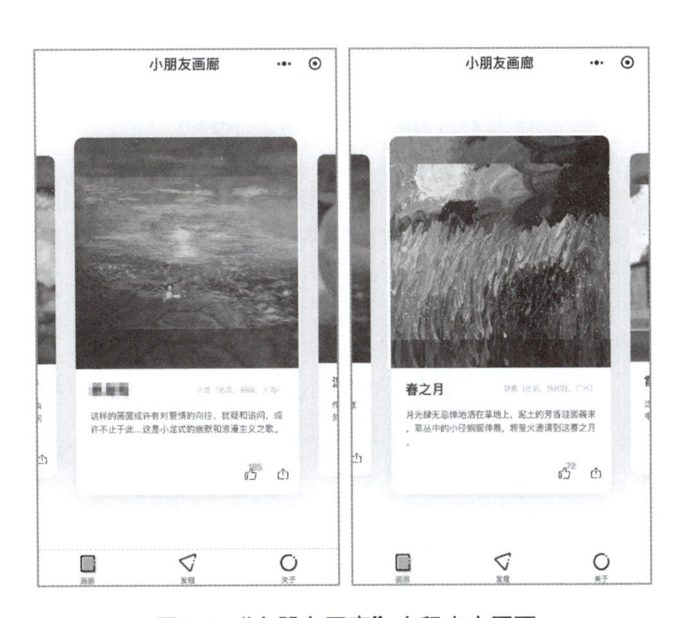

图6-1 “小朋友画廊”小程序主页面

因为富有创意的活动形式和公益成分的加成，小朋友画廊活动在互联网上呈现病毒式的传播，在已下架的小朋友画廊项目链接中，项目参与者已经达到了580万次。

网络不仅为活动提供了大量的受众，还提供了众多聚集受众的社交媒体平台，如图6-2所示。许多互联网用户每天都会花一定的时间活跃在这些社交媒体平台上。

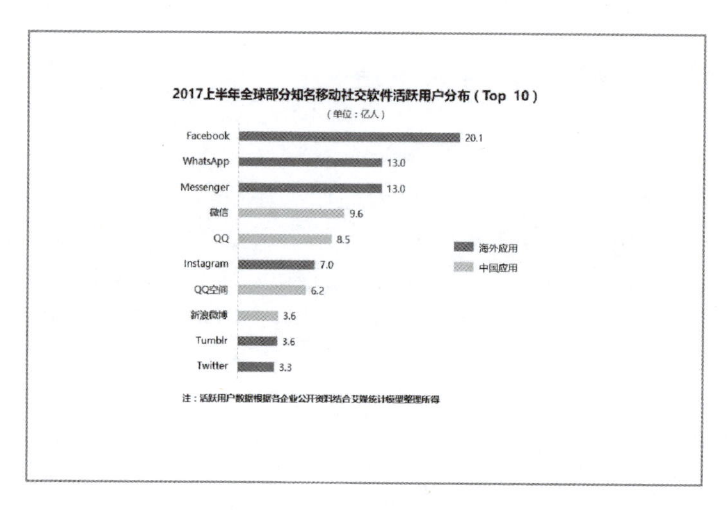

图6-2　聚集受众的社交媒体平台

6.1.2　专业小团队，策划大活动

互联网提供的多种多样的便捷服务改变了人们的日常生活，也改变了活动策划的人员组织。这种改变主要体现在两方面，一是执行能力，二是策划能力。下面就将为大家具体分析讲解这两点。

1.执行变得更简单

随着智能化技术的不断发展与应用，许多基本、单一的工作都已经可以用机器或程序代替人来完成，如工厂车间的自动化生产流水线，物流仓库的智能管理系统等。这些生产单位在使用了智能化技术后，最直接的改变就是工作人员明显减少，效率明显提高。

例如，在微博平台有“投票”小功能，如图6-3所示。这些功能大大方便了活动策划工作的筹备，使得线上的投票统计活动的开展变得十分简单，也让活动的前期调研工作变得容易。这样在活动策划工作进行时，从事相关环节工作的人员就能更快更好地完成工作了。

智能化技术是从网络科技中发展出的技术，其与互联网的结合自然也是最为容易和高效的，因此活动策划的许多工作可以由程序代为完成。这就直接使得活动策划团队的工作执行变得简单，执行能力得到加强。

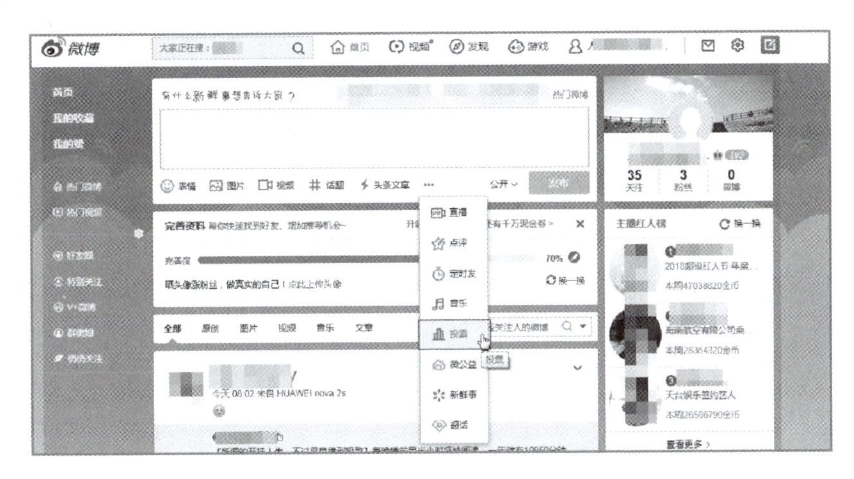

图6-3　新浪微博中的投票功能

又如各大电商平台提供的智能客服服务，如图6-4所示。在活动参与者数量众多的情况下，有了这些人工智能（AI）的帮助，原本需要大量人员组成的策划团队才能完成的活动，现在由较小的策划团队也能完成。如果使用的是高智能的AI，那还能更高效地完成。

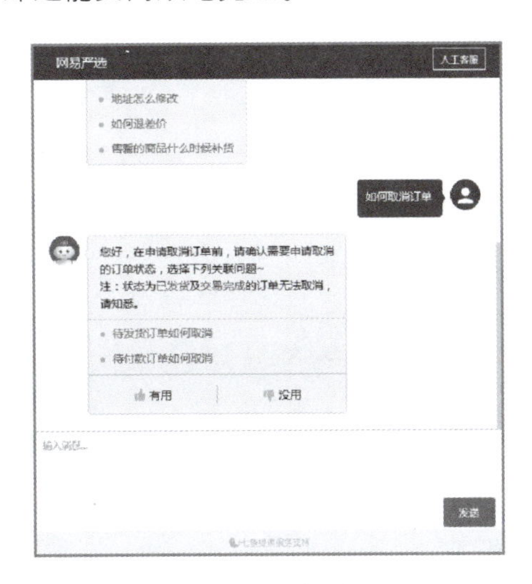

图6-4　智能客服

2. 策划变得更厉害

从事基础工作的人员被程序或AI代替后，活动策划团队的人员组织结构发生了变化，团队留下的人员从事的都是无法被替代的工作，或者说在短时间内无法被替代的工作。一般来说，活动策划团队中容易留下3种类型的人，如图6-5所示。

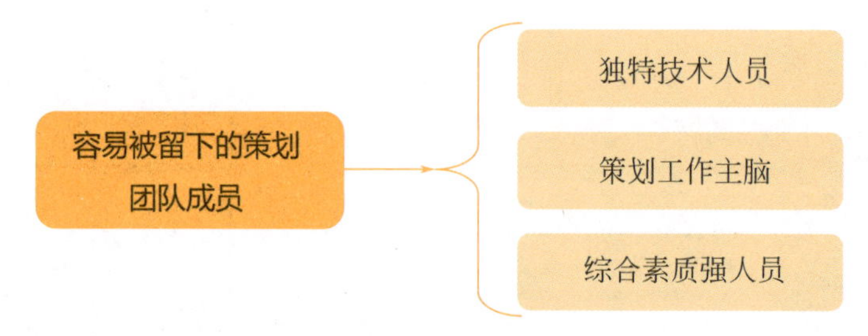

图6-5　容易被留下的策划团队成员

这些容易被留下的人员往往是活动策划团队的核心人物，他们要竞争的对象一般不是团队内的其他成员，而是其他活动策划团队。在活动执行能力被强大的互联网技术拉到差不多的平面时，活动策划需要竞争的就是策划水平上的高低了。

在互联网环境中，活动策划团队的竞争必然会导致活动策划团队的整体更加精简，素质更加优秀，活动的策划水平也会越来越高。那么训练有素的小团队也可以进行大规模活动的策划工作了。

6.1.3　小规模活动，大营销效果

互联网营销是现今行业内的一个热词。互联网营销指的是利用数字化的信息和网络媒体的交互性来辅助营销目标实现的一种新型的市场营销方式。简单地说，互联网营销就是以互联网为主要手段进行的，为达到一定营销目的的营销活动。如今各行各业都在利用互联网提供的便捷、强大的功能进行着互联网营销，活动也可以借助互联网的强大功能实现自身的营销目标，扩大营销成果。

在活动过程中，互联网可以为活动营销提供诸多优势，下面就将为大家具体分析能提供哪些优势。

1. 成本进一步降低

互联网营销使企业的产品的销售成本和上市价格能够得到大幅降低，为

其节省了巨额的促销和流通费用。这也使得众多企业开始进驻互联网营销领域。互联网营销得到了大量新鲜资本的注入，自然也开始变得活跃起来，互联网营销活动也变得更加成熟和丰富。后入驻的企业因为有了丰富的互联网营销经验作为参考借鉴，其在互联网营销活动的探索成本也大大降低。

在互联网购物的大环境下，网购消费者倾向于价格低、品种全的商品，而互联网营销活动正好可以比较好地满足这两点。这也使得互联网上开展的营销活动易于被消费者接受。

2.平台让营销更快捷

互联网还为企业的营销活动提供了丰富的营销宣传平台，企业可以通过互联网上的社交媒体平台或门户网站投放营销广告，如图6-6所示。

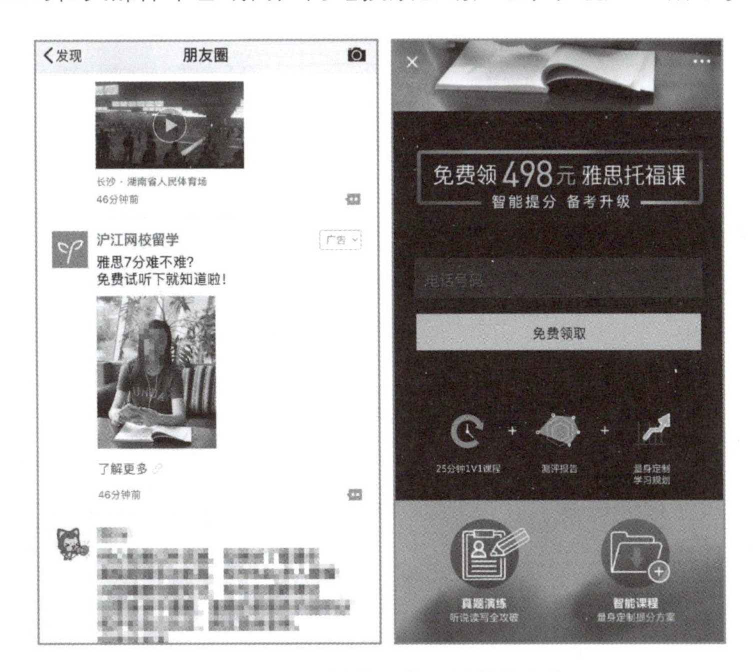

图6-6　社交媒体平台上的营销广告

互联网还为企业提供了便捷的销售平台，如电商平台，微商平台，甚至企业还可以定制自己的APP。

这些销售渠道不仅可以使企业能够快速直接地得到消费者的反馈，还可绕过中间商，减少产品流通环节。产品流通环节的减少就意味着产品流通的成本降低。企业能够快速直接地得到消费者的反馈，也就能直接向消费者宣传品牌价值，扩大营销效果。

3. 消费者个性需求得到满足

以消费者为主导是互联网营销的最大特点。在网络上消费者拥有极大的选择自由，消费者可根据自己的个性特点和需求，在覆盖全球范围的互联网中寻找消费需求的满足，不受地域限制。面对消费者如此多样的个性化需求，营销活动也要提供多样的个性化服务，这样才更容易向消费者传递品牌价值和吸引消费者消费。

凭借互联网强大的功能，互联网营销正好可以满足消费者多样化的需求。面对讲究实用高效的消费者，互联网可以提供快速选购支付的途径，如图6-7所示；对于注重产品评价的消费者，互联网可以提供顾客交流信息的平台，如图6-8所示；对于喜爱体验，有娱乐要求的消费者，互联网还可以提供趣味小游戏，如图6-9所示。

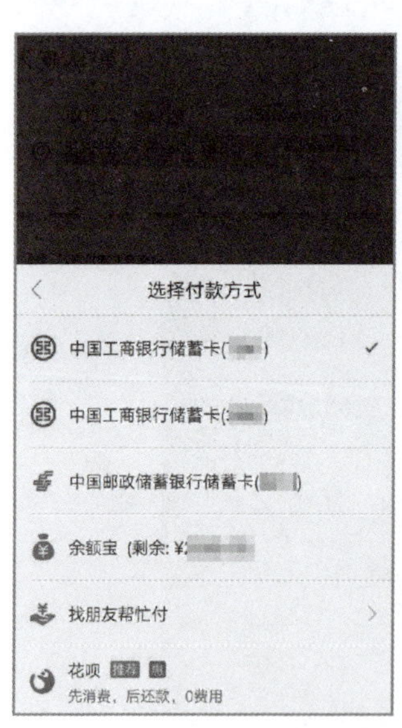

图6-7　支付宝支付页面

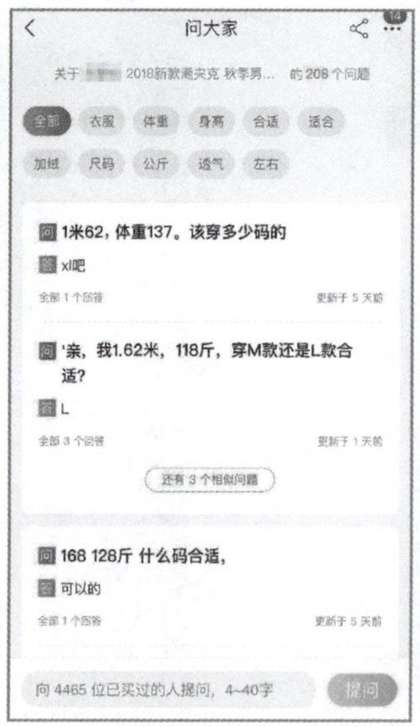

图6-8　评论区交流信息

图6-9　趣味小游戏

6.1.4 低成本投入，高效益产出

互联网不仅方便了活动的进行工作，还降低了活动的举办成本。俗话说："一分钱难倒英雄好汉"。互联网对活动成本的降低主要表现在3个方面，如图6-10所示。

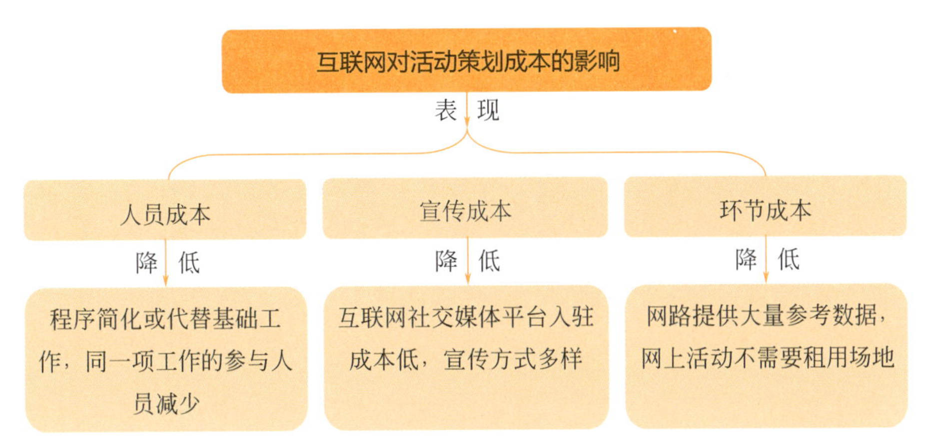

图6-10　互联网对活动策划成本的影响

成本降低，收益就会相对提高，这是经济学中的一个基本原则，但互联网对活动效益的提高还不仅仅只是从降低成本这方面来实现，还可以从其他多个方面来入手，以实现活动效益的提高，具体分析如图6–11所示。

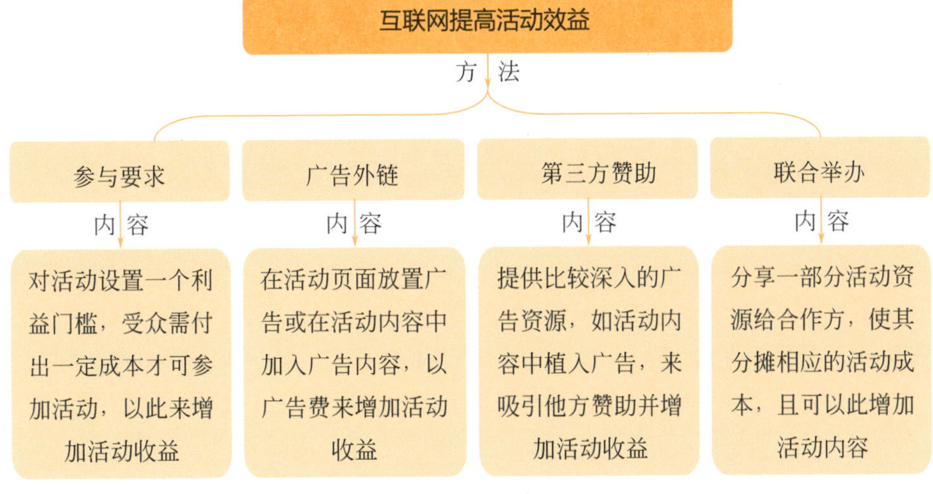

图6-11　用互联网提高活动收益的方法分析

下面就从上述分析中的4个方面来分析互联网提高活动效益的具体表现。

1.参与要求

活动一般都会有参与条件或参与要求，这是活动筛选受众的一个方法，也是活动盈利的一个环节。在商场超市中就经常可以看到用此方法来实现盈利目的的活动，如图6–12所示。

图6-12　超市活动宣传海报

这类购物抽奖送礼活动对于消费者来说，参与条件是满足一定金额购物消费，活动目标是得到与消费金额对应礼品或相应抽奖机会。

这种形式的活动不仅仅出现在线下的商城超市，也常用于网络电商的促销活动中。这类活动赠送的礼品一般价值较低，中大奖的概率也不高，因此赠礼抽奖的环节对多数受众来说吸引力并不大。但因网络的辅助，活动中的领取礼品和抽奖的环节变得更加便捷，受众不用付出额外的活动成本，比如领奖排队花费的时间。所以在互联网上，本为噱头的赠送礼品和抽奖环节对受众的利益性吸引更加有效。

上述的内容中活动的参与条件本身就是活动的主要内容，所以多数参与受众即使没有获得大奖，或没领到礼品也不会产生不满，对上述活动的参与者来说，重点是参与。但对于需要支付一定经济成本才可参加的活动的参与者来说，重点就不是参与，而是收获了，比如讲座活动、会员活动等。

此类活动实质就是在贩卖某种服务或者说某种体验，通常是受众对活动有比较深入的了解，明白自己的付出是可以得到想要的服务或体验的。互联网正好为人们的互相交流与了解提供了很好的平台，大型社交媒体平台也对提供信息的准确度和真实度有着专业的要求与管控。所以这类活动一般都在各类社交媒体平台举行，主办方也多是在各平台有一定公信力和口碑的自媒体组织或个人。

2.广告外链

有一定知名度的大型网络活动很容易吸引到大量的互联网用户，同时也容易吸引到许多的广告机会。网站页面上的广告链接是十分常见的，它们通常作为网页版面的填充物嵌于网页之中，除了能提供给网站广告费的收入外，还帮助网页优化视觉效果，如图6-13所示。

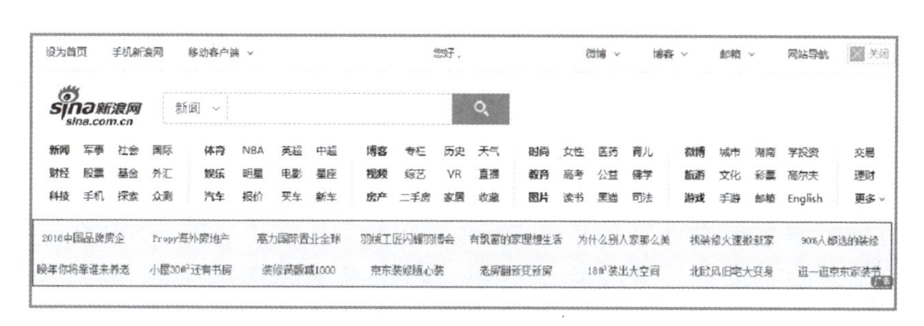

图6-13 网站主页的广告

由于网页是可以跳转的，所以网页上的广告内容非常简短，通常只是一段文字信息或图文结合的一句广告语。在电商活动的活动页面也经常能看到这种广告。但对电商活动来说，这些广告不仅有丰富页面内容填充空白栏的视觉功能，它们常常还能作为活动的补充，提供一些受众可能需要但该活动无法满足的服务。

3. 第三方赞助

寻求第三方赞助一直都是活动增加盈利的好方法，有一定知名度的活动自然是不缺第三方赞助的，第三方的目的是用赞助换取活动中的广告资源，活动通常利用在活动内容中植入赞助方的产品的方式来达到广告目的。

4. 联合举办

但对于有些活动来说，它们或是不具备相当知名度的，寻求第三方赞助可能有些困难；或是本身就具有相当强盈利意味的促销活动，不太适合寻求赞助。这些活动的举办方就可以寻找同类商家，或者贩卖配套产品的商家，与他们协商联合举办活动。

这样的方式既可使每个品牌不用独立承担如此大规模的促销活动成本，又可以丰富活动商品种类，增加受众范围，还可结合多家品牌的影响力来吸引受众参与活动。

6.1.5 短期快宣传，长期大影响

互联网对宣传推广产生了巨大的影响，网络可以让信息跨时间和跨空间的传播，大大加快了宣传推广的影响速度。活动宣传是否到位是决定活动成

功与否的先决条件，对活动来说至关重要。活动信息一定要快速及时并且准确无误地传达到受众的手中。因此活动策划者进行前期宣传工作时一定要充分利用好互联网提供的帮助。

下面就让我们来看看互联网对活动快速宣传的3个影响方面，下面就将为大家进行具体分析。

1. 发送即时消息

信息传递的即时性一直是互联网平台相较于传统平台的一大优势，互联网对信息的即时发送，可以第一时间将活动的信息传递给受众，这对活动的前期宣传来说是十分重要的帮助。

宣传信息的滞后一直是活动宣传最为忌讳的一点，它会让活动宣传的效果大打折扣。因为活动的宣传工作不仅仅只是将活动信息传递给受众就可以了。受众即使接收到了活动的信息也不一定就会去参加活动，受众可能的确对活动有兴趣，但应缺乏足够的动力，最后选择忽略活动。

俗话说："三人成虎"，意思是说一句没有根据的话在被多次提及后就容易让人相信，这个比喻虽然不太恰当，但活动宣传是也是需要反复向受众展示活动信息的。

例如，一个人看到了某一活动的信息，并对活动产生了一些兴趣，但他缺少参加的动力，如果他又看到关于这个活动的信息，那他原来的想法可能会有一点动摇，反复多次，这个人就很可能想去活动现场一探究竟了。

这样的宣传效果通常只有在互联网上才能实现，电视、广播是让观众被动地接受信息，不可能频繁地发送同一段信息，而报纸杂志因更新周期太长，明显无法实现这种宣传效果。

2. 更多平台选择

互联网不仅可以让活动信息第一时间被受众接收，还可以让活动信息同时被大量受众接收。互联网给活动的宣传提供了多种多样的宣传平台，不同的平台有不同的受众，活动的宣传信息可以同时在这些平台中发布。这也就意味着活动可以同时对数量庞大的受众群体进行宣传工作，极大地扩大了活动的影响范围。

在这些平台中，电商交易平台和社交媒体平台最为重要。在电商交易平台上活动可以直接在有消费习惯和消费能力的受众中进行宣传，非常适合促销活动的宣传工作。互联网上的电商交易平台非常多，光是阿里一家公司旗下的电商交易平台就已经有好几个了，如图6-14所示。

图6-14　阿里旗下众多的交易平台

社交媒体平台也是活动宣传在网上的一个重要阵地，社交媒体平台上的用户更愿意接收和发掘信息，也十分乐于分享信息。这是互联网上传播信息最好的地方，也是活动进行宣传工作的绝佳场所。

互联网社交媒体平台几乎已经覆盖到了网络世界的每一个角落，全世界已有数量庞大的互联网社交媒体产生存在。

每一个社交媒体平台或多或少都会有一定的互联网用户在上面活跃，就是只在一个平台上发布的信息，不知不觉中也会被互联网用户搬运传播到网络各处的。

在这些互联网社交平台发布活动宣传信息，不仅可以让大量受众接收了解，还可能被受众主动传播到各处，造成预期之外的影响。

3.快速修改信息

信息修改是指互联网上信息修改更正可及时生效，这是互联网提供给活动宣传的十分关键的便利帮助。虽然它不经常被使用，但在关键时刻能发挥极为重要的作用。

现阶段，有许多活动在互联网上的社交媒体平台上发布信息，或是直接就在上面进行活动。除了这些社交媒体平台活动具有配套完善、方便举办、活跃用户众多、容易吸引参与者等理由外，这些活动选择在社交媒体平台发布信息，很大一个理由就是发布在社交媒体上的活动信息是可以即时修改的。

例如，万一发生突发意外，活动开始日期需要延后，在这些社交媒体平台上发布的活动开始日期信息就可以在第一时间得到修改，让准备参加活动的受众第一时间知道活动举行日期延后了。这样就可以避免这些受众在原定的日期前来参加活动，最后却扑了空，因而对活动产生不好的印象。也会让之后看到活动的受众不会接收到错误信息，不会产生不必要的误会，避免了活动主办方信誉的进一步流失。

6.1.6 个性大数据，精准化分析

随着产业的发展，任何企业都会迫于行业环境的改变而相应地改变自己，那么企业的活动策划也是需要作出相应的改变的。

在信息高速传播的今天，企业的行业环境也在迅速变化。传统经验快速过时，单纯依靠经验已成为阻碍正确决策的绊脚石，用户的个性化需求越发明显，数据信息也变得海量。一切都驱使企业从依靠经验驱动运营发展转向依靠数据驱动发展，而活动策划也需要顺应企业发展趋势，越来越多地依靠数据分析去进行策划。

在信息时代，数据的作用十分重要，如阿里、腾讯、百度等大型互联网企业都建立了属于各自的数据库。不同行业也有不同类型的数据库，如电商平台的购销安全系统，如图6-15所示。

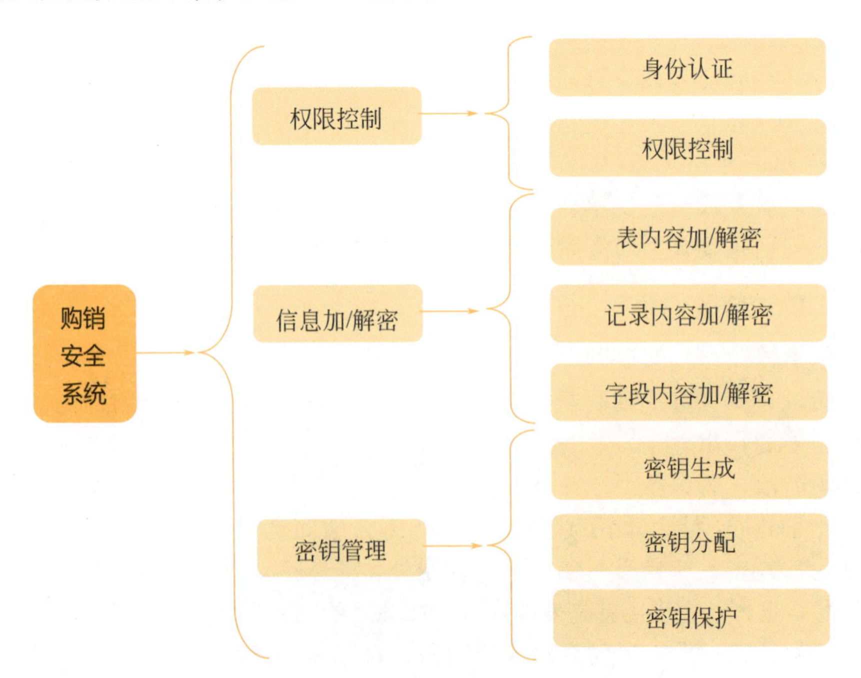

图6-15 电商平台的购销安全系统

在变化迅速的互联网行业中，大数据的作用显得更加重要，大数据的特点主要有5点，分别是大量、高速、多样、价值密度高和真实性。

有这5个特点的大数据对活动的帮助是巨大的，下面就以电商促销活动为例，具体分析大数据对活动的帮助影响，如图6-16所示。

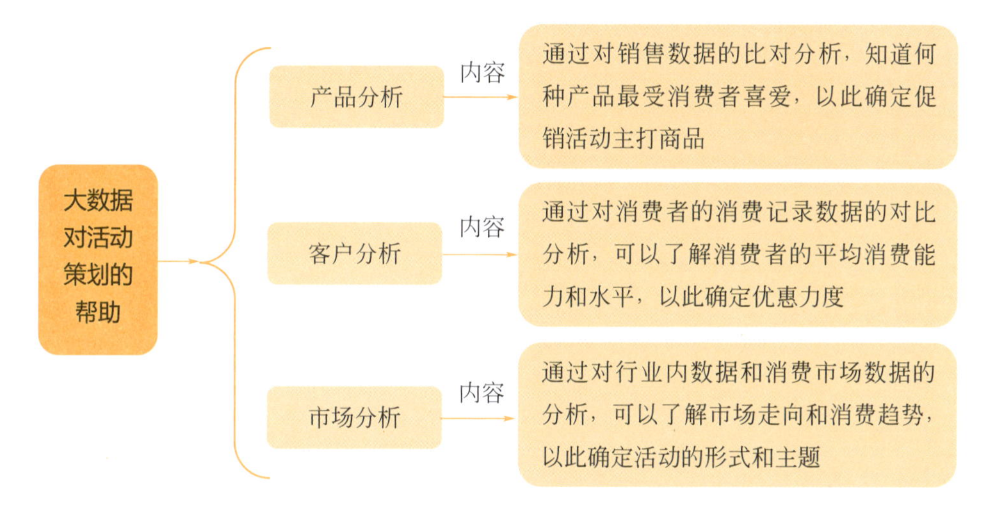

图6-16　大数据对活动策划的帮助

6.2　6大优势，让线上活动更受青睐

活动一直是深受人们青睐的社会活动方式，随着时代的进步，活动也从最初的简单集会进化到现在的多种种类，多种方式。如今，借助网络的发展，活动进入了一个全新的领域，将主场放到虚拟的网络世界中。我们将这些主要在互联网上进行的活动统称为线上活动，一般的线上活动都具备与它们相对的，主要在现实世界进行的线下活动所不具备的一些相对优势，下面就将为大家详解线上活动的这6点相对优势。

6.2.1　两大原因减少限制，让活动更自由

现在互联网上已经出现了多种活动形式，例如：转发有奖活动、评论抽奖活动、征集创意活动、投票竞选活动、直播综艺活动、弹幕互动活动等，这些活动形式分布在社交平台、直播平台和视频网站平台。

与线下活动相比，线上活动的限制更少，这主要是由两方面的原因导致的，具体分析如图6–17所示。

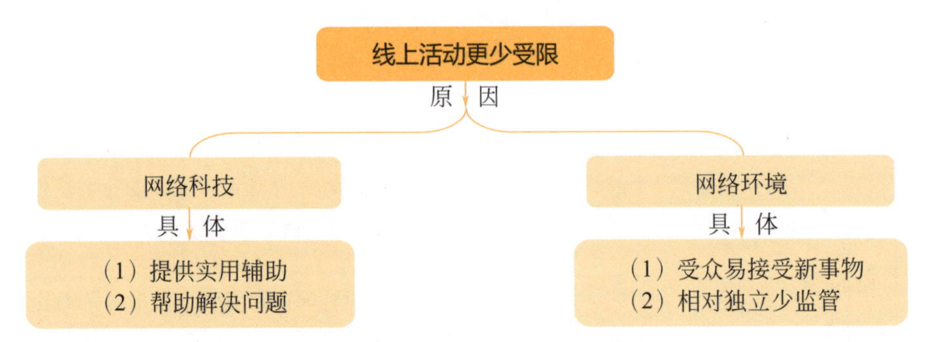

图6-17　线上活动更少受限的原因分析

线上活动凭借天然的优势使其相较于线下活动受到的限制更少。线上活动受到更少限制的表现主要体现在以下3方面，如图6–18所示。

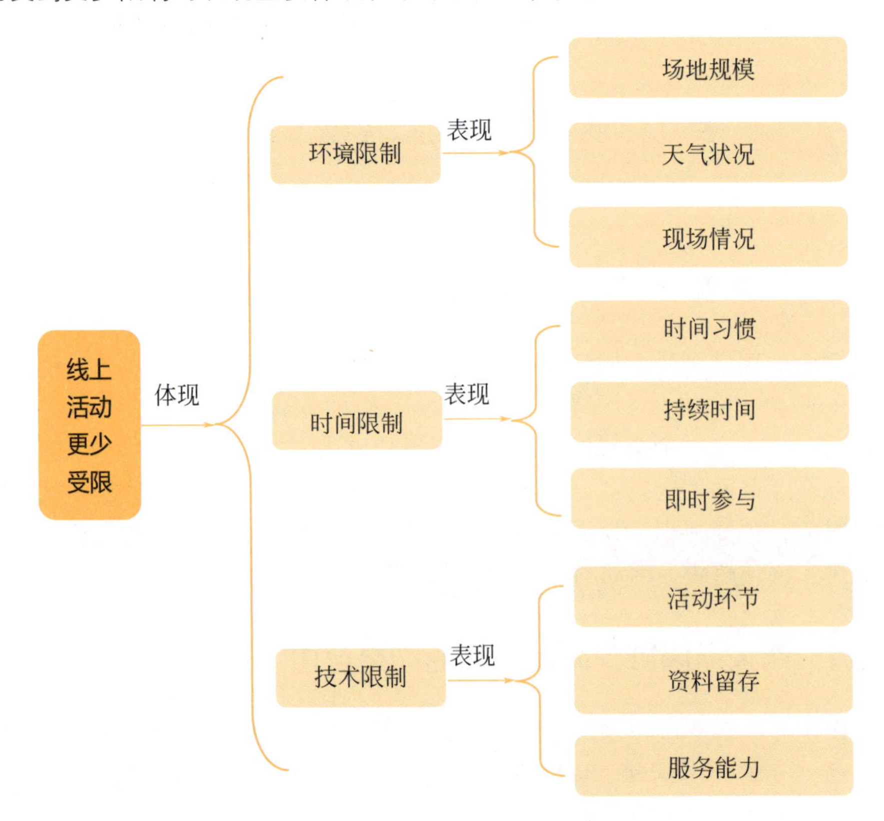

图6-18　线上活动更少受限的具体表现

下面就将为大家具体分析上述的这3个方面。

1. 受到环境因素的限制

环境因素一直是对线下活动最为直接的限制，造成了许多不便，主要表现在3个方面，具体内容如下。

- 场地规模：可选择的进行场地的大小直接影响了活动的规模，而线上活动就完全不必担心活动进行场地的问题了，因为网络世界的承载量几乎是无限大的，活动主办方只需要预先向活动平台说明，预留一定的网络资源即可。
- 天气状况：活动需要一个好天气来保障顺利进行，即便是在室内进行的活动，在面对台风、暴雨、大雪等恶劣的灾害性天气时也不得不退让。但线上活动就不用受到这个限制了，因为网络世界中并没有天气的概念，也不用担心不良天气影响活动受众的参与率。
- 现场情况：活动现场的情况是线下活动关注的重点，由于现场人员复杂，不仅需要配备相关的工作人员，去引导活动参与者们有序地进行活动项目，还需有保洁人员保持活动会场的卫生整洁，定时进行清洁工作。更需要有专门的工作人员维护现场秩序，防止不法分子进入活动现场进行偷窃、滋事行为，以免造成混乱情况。除此之外还需要许多幕后工作者处理各种突发状况和后勤，这里就不一一列举了。线上活动由于可以很好结合种互联网技术辅助活动进行，只需保证受众可以顺利参与并完成活动就可以了。

2. 受到时间因素的限制

时间因素也一直制约着线下活动，时间因素对活动的限制主要表现在3个方面，具体如下。

- 时间习惯：现代社会的人已经不像农耕社会的人一样保持着“日出而作，日落而息”的作息习惯。每一个人都有自己个性化的时间分配，而线下活动也只能去迎合大多数人的时间习惯了。并且线下活动还要受活动场地附近群众的时间习惯的限制，不能影响到周围居民的正常生活工作。线上活动就不需要担心这些了，其进行可以不受时间限制。
- 持续时间：如果一个商场要举行一场为期两天的促销活动，活动的总时间并不会是48小时。因为正如活动受众有一定的时间习惯一样，活动的工作者也有时间习惯，不可能不休息，商场也不会投入这么多成本去维持活动持续48小时。而线上活动就不一样了，由于线上促销活动有平台程序托管，受众不必在一天之中刻意规划出时间来参加活动，活动期间随时都可以享受到活动的优惠。

● 即时参加：线上活动的自由度是比线下活动高的，参与受众不需要依据统一的时间标准去参加活动，而是可以随时参加，随时离开，这一点是线下活动目前不能实现的。

3. 受到技术方面的限制

线下活动在技术方面的表现始终是不如线上活动丰富的，技术因素对活动的限制主要表现在3个方面，具体如下。

● 活动环节：线上活动的环节总是能比线下活动的环节更丰富，更有表现力，因为相较于线下活动，线上活动的环节设置更简单，切换也更灵活。

● 资料留存：线下活动进行完之后活动场地要清场，如果不是特别重要的活动的话，活动资料也不会留存下来。但线上活动在结束后活动资料还会以数据的形式留存下来，如果日后对活动有什么疑问，也可以很方便地查询到。

● 服务能力：线上活动因为有智能化程序的辅助，所以服务能力比线下活动强出许多。就以促销活动为例，线上促销活动的参与受众就不需要像线下促销活动的参与受众一样，花费额外的时间成本去排队选购和排队付款。

6.2.2 得益于两大技术，让传播速度更快

现今世界没有什么方式传播信息的速度能和网络一样快，更不用说比网络传播速度更快的东西了。现在的互联网能有如此强大的信息传输能力主要得益于两个方面的原因，具体分析如图6-19所示。

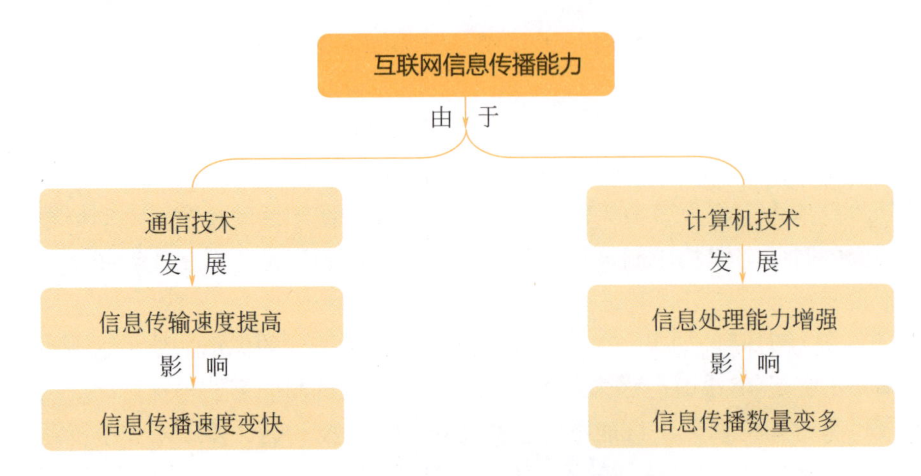

图6-19　互联网信息传播能力的相关分析

在互联网上进行的线上活动有着在发布活动信息速度上的绝佳优势，主要表现在以下3个方面。

首先，因为线上活动发布活动信息的准备环节要比线下活动精简许多，一般来说，线下活动需要现场拍照、添加详情、上传媒体、发布信息。而线上活动只需要页面截图、添加链接、点击发送即可。

其次，线上活动相当于全程直播，受众可以即时进入活动页面主动查看活动情况，更新活动信息。而线下活动只能让受众被动地接受活动信息，并且也很难做到即时发布。

最后，线上活动信息的转化生效速度也比线下活动要快。因为线上活动在发布信息时可以添加活动地址的链接，所以受众在接收到活动信息后如果对活动有兴趣，马上就可以通过地址链接进入活动页面，参加活动。而线下活动的受众如果不是在活动之前就准备好参加的话，一般都不会再去参加活动了。

6.2.3 两个原因支撑，让引流实现更容易

网络世界有着现实世界无法比拟的吸引流量能力，这主要是因为两方面的原因：一是突破地理空间限制；二是综合多种表现形式。

基于网络平台的线上活动正好可以依靠互联网的强大引流优势为自身吸引流量，具体分析如图6-20所示。

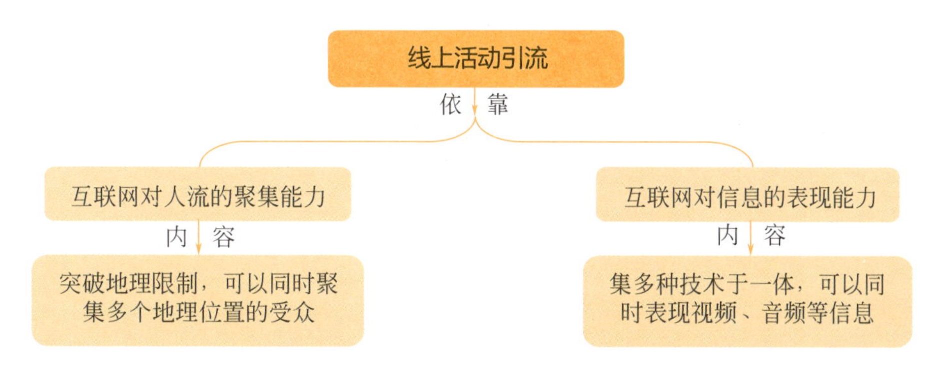

图6-20　线上活动引流更快的表现

6.2.4 两大原因实现扩展，影响得以加强

网络的普及让互联网的影响力已经变得很巨大，互联网上的信息不仅被

人们欣然接受，同时也改变着人们的思考习惯和生活方式。互联网如此具有影响力主要是因为两方面的原因，一是传播能力强，二是用户群体大。

基于网络平台的线上活动的影响力也随着互联网影响力的扩张而得到加强。网络作为线上活动的宣传主场，活动信息易于扩散，形成影响力。并且，网络可以成为线上活动的进行主场，活动在网络上十分容易被网民讨论传播，往往会形成长时间的持续影响。

6.2.5 基于3大原因，轻松收获高效益

线上活动为企业带来的收益是丰厚的，这一点我们从各种大型线上活动公布的成果数据中不难看出。比如在2018年，京东的“11·11全球好物节”和天猫的“双十一”购物狂欢节活动就是很好的两个例子，前者的下单金额达到了惊人的1598亿元，比一家线下的大型百货商场10年的销售额之和还要多，后者的交易金额更是超过了2135亿元。

线上活动之所以能有如此高的收益，主要是由于3方面的原因，下面就以常见的线上促销活动为例，为大家具体分析，如图6-21所示。

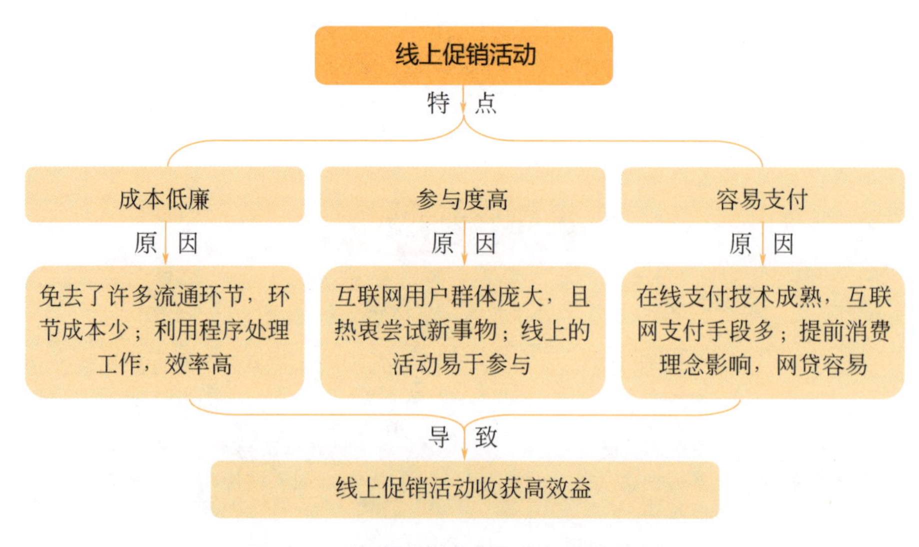

图6-21 线上促销活动收益高的原因分析

6.2.6 两大原因，打造最低的参与门槛

线上活动与线下活动相比最突出的优势就是门槛低，当然在其他方面也

拥有很大优势，比如宣传、引流等方面。线下活动可以借助互联网的帮助来进行一些弥补。但线下活动无法避免地会受到成本效益、地理位置等诸多方面的限制，参与活动会不如线上活动便利。

因为线上活动最低的参与门槛，就是看你在网络普及的社会中有没有一台价值要求不高，只要可以正常上网的设备了。

线上活动门槛可以设置得如此之低，主要得益于两个方面的原因，具体分析如图6–22所示。

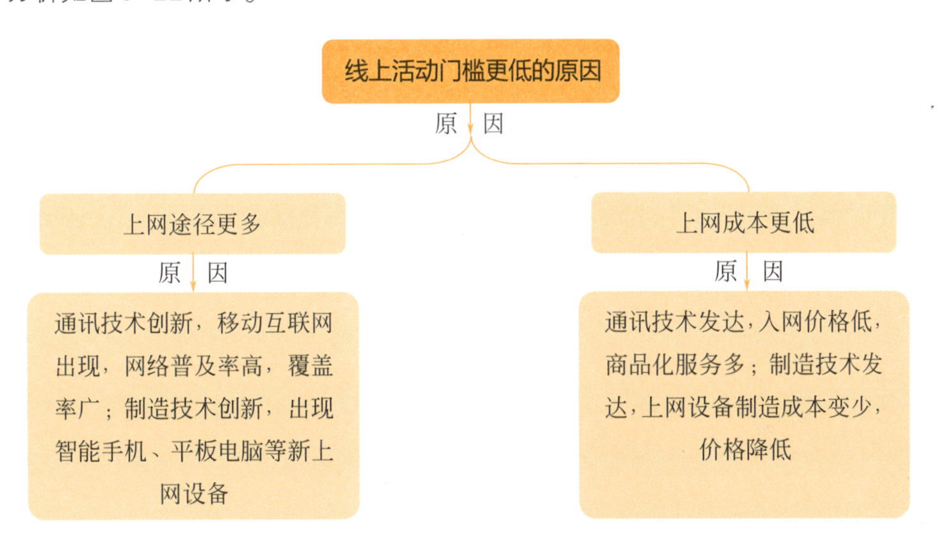

图6-22　线上活动门槛更低的原因分析

6.3　5种类型，助你具体了解基本活动

在进行基本活动之前，首先我们要清楚地了解基本活动，如含义、类型、目的、形式、胜任人员和最佳运营时间等。只有有了充分的准备，才能顺利举办基本活动，摘取成功的桂冠。

所谓的基本活动，其实就是自身平台的推广和营销工作。只是与其他新媒体工作不同，它是利用活动来进行的，除了在策划阶段要用文字表现之外，还需要在实际生活中进行兑现、实操。

这就决定了基本活动的特点——强目的性。当然，并不是说其他新媒体工作就是没有目的的工作，而是指相对于其他新媒体工作来说，基本活动的目的性更强。关于基本活动的强目的性，解说如下。

- 性质方面：不是日常的工作，而是带着目的的额外的工作任务和资源损耗；
- 重要性方面：以目的为导向，其中的所有工作和细节都是围绕活动目的来展开的；
- 必要性方面：如果没有明确的目的，那么基本活动也就没有举办的必要了。

6.3.1 拉新活动：让潜在用户成为产品客户

拉新活动，顾名思义，就是通过活动的开展，让受众成为平台账号的新用户或成为产品或品牌的新客户。可见拉新活动包括两种情形，具体分析如图6-23所示。

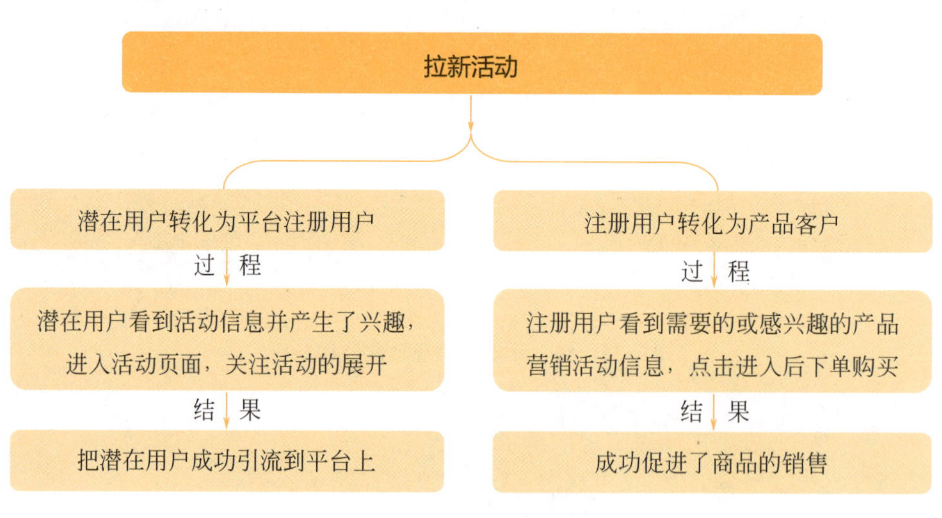

图6-23 拉新活动解读

从图6-23可知，实现拉新目标的活动主要包括两种情况，它们都是非常有效的运营方式，且这种情况是前后承接的，先将潜在用户转化为平台注册用户，然后再由注册用户转化为产品用户。

摄影类公众号“手机摄影构图大全”在这一方面就运营得很好。它首先通过平台发布为出版图书而征集照片并评比投票的活动内容给潜在用户，在这一过程中充分利用投票来吸引更多人关注，从而完成从潜在用户到平台注册用户的转化。然后在图书出版后，一方面在平台上推送摄影书籍上的精彩内容，另一方面又通过留言送书、图书优惠等活动来吸引更多的用户购买，成功地让注册用户转化为成品用户。

其实，拉新活动除了图6-23中提及的情况外，还有一种特殊情形，那就是通过活动，使潜在用户直接成了产品客户。活动中的拉新，大多出现在产品的促销活动信息发布后，产品老用户基于促销活动中的优惠条件需求（如两人购买一人半价或免单），会向朋友推荐该促销活动信息，成功地让潜在用户成了产品客户。

6.3.2 激活活动：选择唤醒不活跃的老用户

在众多平台上，平台账号的用户动辄几万、几十万甚至上百万，但是真正经常活跃在平台上或是不时出现的用户，其实远没有达到它的用户数。有些用户甚至在订阅、关注后，基本上可以说从来不曾光临平台，这些用户就是平台的睡眠用户。

一般来说，一个平台账号的活跃客户，占比不会超过15%，有时会更低，其中大多数处在睡眠用户或半活跃半睡眠用户状态。对于占比如此大的用户，平台账号可以经常举办一些活动把他们激活，这样的活动就是激活活动。

与拉新活动一样，激活活动也包括两种情况，如图6-24所示。

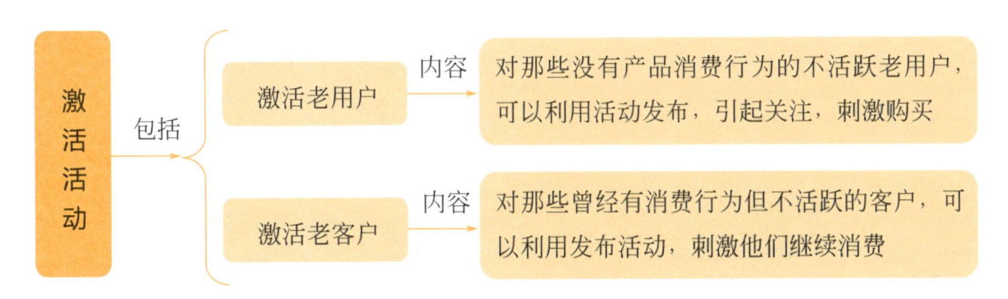

图6-24　激活活动解读

在激活活动中，发送短信是一个非常有效的方法。用户只要一打开手机，就可看到未查看的信息，它可以送达每一个你认为有可能激活的用户之手。以唯品会为例来说，只要用户曾经关注过它并成为会员，它会根据你收藏和关注的信息来时不时地推送一些短信内容。即使你在非常长的一段时间内没有关注它，它也会一往如常地推送。可能有些用户会觉得很讨厌这类短信，但对运营者来说，只要有一部分人看到了该类信息后又重新关注了，那么就说明活动是成功的。

另外，如今各种平台大多都与邮箱结合在了一起，如可以通过邮箱注册账号、账号绑定邮箱等。这就使得通过群发邮件的活动来激活用户成了可能。运营者只要已发送邮件，特别是通过QQ邮箱发送的，不仅可以通过登录QQ平台看到邮件提醒信息，还可以在QQ号绑定手机号的情况下，在QQ离线后直接以短信的方式发送给用户。这样保证了信息的畅通，也是激活用户的有效措施。

在此要注意的是，著名的二八定律（20%的投入有80%的产出），同样是适用于激活活动运营的：对那些曾经有消费行为的不活跃老客户，只要投入了20%，你就有可能获得80%的产出；而对那些不曾有消费行为的不活跃用户，可能投入了80%，其产出却只有20%。

因此，对那些以销售盈利为目标的企业来说，激活活动的对象选择更多的是曾经产生过消费行为的不活跃老客户。

6.3.3　促销活动：刺激更多用户纷纷加购

促销活动，顾名思义，就是以促进销售、提高产品订单数和购买量为目的的活动。这一类型的活动在各个电商平台、外卖平台上处处可见，其重点就是让不买的人买、让买得少的人多买。

关于促销活动的方式，其实是很多的，特别是在电商平台竞争激烈的情况下，其招数设置的精妙令人惊叹。例如，打折优惠或送优惠券的活动，可以刺激一些还在犹豫买或不买的人迅速下单，如图6-25所示。

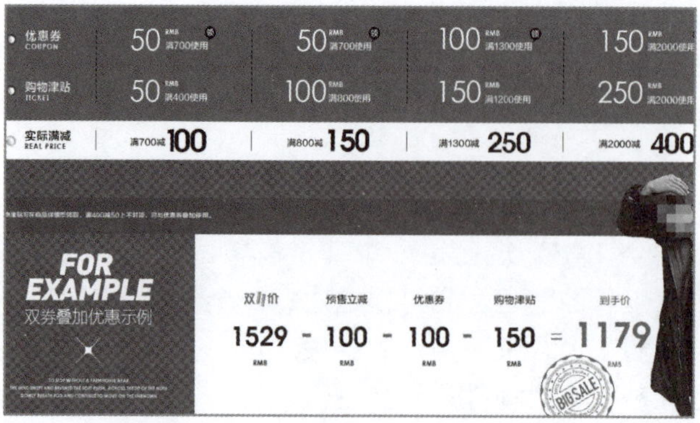

图6-25　打折优惠或送优惠券的活动

又如，满减活动、多件N折和限额使用优惠券等活动，可以刺激那些准备购买的人为了满足优惠条件而加购。

6.3.4 品牌活动：提升品牌知名度和辨识度

如果说促销活动更多的是注重订单数的提高，那么品牌活动则更多的是在用户对品牌的认知提升上，具体表现在两个方面，如图6–26所示。

图6-26　品牌活动目的解读

一般说来，利用各种渠道和平台，把品牌及其产品植入其中的，都可称得上是品牌为了提升其知名度和辨识度而进行的活动，如冠名赞助、电视广告等。

6.3.5 趣味活动：加强互动，检验活跃用户

活动，在孩子的眼里，基本上可以与“玩”和“有趣”画上等号。因此，在活动运营中，趣味活动也是作为一种重要的活动类型而存在的。只是这里的活动不是为了玩而活动，而是为了一定的运营目的而活动——加强与用户之间的互动和联系，同时这也是检验平台账号的活跃用户数的好时机。

而对以有趣互动为核心的趣味活动而言，其形式和类型也是多样化的，如话题类活动、比赛类活动、好奇盘点类活动等。

而话题类活动，一般都是有特定的关注人群的，它主要是通过话题引起这些关注用户的参与，以有趣的活动内容来提升用户的活跃度，并最终凭借这一话题活动实现其商业化的运营目的。

第7章

活动策划：21大要点，循序渐进演绎完美活动

学前提示

活动策划，是一个包含了多个阶段工作的活动过程，包括时间、流程、后续工作和其他方面等。

本章就从活动的各个阶段着手，一步步循序渐进地带你了解怎样进行活动策划。

要点展示

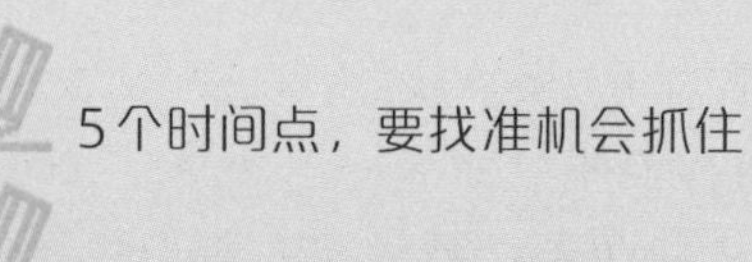

- 5个时间点，要找准机会抓住
- 5大流程，让活动成竹在胸
- 7大方面，让活动顺利进行
- 4点总结，总体把握运营成果

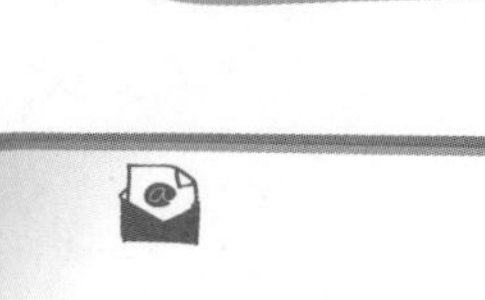

7.1 5个时间点，要找准机会抓住

关于活动策划与时间的关系，主要表现在两个方面：一是策划活动总是会需要一个相应的时间；二是策划活动时选择的时间总是会借助一定的时间节点。可见，时间对于活动策划而言，不仅是必需的，同时也是具有选择性的。

这里的“选择性”，指的是只有策划活动时选择的时间是合适的，才能让活动策划达到甚至超出它预定的目标。

7.1.1 轻松的贴心体验，注意节假日

在我国，节假日有法定和非法定之分。其中，法定节假日是国家法律统一规定的、基于风俗习惯或纪念要求而让人们庆祝和度假的休息时间。这是受人们欢迎而喜爱的，因为一到法定节假日，就意味着人们可以休息和轻松地玩几天了。

我国的法定节假日包括7个，既有传统意义上的春节、清明节、端午节和中秋节，又有非传统意义的元旦、劳动节和国庆节。在这些节日里，人们一般会有相应的活动和消费行为。而对运营者来说，可以借助这一时间节点，进行与之相关的主题运营，如图7-1所示。

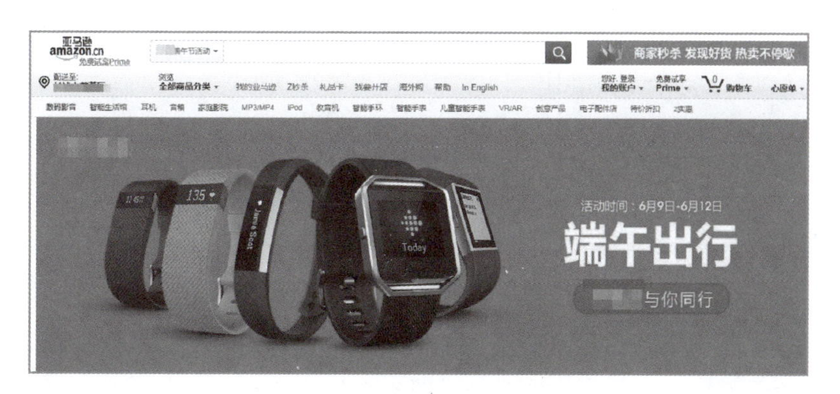

图7-1　亚马逊端午法定节假日活动

而在非法定节假日内，那些有着特殊含义的节日，如父亲节、母亲节、儿童节、情人节、圣诞节等，在让人兴奋的同时，也带给运营者以启发，有利于其开展运营活动。

7.1.2 推出换季产品，关注季节变化

在人们的日常生活中，不同的季节有不同的适合玩的活动。其实对运营者来说，同样是如此，不仅不同的季节可以“玩”不同的活动，还可以在季节变化的时间节点上开展活动。这也是开展活动可以借势的好时机。

一年有四季，不同的季节，衣、食两方面会有很大的变化。既然有变化，那么人们也会有相应的对策。我们就可以针对这一变化和对策而安排不同的活动进行运营。这样的活动多与电商有关，在换季季节，可以进行上新或者清仓等活动。图7–2所示为换季清仓活动。

当然，除了电商领域的换季清仓活动外，还有其他一些与季节变化相关的活动。如摄影领域，就有很明显的不同主题的活动可供运营者选择。图7–3所示为在春季举行的摄影大赛。

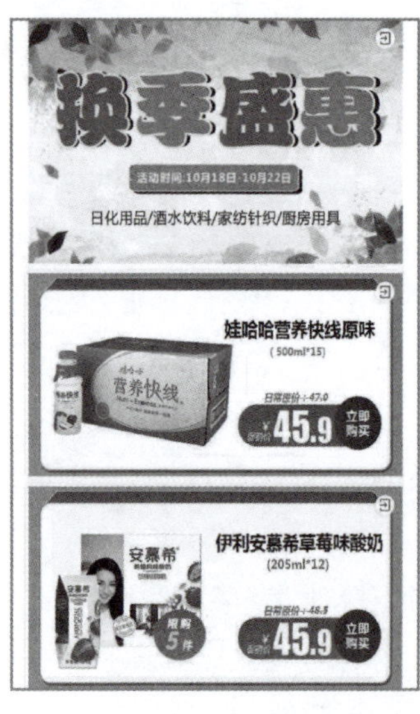

图7-2 换季清仓活动

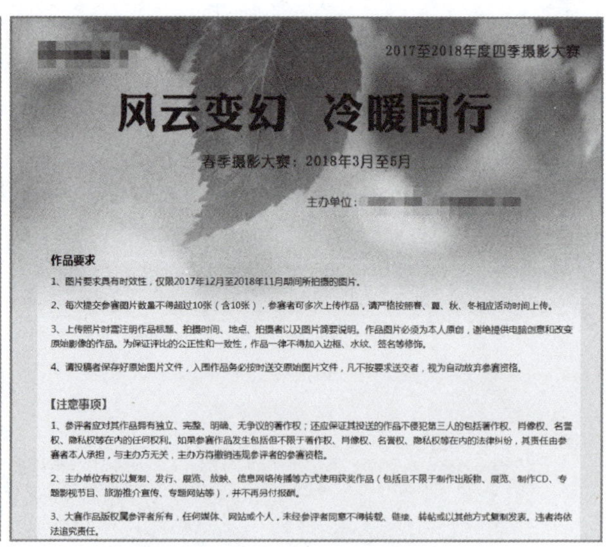

图7-3 春季摄影大赛

那么，运营者在利用季节变化这一时间节点进行运营时，应该怎样选择呢？其实，不同的产品是有着不同的、具体的时间选择的。一般说来，从季节的阶段性考虑，可分为两种，具体如下。

（1）选择季节初期或末期。这主要是针对有明显季节变化的运营产品而言的，如衣服。这一时期是推出新品活动和季节清仓活动的最佳时间：推出新品活动，有利于率先占据更有利的市场份额，提升市场竞争力；推出季节清仓活动，就有利于处理即将过季的库存产品，获取现金流，其办法是利用

优惠促销让更多的用户消费更多的产品。

（2）选择季节中期。可分为两种情况来分析：一是电商类平台，其推出的活动一般是促销活动，致力于通过运营为消费者提供他们需要的产品；二是内容类平台，如图7-3中的春季摄影大赛，这类参赛节目一般持续时间不会太长，而又因是与季节相关的主题，因而一般会选择在季节中期，这有利于素材的获取。

7.1.3 提升品牌知名度，用好纪念日

运营者要开展活动运营，除了节日和季节变化外，还可以利用各种纪念日——既可以完成活动运营的目标，同时还可以提升自身的知名度和形象。

而活动方式的选择，既可以是没有确定纪念日的周年庆，还可以是确定某一天为纪念日的周年庆活动，如图7-4所示。

图7-4 海尔32周年庆活动

其实，除了上文提及的以周年为单位的店庆活动外，还有一些与部分产品相关的纪念日活动。在这些纪念日中有些已经成为法定节日，如农历五月初五端午节。有些没有成为法定节日但也有着重要价值和意义的纪念日，如“世界读书日”。这一节日与“书籍”“阅读”息息相关，如书店、图书馆、线上图书商城、读书类平台等，都可选择“世界读书日”这一纪念日来进行活动运营。

7.1.4 提升点击量，勿错过热点时间

所谓“热点”，即广受社会群众关注的信息，包括社会热点、生活热点和娱乐热点等。这些信息都可作为运营者开展活动时的时间选择的节点。

从这一点出发，运营者要做的工作还有很多，如寻找热点、怎样利用热点等。例如，亚运会是人们一直比较关注的热点，特别是对那些喜爱体育的人而言，从各种预选赛到总决赛，所有这些时间推出的各种活动，他们都会予以热切关注。

当然，同一时间出现的热点有很多，运营者应该在搜集的基础上善于把

自身运营目标与热点结合起来。然后及时开展活动运营，抓住热点时间这一活动理由和素材，成功实现活动运营目标。图7-5所示为微博平台上推送的与雅加达亚运会这一热点有关的话题活动。

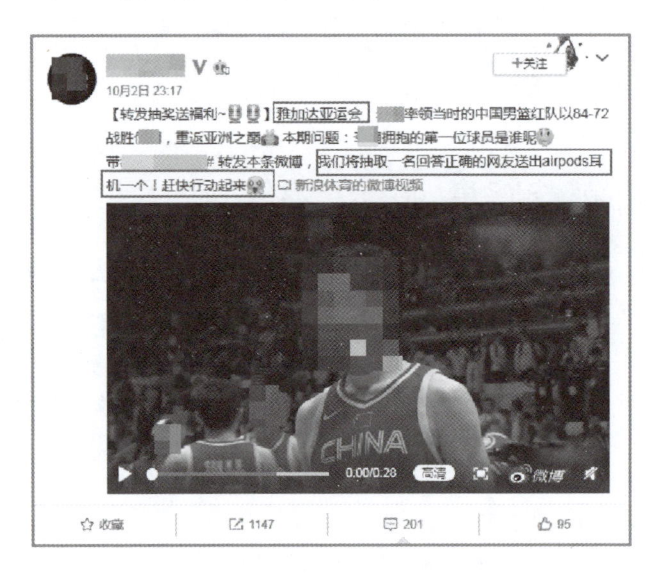

图7-5　雅加达亚运会的热点时间活动

7.1.5　自造热点，借势大品牌日活动

运营者在进行运营时，除了可以借助节假日、纪念日、季节变化和热点来进行活动运营外，还可以“自造热点”，对品牌和产品进行包装，创造一个新的属于自身的包装节日。

如人们熟悉的“双十一”，就是淘宝平台炒出的一个节日。而随着淘宝平台在电商领域巨大的影响力，这一品牌包装节日已经跨越平台，成为众多商家和消费者参与的节日，而在这一节日期间进行的活动运营，更是波及大大小小的电商平台和商家。图7-6所示为天猫的“双十一”活动之一——“大牌美妆1元秒百元券”。

运营者除了可以利用那些扩大了影响的品牌包装节日来进行活动运营外，还有一些品牌特定的节日。如星巴克这一品牌，2017年在亚洲开出了第一家甄选烘焙工坊，堪称“咖啡小世界”。在这一品牌包装的节日期间，运营者可以借势这一节日开展活动运营。图7-7所示为天猫在同一时间推出的星巴克天猫超级品牌日活动。

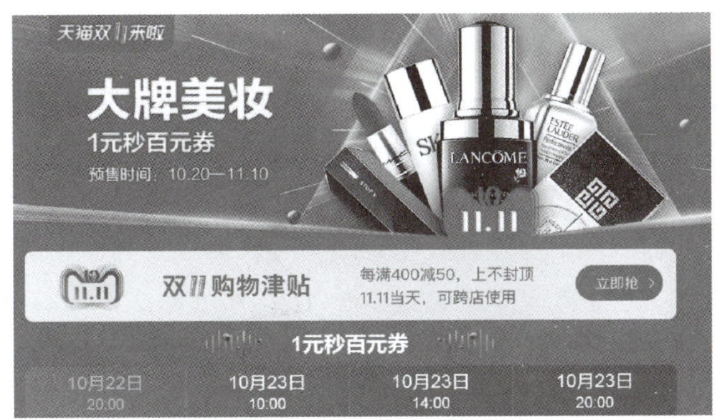

图7-6　天猫“双十一”活动

图7-7　星巴克天猫超级品牌日活动

7.2　5大流程，让活动成竹在胸

活动之所以要策划，是为了让活动变得有意义、能为企业达到某些目的。活动从开展到结束，这个过程中的人员配备、活动地点、活动宣传等方面都是需要一定成本的。若不进行一番好的策划就开展活动，那么很有可能出现活动成本增加、活动效果不明显等不利状况。

7.2.1　前提：有一个明确的活动目标

进行活动策划，首先就要明确活动的根本目标。活动目标不清楚，就无法去构思具体的目标。在不清楚活动目标的情况下，靠臆测去组织活动策划工作，很可能让后续的工作白费工夫，甚至是无法进行。所以运营者在接手活动策划工作时，一定要了解清楚活动的根本目标后再进行后续工作。

一般来说，不同的活动，其根本目标有可能是不同的，从而使得活动的策划方式也有所不同。表7–1所示为根本目标不同的活动的不同策划方式介绍。

表7-1　根本目标不同的活动的不同策划方式

根本目标	策划方式
宣传品牌形象	（1）邀请明星举行盛大的文娱晚会，再联系知名媒体进行转播 （2）冠名赞助明星综艺节目来进行宣传
提升企业形象	由企业主导，开展公益活动，提升企业在社会大众心中的形象
获得盈利	可以在节假日以产品促销为中心，进行一场盛大的营销活动
宣传品牌+促销盈利	考虑将活动策划搬到互联网上进行，利用网络的强大功能来实现

7.2.2 构思：策划大体活动方案雏形

企业在进行活动策划之前，需要将活动总体方案简单策划出来，策划出一个大体的活动雏形，为后续工作提供有效方向。一般来说，在活动总体方案中至少要列出6个事项，分别是明确活动主题、确定活动时间、确定活动地点、确定活动对象、安排活动流程、估算活动经费。

这6点中，被确定的活动对象一般是企业的忠实用户和潜在用户，所以活动的时间和地点要根据企业忠实用户的特点和需求来决定。

在进行活动策划之前，活动总体方案无须太过详细，不要花太多的时间在策划活动前的准备上。只需满足3个要求：一是简单、明了、易懂；二是内容无须过多；三是方案要素需全面。

7.2.3 工作表：严谨、具体的工作安排

制定活动工作安排表也是活动运营者所需要关注的问题，更是活动策划不可缺少的一环。活动运营者需要将工作落实到3个部分，分别是合适的部门、合适的人、具体完成时间。

一般来说，活动工作安排表需要包括两个部分，即前期准备工作和当天工作安排。下面是以某企业在线下举办的新品发布会活动为例策划的活动工作安排表，如表7-2所示。

专家提醒

活动运营者在进行工作安排时需要细分工作表，严谨地将工作分配到合适的部门上去，且规定合理的、具体的完成时间。且在时间安排上，最好将具体工作安排到分钟，越精确越好，这样可以缓解工作落实慢的情况，避免活动当天出现不好的事情。

表7-2 活动工作安排表

活动名称	某产品新片发布会
活动主题	将某新产品正式向外推广
活动开始时间	2018年12月30日下午13：30

续表

用途	分配部门	时间	日期
确定会场	人事部门	一星期	10月29日～11月2日
会场购买使用物料	采购部门	两星期	11月5日～11月16日
发送邀请函	人事部门	一星期	12月17日～12月21日
会场设计	设计部门	两星期	11月5日～11月16日
会场布置	设计部门	三星期	11月19日～12月7日
检查会场	审检部门	半个月	12月10日～12月28日12:00
临时雇用人才	人事部门	两星期	12月17日～12月28日
宣传广告	产品宣传部	一星期	12月24日～12月28日

7.2.4 流程表：一一列举，安排到位

在活动策划中，活动具体流程表也是一个重要要点。活动运营者需要将活动期间的流程安排到位，将它一一列举出来，让工作人员和参与人员知道活动大概的整体流程。这样的活动才会更加严谨，更加容易举办成功。

依然以线下的新品发布会为例，来大致了解活动具体流程表，如表7-3所示。

表7-3 活动具体流程表

活动名称	某产品新片发布会	
活动主题	将某新产品正式向外推广	
活动开始时间	2018年12月30日下午13:30	
事件	时间	具体描述
签到	12月30日13:30～14:00	记录参会媒体
主持开场白	12月30日14:30	主持人上台＋轻音乐
节目	12月30日14:45	小型音乐会
介绍产品	12月30日13:15～14:30	介绍新产品的新能、生产背景等内容
主持人谢幕	12月30日14:40	发布会即将结束
发布会结束	12月30日14:40	发布会全部结束

7.2.5 预算：让人放心的活动经费去向

对于活动运营者来说，需要将活动的经费去向罗列清楚。只有这样才能把控好活动经费的支出情况，才能让企业管理者快速了解活动经费的去向，从而放心地将活动经费交给活动运营者。

活动运营者需要根据活动类型、活动项目、企业具体情况来制作真实、合理、详细的活动整体预算表。因此，活动运营者在制作活动整体预算表时，需要遵循4大原则，具体分析如图7–8所示。

图7-8 活动整体预算表的制作原则介绍

7.3 7大方面，让活动顺利进行

举办一场活动，不仅需要投入人力、物力，还要求负责的人员方方面面都考虑周全，避免出现不必要的失误。

7.3.1 3大方面，考查活动可行性

思考分析活动方案中设计的内容是否真实可行，是活动运营者要注意的一个方面。关于这一问题，光是预算通过还不行，运营者还要考虑到现场、人员和法规等多方面的原因。一般来说，确定一个活动是否真实可行，应该从3个方面进行分析，具体内容如下。

1. 实际操作

从实际操作方面进行分析，需要考虑活动策划的运行能力这一主观条件

和人力、物力等客观条件。

抛开运行能力不谈而去聊活动无异于纸上谈兵。说得再好，讲得再棒，可带不好兵，打不赢仗，又有什么用呢？所以活动运营者不要一味地追求充满创造性、新奇独特的活动方案，而是要适当考虑到主办方的运行能力。

人力、物力等客观条件，也是活动运营中要考虑的一点。没有人力、物力等客观条件支持的活动无异于画饼充饥——没有做饼的材料，饼画得再好看也只能饿着。所有活动运营者不要有什么新想法就往活动方案里加，要考虑到现有的资源多少，以整体活动的实现为本。

2. 盈利能力

从绩效方面进行分析，首先需要考虑活动盈利能力。不管是什么活动，始终是需要回报的。确保活动获得回报是活动运营者必须要考虑到的一点。另外，对活动目标价值的论证也是活动运营者要关注的一点，有价值的活动人们才会相信并参加，才值得投入成本去开展活动。

3. 是否可行

从可执行性方面进行分析，我们需要了解4点，具体分析如图7–9所示。

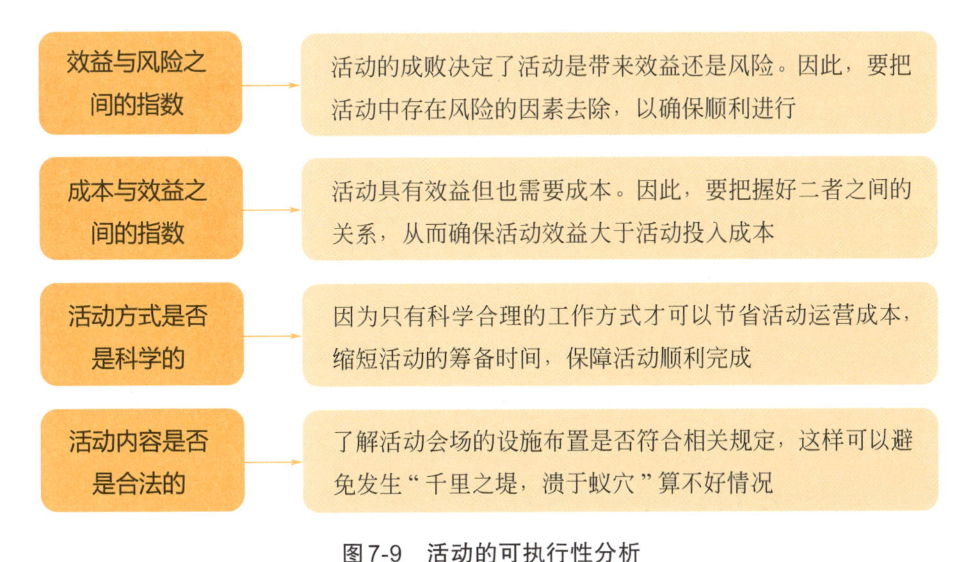

图7-9　活动的可执行性分析

7.3.2　制定备用方案，应对可能难题

活动策划出来的总方案至少会在活动开展前的1个月进行策划。由于无

法预测活动当天会发生的事情，所以活动策划者需要做出一份备用活动紧急方案，来应对变化带来的难题。

一般来说，备用活动紧急方案与活动总方案大致相同，只是为了一些不可控制的因素而制定的方案。

例如，总方案的活动场地是在室外，可能活动当天下雨，则可在备份方案中将活动场地改成室内，或者是在室外加一个雨棚，或准备一些简易的雨衣、雨伞。有可能在活动当天遇到情绪比较激烈的受众，需要有应对的话术，或者聘用一些保安维护现场安全等。

7.3.3 选择活动团队，做好人员安排

在活动组织上，特别是人员组织上，有两个方面需要运营者特别注意才能更好地保证活动顺利进行，即活动团队的组织和主持人的选择，具体内容如下。

1. 组织团队完成活动

俗话说：“一个好汉三个帮，一个篱笆三个桩。”活动运营也是如此，虽然活动运营者也需要亲临活动现场进行活动工作，但是也不必凡事亲力亲为。活动运营者是活动工作的决策者和指导者，更多的工作应当是进行指导和做出决策。这样活动工作的进行才能更有效率，才能避免错误集中发生。

所以，活动运营者在准备进行活动策划时需要组织一个团队，一起完成一个活动的策划，团队人数根据活动大小来确定：一般小型活动在10人以下即可，而大型活动要根据活动的具体要求进行人数的拟定。活动运营者需要根据团员的性格、爱好、技能来分配任务，只有这样团队人员在处理问题上才会更有效率。

在团队中，还需要多开会议，来征求团队成员对工作的意见和看法，以及考虑是否要求助外援，例如，活动策划专业人士、公关方面的公司、活动运营导演等，通过他们专业的视觉来给活动添彩。

2. 选择主持人引导活动

主持人在活动现场中扮演着十分重要的角色，如果说活动运营者是幕后的规划者，那主持人就是台前的指挥者。优秀的主持人能为活动增色添彩，合格的主持人能引导活动顺利进行，拙劣的主持人则会使活动毁于一旦。一般说来，主持人对活动的作用表现在6个方面，即调节气氛、引导流程、临时救场、讲解活动、互动观众和配合幕后等。

由此可见，主持人对活动的帮助是非常大的，对活动的顺利进行起着重要作用。所以活动运营者在决定主持人人选时一定要提高要求，注意其职业素养。如果不能选出一个各方面技能突出的人选，也可选择两个人主持或多个人主持，形成优势互补。

7.3.4 做好宣传工作，提升活动效果

在活动运营中，宣传是一项非常重要的工作。不管是活动前、活动中还是活动结束时，只有在宣传上做得好，才能达到活动运营的目的。

1.宣传预热

对于活动运营来说，活动的宣传方式是活动成功的“带领先驱”。当宣传效应非常好时，活动成功率会大大地提高；若宣传效果不佳，那么活动效果必然不会好。

做好活动宣传预热，保证活动顺利进行和活动目标的顺利实现，首先就要选好宣传渠道。活动运营者在选择宣传渠道时，需要考虑其渠道是否能为活动带来最大化的效果。不然活动宣传就会变成一种既“烧钱”又“无用”的活动策划策略。

因此，活动运营者在选择宣传渠道时，需要考虑3个问题：一是企业目标用户是否在此渠道比较聚集，二是此渠道能给活动带来怎样的宣传作用，三是活动是否适合此渠道的整体风格。

活动运营者在选择活动宣传策略时，需要在宣传策略中嵌入6大特色，才会具有吸引人们注意力的作用，如图7-10所示。

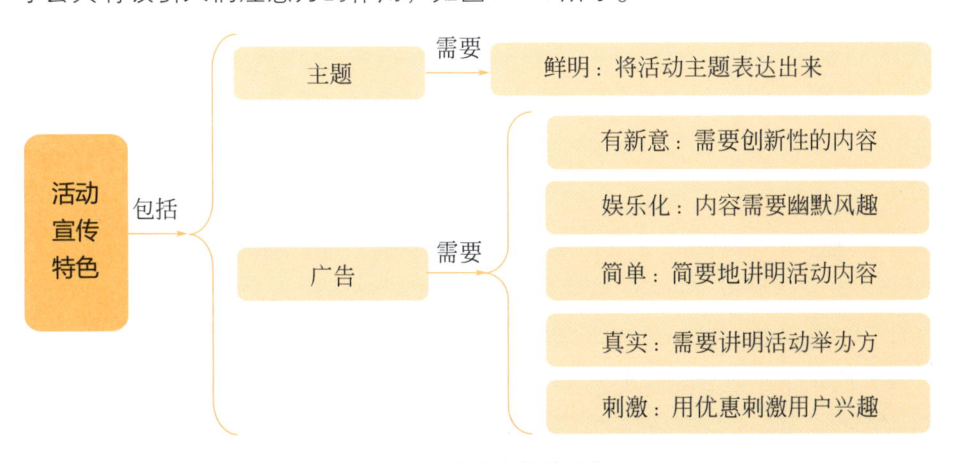

图7-10 活动宣传的特色

选好了宣传渠道，接下来就要思考怎样去宣传，也就是宣传的方式方法。活动宣传方式多种多样。活动运营者若想在众多的宣传方式中选出一个最合适活动的方式，则需要从3个方面考虑，包括活动成本问题是否在预算范围之内、活动宣传面对的受众是否是活动需要的和是否适合宣传该活动主题等。

除此之外，活动运营者还需要对活动宣传方式有一定的了解，才能从客观上进行选择。下面就来了解活动宣传的常见方式，以微信朋友圈推广、互联网广告和发送宣传单告知为例，相关分析如图7-11所示。

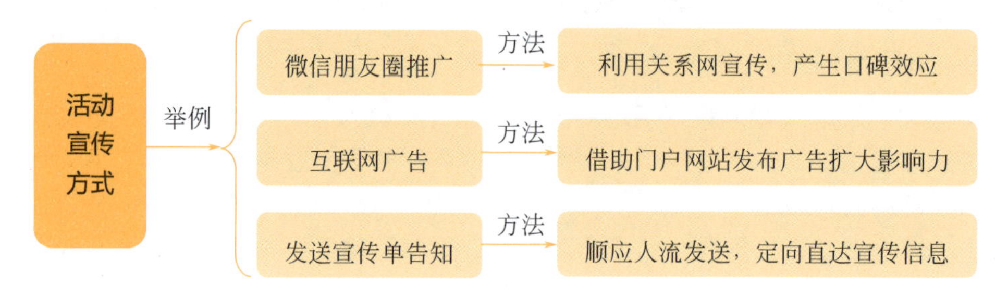

图7-11　举例分析选择的宣传方式

2.宣传引流

如图7-12所示为举例分析宣传引流中可能存在和需要解决的问题。

任何平台的用户都是一个由少到多、不断积累的过程，而活动运营就是一个实现“多”这一目标的途径。在活动运营过程中，只有做好宣传引流，解决宣传引流中可能存在的问题，才能保证活动顺利进行。

3.宣传发酵

要保证活动的顺利进行和活动目标的顺利实现，在宣传方面，只单纯地进行宣传引流和解决宣传中遇到的问题还是不够的。运营者还需要对宣传进行再次发酵，制造引爆点，让宣传效果更上一层楼。

当然，这里的宣传发酵，一般是在活动顺利落地过程中和刚结束时进行的。它是对活动发起的又一轮大的宣传，意在通过活动举行过程中的出现的一些值得宣传的点，加以巧妙包装，让其有引爆的机会，从而收获海量用户关注，提升品牌形象和知名度。

一般来说，宣传发酵这一阶段中的宣传，其用于发酵和引爆的点才是活动运营者运营的中心内容。这个“点”的选取是要注意技巧的，具体如下。

- 要有价值，最好还能借势热点宣传；

图7-12　举例分析宣传引流中可能存在和需要解决的问题

- 要有讨论性，问题答案不能一边倒；
- 要切入新颖，能调动用户的好奇心。

7.3.5　控制节奏，让活动完美收官

活动运营者对于活动节奏的控制十分关键，因为活动的节奏会直接影响到活动的效果。节奏太快，受众跟不上，只有放弃参与；节奏太慢，受众等不及，也会离开活动。合适的节奏才能增强活动效果。想要制造出合适的活动节奏需要从以下3方面入手，即氛围节奏、时间节奏和流程节奏。

其中，流程节奏很好理解，指的是活动流程的各个环节，需要在规定的时间内完成，不能让个别环节拖延或仓促进行。接下来将对控制活动节奏的其他两个方面进行详细讲解。

1.把控氛围

控制氛围节奏的方式在促销活动中十分常见，通常都是运用“饥饿营销”的方法在消费者中形成一种强烈购买意愿的氛围，再激发消费者抢购。

例如，在某促销会上，对于有购买意愿的消费者先进行适当压抑，不让其购买，而是对等待购买的消费者不断宣传产品如何好，消费者买了会觉得特别值得。在让消费者被激起强烈的消费欲望并且有点不耐烦时，再开始贩卖产品。与此同时不断推荐产品，然后告诉消费者产品是最后一批了。通过这一系列的氛围节奏控制，原本只买一件的消费者会多买几件，原本打算看看的消费者也会立即购买。

2.掌控时间

任何一种包含了时间和空间两个方面的立体艺术表现形式，都必然会经历起始、渐强、高潮、渐弱、落幕这5个阶段。这是一个经过了无数世纪验证的规律，活动也不例外。

在起始、渐强、高潮、渐弱、落幕这5个阶段中，起始、高潮和落幕3个点最能被观众记住。因此，活动策划者要善于控制活动的时间节奏，在活动的关键时间将表现活动目的的关键内容呈现出来。

再以促销活动为例。一开始便打出了“大甩卖”的噱头来吸引顾客，然后在活动进行到高潮时，又打出“挑战全年最低价”的广告语再度吸引顾客抢购，最后在活动快结束时再打出“最后1天”等字样的广告语，营造紧迫感，让顾客忍不住再次抢购，让活动完美收官。

7.3.6 实时监控，根据数据及时调整

在活动运营过程中，即使策划得再好，也无法完全预测活动中可能发生的具体情况的。因此，在活动过程中，还需要运营人员实时监控活动，并在确切的数据指导下对影响活动顺利进行和实现活动目标的情况及时进行调整。

图7–13所示为举例介绍活动过程中运营人员要根据数据及时调整的问题。

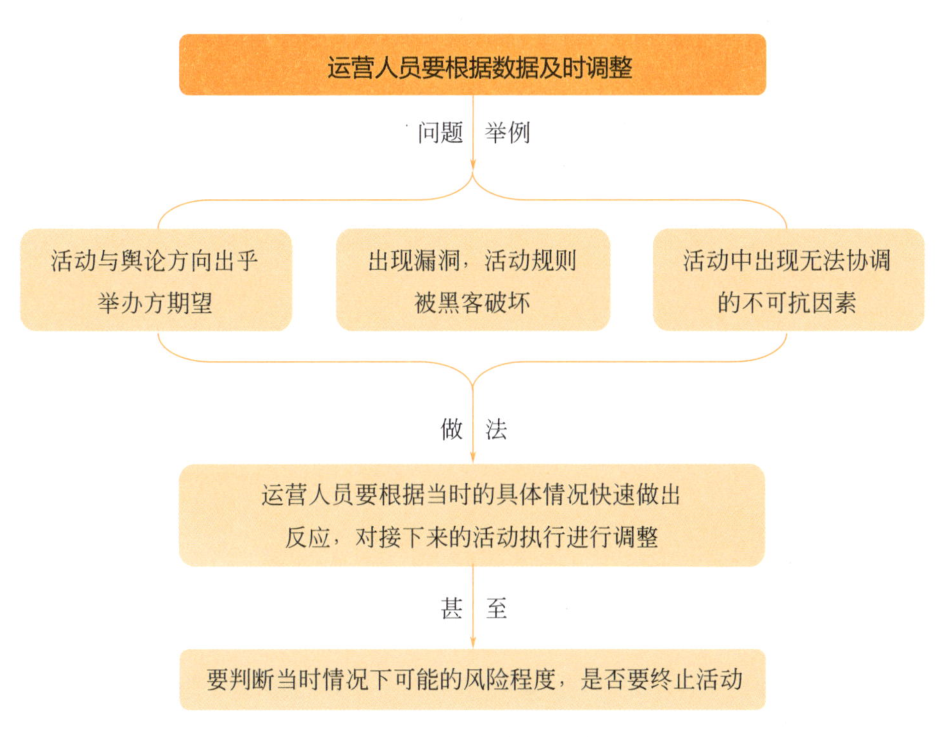

图7-13 举例分析运营人员要根据数据及时调整的策略

7.3.7 处理后续工作，提升用户体验

人们常说某一活动“结束了”，是相对于用户来说的。对活动运营者来说，并没有结束，还有后续工作需要处理。其中最主要的是关于活动中获奖人员的问题，一般包括两大程序，具体介绍如下。

1. 获奖信息公开

有些活动的获奖名单并不是在活动现场和活动过程中就公布的，而是把这项工作留到了活动结束后来进行。活动运营者可以通过多种途径来公布获奖人员名单，如手机短信、微信、QQ信息和平台活动页面等。

2. 活动奖品寄送

寄送活动奖品可从横向分类和纵向流程两个方面解读，内容如图7-14所示。

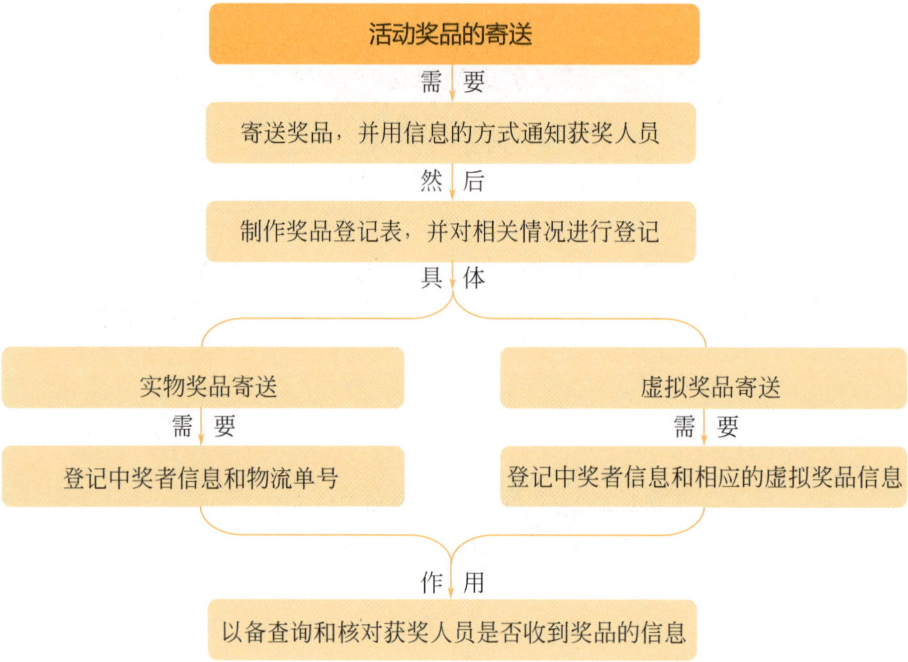

活动奖品的寄送
需要
寄送奖品，并用信息的方式通知获奖人员
然后
制作奖品登记表，并对相关情况进行登记
具体
实物奖品寄送
需要
登记中奖者信息和物流单号
虚拟奖品寄送
需要
登记中奖者信息和相应的虚拟奖品信息
作用
以备查询和核对获奖人员是否收到奖品的信息

图7-14　活动结束后活动奖品的寄送问题解读

7.4　4点总结，总体把握运营成果

在活动的后续工作处理完之后，接下来运营者就需要对这次活动进行评估总结：哪些地方很成功，哪些地方出现了败笔，还有哪些地方需要改进，预期的活动目标是否实现……这些都是活动结束之后的总结报告中需要提及的问题。

在这一活动运营阶段，我们主要应该关注和做什么呢？接下来将为大家解答。

7.4.1　根据冲高回落值，判断活动效果

此处的冲高回落值引用的是股票的已有概念，其在股票市场上的具体含义如下。

- "冲高"，是指分时图上的当天的股票价格，突然向上无限量的飙升，

达到一个峰值；

- “回落”，是指分时图上的当天股票价格，在达到峰值后又突然在有成交量的情况下下跌，其上涨趋势回缓。

被引用到活动运营中后，冲高回落值是针对整个活动，而不是某一时的活动来说的，且计算的内容大多与用户数有关。其计算公式为：

$$冲高回落值=\frac{活动结果数据-活动开始数据}{活动峰值数据}\times100\%$$

利用这一公式计算出来的冲高回落值结果，是判断活动效果好坏的重要依据，具体内容如下：

- 如果其数值非常低，表示活动运营的效果不好；
- 如果其数值为负数，表示活动运营起了反作用；
- 如果其数值比较高，表示活动运营的效果非常好。

专家提醒

冲高回落值计算公式中的“活动结果数据”和“活动开始数据”不能任意选择的，它一般要求是用户的行为处于稳定状态下的数据。

7.4.2 根据活动用户增长率，评估活动长期效果

在对活动进行评估的过程中，除了冲高回落值外，还有一个重要的指标，那就是活动用户增长率。这一数值可以有效评估活动运营的长期效果，对用户增长的实际情况清晰显示，其计算公式为：

$$活动用户增长率=\frac{活动结果数据-活动开始数据}{活动开始数据}\times100\%-自然增长率$$

在这一公式中，“自然增长率”指的是平台没有进行活动运营时的用户增长率。

利用这一公式计算出来的活动用户增长率的结果，也是判断活动效果和效率高低的重要依据。特别是关于活动对用户的引流方面，通过这一数据可以轻松得出结果。具体分析如下。

- 如果其数值非常低，表示通过活动运营转化来的用户数，几乎没有什

么增长，活动效率低，活动效果不好；

- 如果其数值为负数，表示通过活动运营不仅没有促进用户数增长，反而在原有的用户增长上有所退步，活动运营出现了反向结果；
- 如果其数值比较高，表示活动运营转化而来的用户数也高，活动效率高，活动效果好。

7.4.3 活动数据分析和报告，直观呈现活动成败

上面已经对与活动运营有关的两个重要数据分别进行了讲解，在此将具体介绍活动运营的数据分析和活动数据报告。

一般说来，在活动结束后，是有必要对相关数据进行统计和分析的，以便发现问题，为下一次的活动举行提供有效的数据支撑和验证。

相较于线下活动来说，线上活动的数据分析明显比较繁杂。以产品促销活动为例来说，线下活动要进行的数据分析，其内容逃不开4个数据，即进店用户数、消费人数、销售额、客单价。一般的数据分析内容，都可通过这几个数据计算出来。

而在线上的产品促销活动，其数据分析的内容就需要从多个角度去考虑。除了销售效果的分析外，还有其他的一些比较重要的数据的分析。

例如线上促销活动的数据分析应包含的一些数据量，有领券量和使用量、交易单数、活动营收、利润等。

另外，在线上活动中，除了之前提及的数据外，还有一些比较关键的数据，如跳出率、页面停留时间、新增用户数、净增用户数。当然，所有活动还应该把活动的投入和产出计算进去，并计算活动的收益，这才是比较完整的数据分析。

在数据分析的基础上撰写成的活动报告，要求是一份交给领导的令领导满意的答卷。一般说来，活动报告主要包括两部分。

（1）以Word、Excel或PPT的形式撰写一份正式的关于活动内容的详细的报告。在撰写此类报告时要从报告阅读人员的视角出发，以简单、直观的方式呈现报告内容。具体说来，活动报告的撰写应该注意以下问题，如图7-15所示。

（2）以邮件的形式发送的关于活动结束或下线的通知类的报告。并对活动中出现的问题和解决办法做出简要描述，在最后还应该对活动执行人员表示感谢。

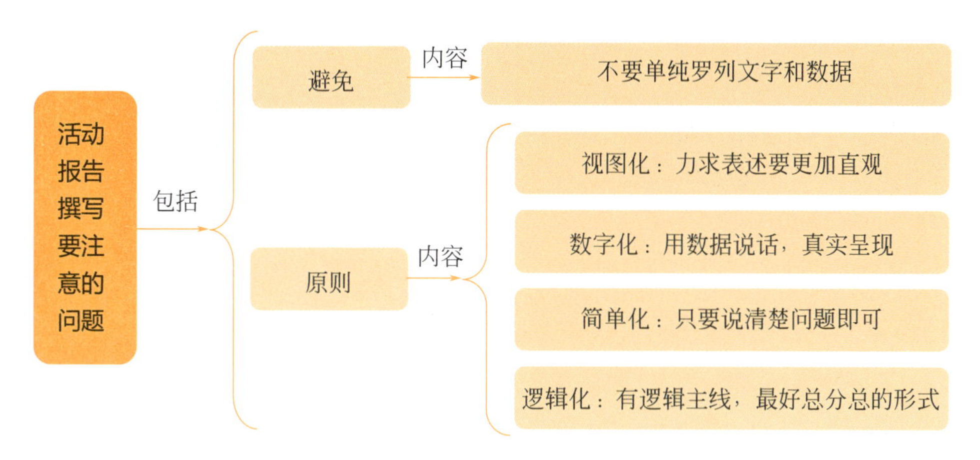

图7-15　活动报告撰写要注意的问题

7.4.4　活动总结和复盘，更新活动经验和技能

活动顺利结束后不要急着开庆功会，因为活动运营者的工作还并没有结束。活动运营是一份需要经验积累的工作，而活动结束后正是活动运营者积累策划经验、总结活动问题的大好机会。

活动总结主要有3个主要任务，即总结优点、总结不足和活动复盘。从总体要求上来说，需要的是客观、严谨的总结。所以指出不足、互相批评很重要。但也不要忽略活动运营中做得优秀的地方，这是宝贵的成功经验。

其中，总结活动中出现的不足和本可以避免的问题是活动总结工作的重点。活动运营团队中的策划方和执行方可以相互指出对方的问题，以及由于对方的问题而引发的自己这方面发生的问题。这并不是互相推卸责任，而是通过这种先暴露问题然后解决问题的方法，来增加活动运营团队的磨合度。这对今后的活动策划工作十分有帮助。

从某些意义来看，复盘的内涵大于总结。对活动进行复盘推演有助于活动运营者发现难以注意或是容易被忽略的细节问题，可以及时地更新活动运营者的活动处理经验和技能。

第8章

活动关键：16个技巧，让效果更上一层楼

学前提示

活动没有“彩排”，只有现场“直播”。无论什么类型的活动，都是自身平台形象的直接反映。如何举办一个效果极好的活动，则需要16个关键的技巧。只有掌握这些技巧，才能让活动效果更上一层楼。

要点展示

- 5大创意技巧，让活动更引人注意
- 7个开发要略，呈现满意页面和规则
- 4个问题，迎接活动策划的新挑战

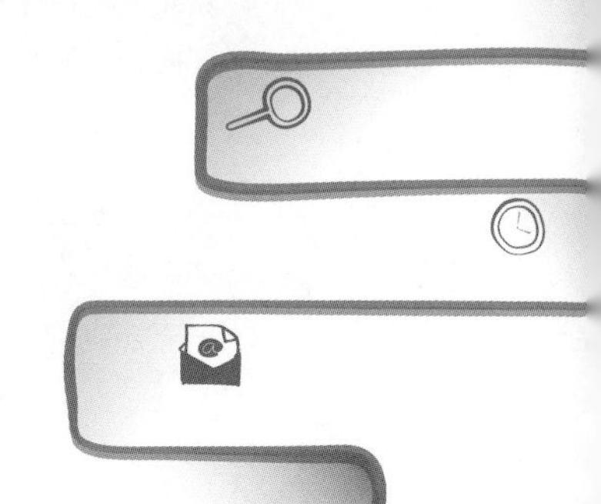

8.1 5大创意技巧，让活动更引人注意

如今，无论是在线上还是在线下，各种品牌宣传活动、促销活动等层出不穷。面对花样百出的活动，受众总是会选择那些能满足自身需要，又具有关注度和能让人感兴趣的活动。基于此，活动运营者也应该利用各种运营技巧策划创意活动，吸引用户注意。

8.1.1 简单、有趣，活动的两大必要特点

在笔者看来，任何引人关注的活动都有两个必要的特点，那就是简单和有趣。

有趣，这是活动的核心。只有有趣的活动才能吸引人。用户关注某一方面的信息，有一个重要的原因，那就是有趣。有些在运营的产品就是因为其趣味性而获取海量用户和众多关注的。

例如，“冷兔”，凭借其冷笑话内容，带给了用户不少快乐，并在微博平台获得了众多关注，其微信公众号也受到了大家的欢迎——无事时看一看，缓解一下工作一天之后紧张的心情，不失为一种享受。如图8-1所示为微信公众号“冷兔”推出的文章。

图8-1　微信公众号“冷兔”发布的文章内容

可见，有趣是吸引用户关注并获取用户的技巧。当然，对于活动来说，有趣的表现不仅表现在内容上，它还需要在其他因素的配合下才能完美表现出来。

说到这里，就不能不提及第二个必要的特点——简单。假如你是活动的参与者，看到流程复杂的活动，你还会感到有趣吗？你还有心情去参与吗？我想应该是不会的。所以，在进行活动运营时，不仅应该把活动的趣味性考虑进去，还应该想到活动步骤简单，确保活动的体验门槛要低。

只有那些规则简单，让人一眼就能明白怎样参与的活动才会吸引更多的人关注。否则，用户不懂，还需要运营者和客服一个个去告诉他们怎样操作。那么不仅对用户来说是一种不好的体验，没有耐心的人根本就不会参与，对活动举办方来说也是一笔额外的负担。

8.1.2 击中心灵触发点，更乐意关注和转发

推出触动人心的话题活动，运营者其实是基于某一触发点来说的。试想一下，假如你推出的活动能更进一层，直接击中用户心灵，那么这样的活动所带来的影响力是难以估量的。能吸引众多用户的关注，这更是运营者的一大成功。

我们平时在关注文章、视频等内容时，总是会不由自主地被其中的某一句或一段文字，或是某一刻的场景所感动。假如把这些易感动人、易击中用户心灵的内容，加入运营的活动中去，或是在运营的活动中设置能直击用户心灵的活动环节，那么用户一般是会乐意关注并转发的。

如果还不满意运营的效果，那么再加一道保险——在热点事件或热点时间节点的配合下，开展能直击用户心灵的活动，那么这一活动效果是显而易见的。

举例来说，将有关团聚的活动选在中秋节前后，更容易引起各个家庭的关注。图8-2所示为中秋节前后推出的产品优惠活动。

8.1.3 针对差不多的产品，可以直接让利

推出有创意的活动，向用户直接让利不失为一种有效的方法。特别是在互联网和移动互联网环境下，在网络平台上呈现出来的产品都差不多的情况下，推出产品让利活动，毋庸置疑，会吸引众多用户关注。如果你不相信，不妨来看一下你也可能熟知的例子。

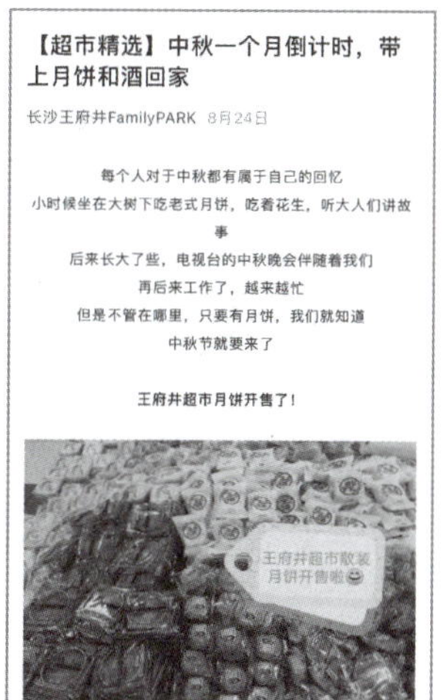

图8-2　中秋节前后推出的产品优惠活动

就拿衣食住行中的“食”来说，自从推出了网上外卖平台，如饿了么、美团外卖、百度外卖等，它们推出了不同形式的价格竞争，积极为外卖爱好者让利。满减、红包和代金券，都是外卖平台推出的让利活动的首选方式。图8-3所示为饿了么平台的直接让利活动方式。

图8-3　饿了么的直接让利活动方式

又如衣食住行中的“行”，美团打车曾经推出了非常诱人的补贴活动，特别是在雨雪刮风天气，美团打车可说成了用户乘车的首选方式。

8.1.4 安排额外惊喜，让用户不满意都难

在直接让利方式中，因为是清楚、明白的创意活动方式，因此，用户在进行消费时，一般还会考虑怎样才能获得更多的让利效果。

笔者曾经遇到过这样一种情况：一个服饰品牌，部分商品在进行一个“满200减80”的让利促销活动。一位用户看中了一款1999元的上衣，让利促销下来，一下子就省了720元，让利幅度还是很大的。然而在用户看来，还差1元钱就又能省80元，看起来不怎么划算。因此满商场凑单，然而没有合适的，因而一直在纠结，还考虑是不是不买了。

最后店家的“额外惊喜”出现了：只要用户购买了该商品，就可以额外积双倍积分，也就是3998积分，下次消费时可以直接减199元。用户一听高兴了，痛快地决定购买。此时用户想到的就是可见的199元，而不会想到因为这199元将来要消费的几百、数千元。

可见，店家的这个“额外惊喜”不仅让用户满意，还在促进销售的同时刺激用户继续购买，预留了下次销售的机会。

从这一个例子中也可看出，额外惊喜往往起着关键作用。因此，在活动运营过程中，也可适当安排一些这样的“额外惊喜”，这样的活动想不让用户满意都难。

一般的提供额外惊喜的方法是：在活动过程中为用户提供一些能让用户感到幸福的节目，如活动时间恰好是用户的生日，那么可以用送祝福和礼物的方式提升用户的幸福感。在活动结束之后，为参与的用户提供一些贴心的小礼品。这些都是可以打造创意活动、提升用户满意度、提供额外惊喜的具体技巧。

8.1.5 提供争议性话题，让气氛越炒越热

俗话说，“一千个读者就有一千个哈姆雷特”。可见，不同的人，对同一事物、话题的看法是可能存在差异的。正是这种差异性，引来众多人关注，从而让众多话题传播开来。假如把这种差异性在话题源头上就加以扩大，那么由此吸引过来关注的用户无疑是海量的。

因此，在活动运营中，假如提供一个有争议性的话题，开展一个关于话题的讨论活动，双方参与讨论，那么这一活动只会越炒越热，吸引越来越多的注意力，最终产生爆炸性的效果。这对于利用活动来引导流量的企业和商家而言，无疑是成功的。

一个关于粽子应该吃咸的还是吃甜的的争议，都可以在微博“端午节甜咸大战”的话题下，共吸引了135.8万人阅读，2738多人参与讨论。可见，争议性话题活动的开展还是很有流量市场的。

8.2 7个开发要略，呈现满意页面和规则

在活动目标和活动创意都有了的情况下，接下来就是考虑怎样对活动进行开发，才能呈现给用户更好的、更满意的活动页面，制定更完善的活动规则。本节就从7个角度来阐述一下运营过程中活动开发要注意的重点问题。

8.2.1 顺畅体验：活动指引要清晰

一个新的活动出现，总是会有不同的活动流程的，开发运营者只有清晰地把这些活动流程展现给用户，才能让用户顺畅地体验活动。而要想把活动流程清晰地展现给用户，就需要做好活动页面上的指引工作，让用户在体验活动的过程中，能轻松地按照活动页面的指示参与活动。

具体说来，要确保活动页面活动指引的清晰度，就需要在活动页面设计上下功夫，如图8-4所示。

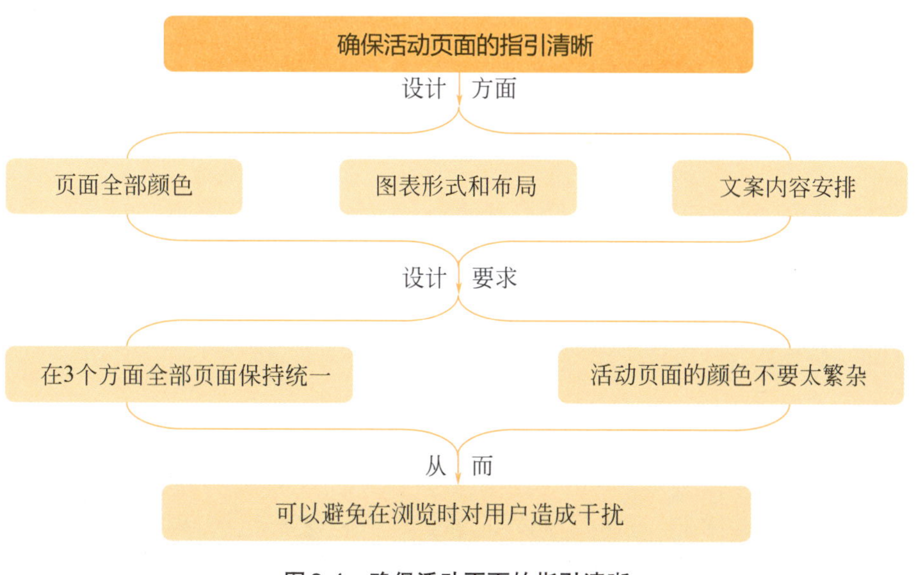

图8-4 确保活动页面的指引清晰

8.2.2 放心体验：活动环境要安全

随着互联网和移动互联网的发展，网络环境也变得越来越复杂。其中总有一些不和谐的因素存在，这就使得用户在使用网络时总是很慎重——对一些以前没进入过的网站和平台，用户总是会产生不信任感。因此，在开发活动和制定活动规则时，应该把用户对安全性的顾虑考虑进去，给他们提供一个安心的活动环境。

出于对活动开发的安全性的考虑，首先应该在参与活动需要的用户信息上进行权衡，应该把活动规则中需要的用户信息设置得尽量少一些。且尽量不要涉及一些与用户隐私、利益相关的信息，如身份证信息、人脸识别、银行卡信息等。这样才能不让用户因产生疑虑而放弃参与。

当然，上面提及的身份证信息、人脸识别、银行卡信息等方面的规则主要是针对参与活动的新用户来说的。对于那些老用户，他们已经对活动产生了一定的信任感，企业和商家如果想要获取更多的用户信息，可以用其他的方式引导他们输入更多的信息，如身份证信息、地址信息等。基于此，在设置活动规则时，应该进行级别设置，把老用户和新用户区别开来。

然而，无论是老用户还是新用户，在活动运营的过程中都应该注意确保用户的安全性，不能把用户的任何信息泄露出去。特别是获取的老用户的如身份证、地址等信息，更是要特别加以保管。

8.2.3 完整体验：活动跳转要少

一个完整的活动过程，并不是都可在一个页面上完成的，有些活动从开始到结束是需要在不同的页面中跳转的。这里的“跳转”包括两种，具体如下所述。

- 不同层级页面的跳转：当活动从开始到结束包括了两个或两个以上层级时，需要在代表不同层级的活动页面间跳转；
- 不同平台页面的跳转：当活动从开始到结束跨越了不同平台，需要在第三方平台上进行操作时，需要在不同平台页面间跳转。

然而，不管是怎样的跳转，对于活动参与者来说，还是越简单越好。因此，活动运营者在进行活动开发时，最好把活动操作汇总到其中一个或两个页面上，减少页面的跳转。只有这样，才能让用户更好地、无间断地体验活动参与过程。而对于那些需要跳转到第三方平台页面的活动的开发，更是要慎重，最好不要设置这样的跳转。即使有时出于需要不可避免出现跳转，也要在进行活动开发时减少跳转的程序。

8.2.4 低跳出率：响应速度要迅速

平时，我们在操作手机和电脑时，当遇到网络运行状态不好或因为内存原因而特别卡的情况，就会感到心烦，会抱怨或摔打键盘，甚至放弃浏览网页和文件。可见，目标文件和网页的响应速度，决定着用户的跳出率，如图8-5所示。

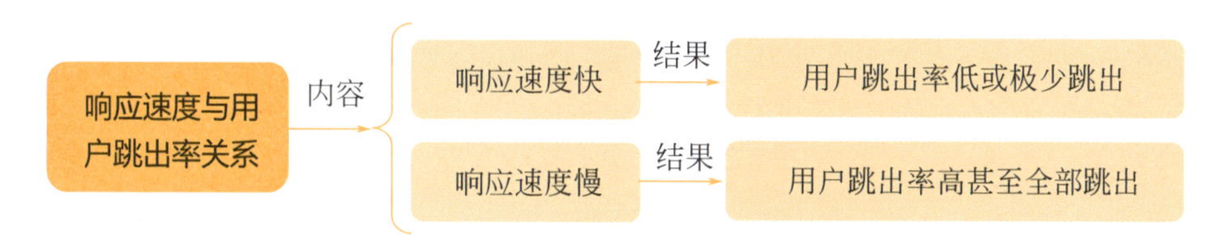

图8-5 网页响应速度与用户跳出率的关系分析

当然，用户的网速和机器内存这两个方面的问题，对于活动开发者而言，是无法解决的。因此，要降低用户跳出率，就必须要在活动页面的响应设置上下功夫。

一般说来，用户选择跳出某一网站或平台，大多数（80%）用户会在7秒左右执行操作。这一数据对活动运营者来说，究竟有着怎样的含义呢？意味着大部分人没有完整地体验活动，同时也意味着这一群人没有足够的时间浏览完网站就选择退出了。其活动运营的效果之差可想而知。因此，对于网站和平台页面的响应速度，活动开发者最好设置在7秒以内，不要让用户因为等待太久而中途停止参与活动。

8.2.5 兼容性：要全面检测浏览器

线上的活动页面也是网页，也是需要浏览器来进行浏览的。而在众多的浏览器中，它们主要是基于3种浏览器内核而开发出来的，如图8-6所示。

而基于不同内核开发的浏览器，并不是支持所有的页面内容的。换句话说，有些活动页面在不支持该活动页面的内核的浏览器中，是不能打开的。因此，在进行活动开发时，必须考虑浏览器的兼容性——是否支持活动页面。

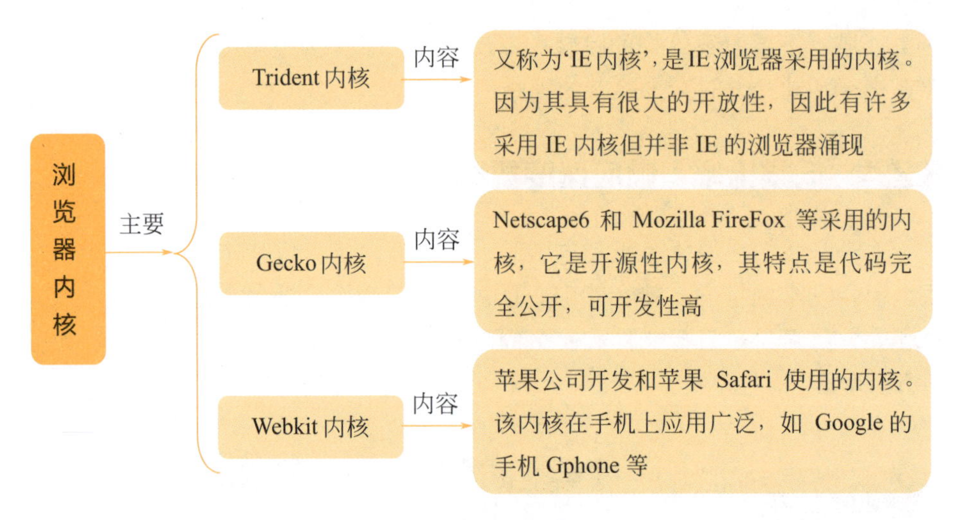

图8-6　主要的浏览器内核

而对于用户来说，他们有不同的使用习惯和爱好，因而所选择的浏览器也会有所不同。而活动开发者和运营者要考虑的是，在常见的和用户可能使用的浏览器范围内，是否都支持该活动页面。

因而需要活动开发者在活动正式上线前，对浏览器是否兼容进行检测，以免在正式上线后、用户参与活动过程中出现无法打开和兼容的情况。这样才能保证活动的顺利推出，有利于吸引更多用户参与。

8.2.6　5大设计元素，构成完整页面

一个完整的活动页面，不是由单一元素构成的，而是包括多个组成部分。具体说来，包括5个设计元素，下面一一进行讲述。

1. 主题

活动主题，是活动页面的灵魂。无主题的活动页面，设计和开发阶段做得再好，也是无任何意义的。因此，在主题设计上，必须让用户一看到活动主题就知道活动的内容是什么，才能让用户有充分的理由参与进来。

而且对于一般的活动而言，除了活动页面主题以外，还有一个特别突出的活动Banner主题。用户参与到活动中，首先看到的就是活动Banner主题，它是用户进入活动页面的入口。因此，为了给用户提供更优质的活动体验，就应该保证活动页面主题和活动Banner主题的一致性，以免用户进入活动页面后感到疑惑——“我是否点击错了”。

2. 风格

风格，也是活动页面应该注意的组成元素之一。不同风格的活动页面是有不同的适应人群的，且不同的主题也应该有不同的风格。而活动运营者和开发者要做的就是把活动主题、页面风格和目标用户有机地结合起来。

举例来说，假如你要开发的活动主题是动漫展览，那么，活动风格自然也最好选择动漫风格，而活动的目标用户自然是那些喜欢二次元的年轻人。这样，就把活动主题、页面风格和目标用户在活动页面上实现了完整的统一。

3. 排版

活动页面到达用户手上，有两种明显的排版形式：移动版和PC版。而在不同的终端上，活动页面的显示是不同的。特别是当PC版的活动页面显示在移动终端上，由于显示屏和容量的不同，活动页面的加载速度和显示效果都会产生影响，如加载速度慢，由于屏幕小而使得字体和按钮等太小、不清晰等。

因而在进行活动页面开发的过程中，就有必要考虑设计不同终端的活动页原型图，以供使用不同终端的用户浏览和参与。

4. 颜色

对用户来说，眼睛接触到的不同的颜色，其所包含的意义也是不同的，这是众所周知的。将其应用在活动页面上，也是适用的。关于活动页面的颜色，运营者应该注意两个方面的问题，即能体现出独特的风格、符合活动主题。

5. 元素

关于活动页面的元素，除了需要具备用户参与活动的必要元素外，还应该把宣传推广的活动功能考虑进去。也就是有必要把相关的能代表企业、品牌的元素加入活动页面中，如企业LOGO、品牌名称等。

8.2.7 两大测试环节，实现查漏补缺

关于活动的开发这一阶段，要想真正把活动投入运营中去，首先就应该保证活动无论是在技术上还是在功能上都是没有缺漏的，是可以正常运行的。下面就从技术和功能两大环节来进行测试，实现查漏补缺。

1. 技术测试

技术测试，其目的就在于让活动设计和开发技术方面无漏洞，这是保证

活动页面能在网站中顺畅运行的基础。关于活动页面的技术测试的过程，在开始进行和完成了第一轮技术测试之后，会出现两种情况：一种是测试后不存在问题，那么就可以投入运营了；一种是测试后存在问题，此时就应该进行修改，解决问题后再次进行测试，直至没有发现问题才能投入运营。

2. 功能测试

功能测试主要是检测活动的各项流程能否正常运营，是否能实现活动开发的预期效果。具体说来，主要涉及4个方面，如图8-7所示。

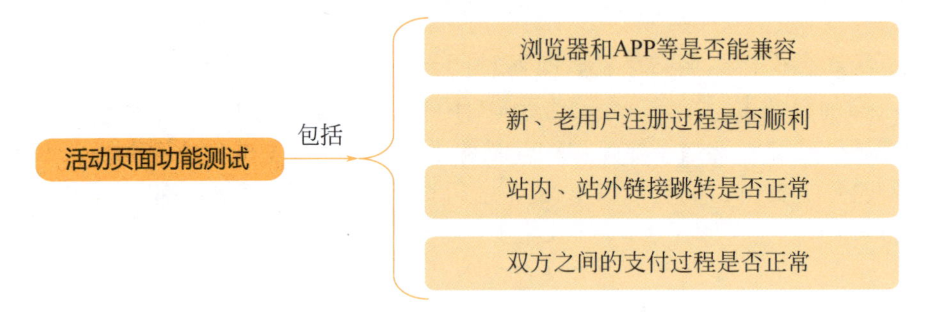

图8-7　活动页面功能测试的主要内容

功能测试环节采用了模拟测试的方法：让测试人员从用户的角度出发，去真实地参与活动，一步一步完成操作，在操作中发现问题、解决问题，最终保证用户参与活动时各项功能的正常性。

8.3　4个问题，迎接活动策划的新挑战

任何事物都有两面性。当我们在活动策划时遇上了新挑战，并战胜挑战，才能发挥活动的最佳效果。如今，活动策划者在策划线上活动时要注意以下4个问题。

8.3.1　恶意竞争：凭活动内在价值取胜

各行各业的行业内竞争都是非常激烈的，而互联网上的竞争更为激烈。因为互联网的信息流通快速，今天你的创意活动模式取得了成功，明天就会在其他活动中流行起来；今天你推出创意活动文案，明天就可能被人稍加改编就拿去宣传，甚至以此攻击你。如淘宝推出的“双十一”促销活动成功

后，互联网电商行业又出现了“618”等促销活动，如图8-8所示。

图8-8 “618”粉丝狂欢节活动

面对这个问题，活动策划者在策划线上活动时不能只追求新颖的形式和创意，还需注意活动内核的体现和结合，要增加活动竞争力。因为活动的创意和形式是易于借鉴和模仿的，但活动内在的独特价值和竞争力却是很难被动摇的。

此外，在借鉴他人的成功经验时也不能一味模仿，要将自身的独特理解和竞争力融入其中。

8.3.2 网络暴力：好的规则和客服是关键

不管是什么社会，都会有被压抑的一部分人，现代社会的年轻人面对着学业、工作、住房等诸多的压力，十分需要一个发泄窗口，去发泄生活中产生的不良情绪，这个窗口常常就是互联网。

有的人通过网络游戏缓解压力，有的人通过网络社交来调解情绪，还有人通过在网络上释放自己内心的暴力和无理来表现不满。后面一种情况通常出现在电商评价页面中和电商客服咨询中，比如“心情不好给个差评”、无故投诉客服等情况。随着这种风气的蔓延，电商活动也经常遭到网络暴力的影响。

图8-9 某电商活动规则

例如，某电商推出了一个订酒店抽免单的活动，如图8-9所示。本来旨在用易参与和易中奖的活动提高活动的参与度和店铺的美誉度，但因参与人数过多，许多下单的顾客没有获得免单名额，对活动不满，纷纷退款给差评。

面对这种情况，活动策划者应仔细考虑到活动规则的制订，将可能出现的问题和争议降到最低，这样就可以减少引发参与受众不满的导火索。

此外，还需安排好客服的接待咨询工作，让参与受众的问题能在第一时间得到妥善的解决，以提高他们对活动的满意度。

8.3.3 水军破坏：利用好权限+正确引导

"网络水军"是经常能在网上中看到的一个词，它指的是受雇于网络公关公司，在网上配合某些利益行为而制造或引导舆论导向的网络人员。网络水军通常在网络营销中发挥作用，配合营销造势，但同时在行业竞争中，网络水军也常常在暗中进行着工作，最常见的就是网络水军对线上活动进行破坏，这种情况常见于直播活动和社交媒体平台的活动。

水军对直播活动的破坏一般都是在弹幕互动环节展开的，通过无意义弹幕的刷屏、发送具有攻击性的弹幕、挑起与活动主题无关的话题等方式引导弹幕内容走向，以此来破坏活动人员与参与受众的交流，影响活动的正常进行。而对于社交媒体平台的活动，水军的破坏活动还有"爆吧""引战"等多种手段。

面对这种情况，活动方要设置好权限，对恶意破坏的水军进行及时禁言，同时正确引导受众讨论方向，阻止活动偏离主题。

此外，水军的破坏如果对活动造成了一定的不良影响，那还需做好公关工作，安抚好正常参与受众的情绪。

8.3.4 诚信危机：活动透明度高+好平台

诚信危机这一问题主要出现在线上抽奖活动或者带有抽奖环节的线上活动中，一是因为线上活动很难直观地将抽奖过程直接展示给活动参与受众，奖品的发放也无法直接让观众看到；二是线上抽奖活动也时常会有黑幕被曝光，互联网用户对抽奖的信任度本来就不高。

面对这种情况，活动策划者要尽量提高活动的透明度，最好选择具有一定公信力的线上抽奖平台，并且请中奖者发布相关信息，帮助证实奖品确实发到中奖者手中。

例如，某知名博主在微博上开展的，关注博主并转发就能抽奖的线上活动被人爆出黑幕。在开奖之后，该博主不但删除抽奖公示微博，还手动移除中奖用户，在遭受了大量质疑之后，才重新公示中奖结果。最后该博主被大量取关，可谓是"偷鸡不成反蚀把米"。

文案写作篇

第9章　写作入行：20个要点，整体把握如何写文案

第10章　标题图片：20个技巧，提升点击率和阅读量

第11章　正文写作：4大方面，减少用户跳出率

第12章　写作提升：16个问题，打造爆款要注意

第9章

写作入行：20个要点，整体把握如何写文案

学前提示

文案，顾名思义，是以文字来表现诉求或者商品。其概念最早来源于广告行业，由国外传播而来。

文案与其他传播方式相比，在我们生活中更加常见，不受技术的限制。本章将从20个要点，让读者明白如何写出一篇好的文案。

要点展示

10个入门技巧，写文案应该这么做！

10大写作误区，写文案应该要避开！

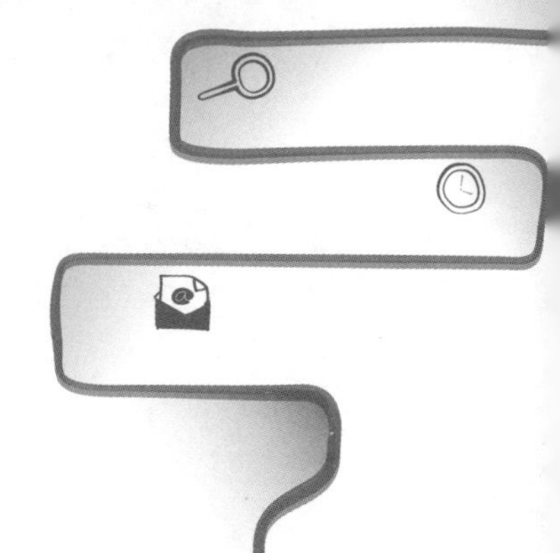

9.1 10个入门技巧，写文案应该这么做！

写一篇文案不容易，写一篇优秀的文案更是难上加难。如果有无限的才华，但没有专业的写作技巧，也是无法成功打造出优秀的文案的。在众多种类的文案之中，软文因为其不易察觉的特性受到广大文案人员的喜爱，成为写文案的主流选择。

9.1.1 抓住痛点，让文案变得有魔力

企业想要让自己的文案成功吸引读者，就需要将文案变得有魔力，而这种魔力可以在“痛点”中获取。而“痛点”是什么呢？所谓的“痛点”是指读者在正常的生活当中所碰到的问题、纠结和抱怨。如果这个事情不能得到解决，那么读者就会浑身不自在，会感到痛苦，这就是读者的“痛点”。如果文案撰写者能够将读者存在的“痛点”体现在文案中，并且给予解决方法，那么这样一篇文案，必会引起一部分读者的关注。

例如，红牛的一句“困了累了喝红牛”，堪称经典，如图9-1所示。

图9-1 红牛“痛点”文案广告

“困了累了”算是一个人们在生活中会遇到的问题，譬如，在繁忙的工作当中，有一部分人生活压力比较大，于是不畏艰辛，一心投入工作中；另一部分人，也同样地努力工作，可是怕自己太过疲惫导致工作失误，于是就选择休息，但心里又不甘心因此失去工作机会。

因此，红牛以“困了累了喝红牛”为文案广告语，以“困了累了”来点出正在困扰消费者的问题，再以“喝红牛”来解决消费者的困扰，明明白白地告诉消费者：“我能帮你解决这个问题”，从而获得了不少的认可。

总之，消费者在生活当中遇到的不好解决的麻烦，就叫“痛点”。文案撰写者需要做的就是发现消费者的“痛点”。以这个“痛点”为核心，找到解决“痛点”的方法，并且将解决方法和企业产品联系在一起，最后巧妙地融入文案的主题中，明确地传递给受众一种思想，帮助他们找到解决问题的方案。

“痛点”的挖掘是一个长期运作的过程，不可能马上完成，更不可能一步到位。它属于细节上的问题，同时也是消费者的敏感点。企业从细节上开始挖掘，再认真体会用户的需求，才能够挖掘到消费者的“痛点”，这样的文案才能触动读者的心弦。

一般来说，企业想找到消费者的痛点，需要注意如图9–2所示的两方面事项。

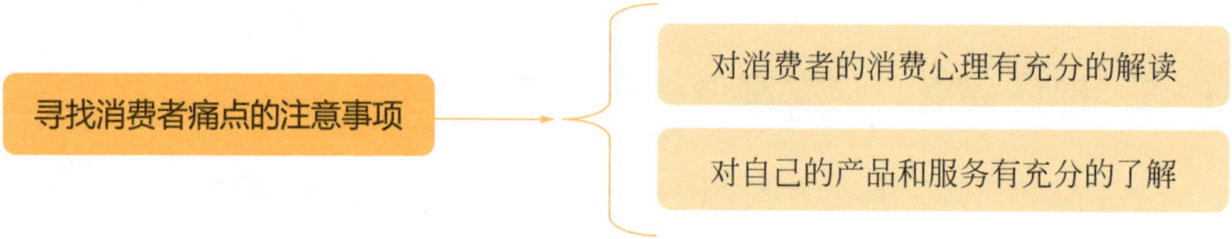

寻找消费者痛点的注意事项 → 对消费者的消费心理有充分的解读；对自己的产品和服务有充分的了解

图9-2 企业寻找消费者痛点的注意事项

专家提醒

很多人认为痛点不好挖掘，实际上，挖掘痛点就是让你进行换位思考：如果我是消费者，我会希望这款产品给我带来什么？把自己当成是要购买这款产品的人，就更容易找准受众的需求。

9.1.2 打造画面感，让读者身临其境

文案并不只是简单将文字堆砌起来就万事大吉，而是需要用质朴而有韵味的文字打造成一篇画面感强烈的文章，让读者能边读文字，边想象出一个与生活息息相关的场景，从而产生身临其境的感觉。如此一来，文案才能更好地引起读者继续阅读的兴趣。一般文案撰写者在打造文案场景时，可以从两方面出发，如图9–3所示。

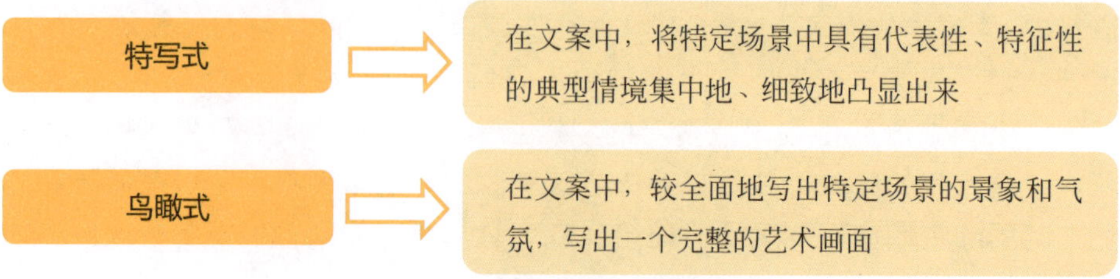

特写式 → 在文案中，将特定场景中具有代表性、特征性的典型情境集中地、细致地凸显出来

鸟瞰式 → 在文案中，较全面地写出特定场景的景象和气氛，写出一个完整的艺术画面

图9-3 文案场景的撰写方法

奢侈品牌香奈儿的广告文案可以称得上是广告界中的经典了，比如“时尚会过去，但风格永存”“想要无可取代，就必须时刻与众不同”等。

这些广告文案都很简单，但却给人留下了深刻的印象。特别是“我只穿着香奈儿五号入梦”的文案更是描绘出了使用产品的具体情境，主人公处在平常的生活环境之中，用简单的故事情节衬托出这一句场景化的文案，带给人无限遐想，从而使得品牌形象深入人心。图9-4所示为“我只穿着香奈儿五号入梦”广告文案。

图9-4 香奈儿的广告文案

9.1.3 把读者放在首位，提升认同感

文案要对读者有价值。撰写一篇优秀文案的第一步，就是寻找用户感兴趣的话题，可以搜索相关的资料进行整理，最终消除彼此之间的陌生感。让读者对文案产生认同感，从而取得读者的信任。

我们要记住一点，文案的受众是广大读者，这是文案写作的基本前提和要素。不同类型的读者对文案的需求是不一样的。那么，在创作文案的时候，到底应该怎么把读者放在第一位呢？笔者将其技巧总结为如图9-5所示的3点。

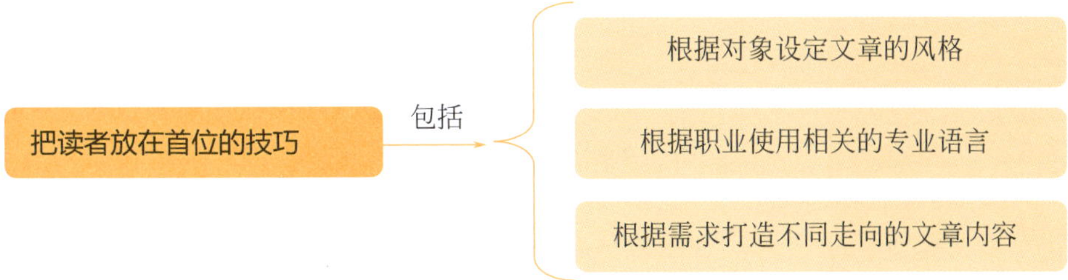

把读者放在首位的技巧 —包括→
- 根据对象设定文章的风格
- 根据职业使用相关的专业语言
- 根据需求打造不同走向的文章内容

图9-5 把读者放在首位的技巧

掌握了这些技巧，就能够拉近与读者之间的距离，从而使得读者更加信赖文案的内容，为文案创造更好的传播效应。

例如一篇标题为“瘦腰就7步这么简单！你练练就知道！”的公众号文案，标题中的“瘦腰”就是针对想要完善腰部的目标客户群体而打造的，而且“你练练就知道！”更是引起了受众的注意，如图9-6所示。

图9-6 "瘦腰就7步这么简单！你练练就知道！"的公众号文案

撰写文案的人根据受众不同来打造文案，把读者的需求放在首位，想读者之所想，急读者之所急，全方位地深入了解读者，才能彻底掌握读者的心理思想。因此无论是标题还是正文，都会突出受众想要看到的字眼，使得读者一看到标题就会点进去阅读，从而有效提升文案的浏览量。

9.1.4 巧妙设置关键词，提高曝光率

文章能做营销活动，其重点就在于其合理地植入了与产品营销相关的关键词，通过通俗易懂的文字让消费者自然而言地接受了文中的广告。可以说，没有关键词投放的文章是没有营销价值的。

很多运营者也都想到了这一点，然而有些成功了，有些翻了跟头。但是那些做得非常成功的运营平台，无一不是在掌握一定技巧的情况下，通过合理地设置关键词来获得高曝光率的。具体说来，巧妙设置关键词主要涉及3个方面的内容，具体如图9-7所示。

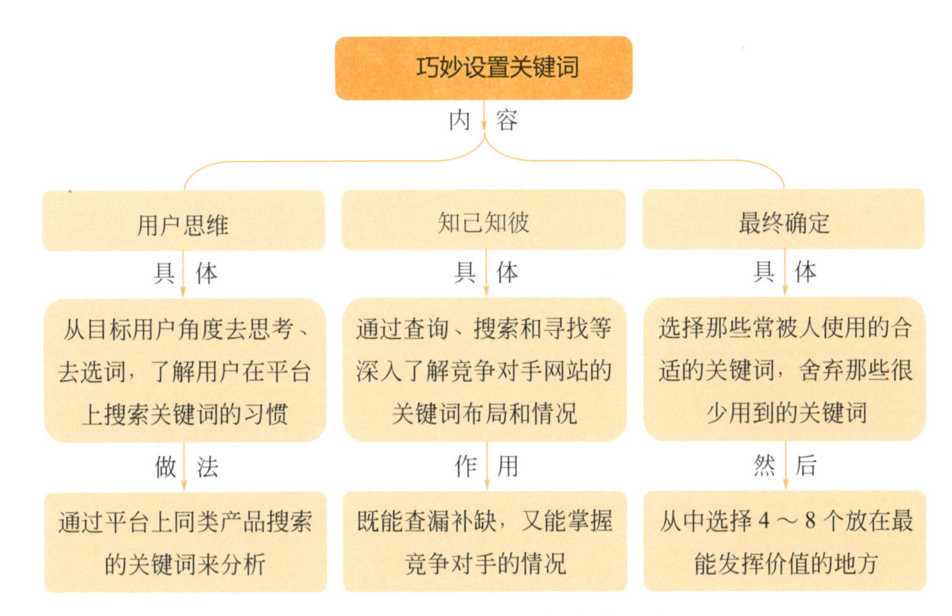

图9-7　巧妙设置关键词的3个方面介绍

9.1.5　选择合适语言风格，让体验更优质

有平台运营经验和文案编辑经验的运营者都知道，一篇成功文章的编写，有一个很重要的条件，那就是必须根据平台主体所处的行业和平台定位的订阅群体，慎重地选择适合该运营账号的文章语言风格。

语言风格是多种多样的，或严肃、或活泼、或幽默，不一而足，同样的，行业分类也很多。而在运营过程中之所以要把这两者与语言风格结合起来讲，其原因就在于从属于不同行业的平台运营，其所面对的目标用户是有着差异性的。而要想赢得那些目标用户的喜欢，就有必要选择一种适合他们的语言风格。

关于目标用户，一般可以为他们设置不同的标签，如年龄段、性别、地域、兴趣偏好等，都是在选择内容的语言风格时要注意与之匹配的。下面为大家举例介绍3种行业类型的运营账号的语言风格，如图9–8所示。

而匹配和选择合适的语言风格，可以给粉丝带来优质的阅读体验。既然语言风格对内容运营如此重要，那么除了需要与行业及其目标用户相符合外，还应该注意一个问题，那就是任何内容，只有当读者真正读懂了并与自身某一属性相符的情况下才会受到读者喜欢。

因此，在进行内容运营时，要尽量让文章内容接地气、说人话，编辑让用户看得懂的内容。否则，就只能让用户产生阅读的疲惫感，自然也就没有继续阅读和分享的欲望了。

图 9-8　举例分析不同行业类型的运营账号的语言风格

另外，如今的社会，互联网已经成为绝大多数人熟悉的区域，网络环境下网络语言的运用更容易让人感觉亲切和熟悉。因此，内容运营者不仅要熟悉网络语言，而且要懂得网络语言的用法，并充分运用到自己的内容运营中去。

9.1.6　紧跟时事热点，提升爆文的成功率

所谓“时事热点”，即可以引起众人重点关注的中心事件或信息等。紧跟热点的文案可以增加点击量。

值得注意的是，大部分人都对热门的事物感兴趣，因此热点一般都会吸引大多数人的眼球。无论什么内容，都可以往热点上面靠一靠，这样一来，打造爆款文案的成功率更高。

由于新媒体平台具有即时性的特点，因而使得时事要点的传播有了可能，特别是微信，它作为社交平台，有着广泛传播的途径。因此在微信这一

运营平台上，打造紧抓时事要点的文案，利用微信公众号和朋友圈等平台进行传播，有利于文案的传播和拓展。

结合热点的文案能够产生较强的传播力，那么，打造文案时要如何牢牢抓住热点呢？文案又怎样与热点紧密结合呢？这些都是有技巧可以使用的，笔者将该技巧总结为如图9-9所示的三点。

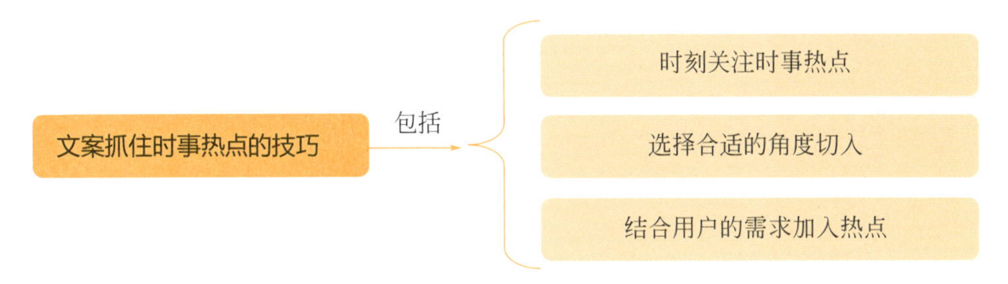

图9-9 文案抓住时事热点的技巧

在新媒体平台上，不同行业的运营者每天都会推送内容，为了尽可能吸引人们的眼球，创作者们都会苦思冥想，仔细斟酌。而紧跟热点就是他们常用的方法之一。图9-10所示为“LIZZY”微信公众号推送的一篇题为《重阳节，陪伴是最好的尽孝》的文章。此文紧跟重阳的热点，说中了不少人的心声。

图9-10 “LIZZY”微信公众号推送的一篇文章

9.1.7 福利信息传达要直白，美感居其次

产品文案，其实质就是用于推送企业产品或品牌信息的文案。其中对产品福利活动的信息推送更是实现这一目的的好方法。

对于运营者和企业而言，尽可能便捷地把意思清楚地传达给读者，才能形成预期的推送效果。因此，在推送产品福利信息时，应直白地说出来。那种为了追求所谓美感而写成了娱乐性或文艺性的文章的做法，是完全不可取的。

也就是说，在企业产品或品牌推出了相关的福利活动时，应该在文案开篇就详细、直白地陈述出来。当然，这种福利信息的编写也不能泛泛而谈，而是应该要注意要点，如图9–11所示。

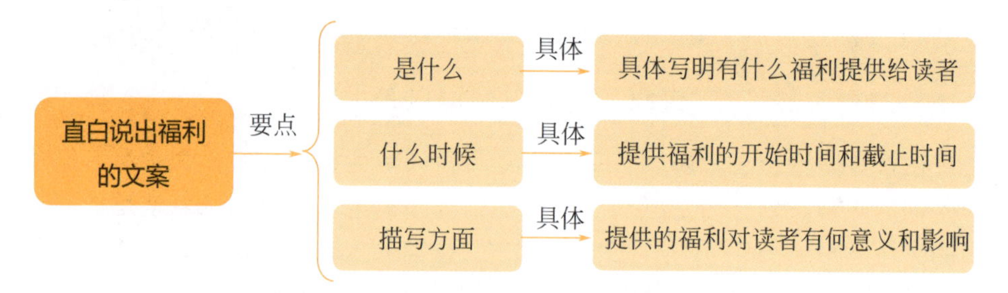

图9-11 直白说出福利的文案内容要点

读者一看到如图9–11所示的，直白说出福利的文案内容，就会不由自主地点击查看和阅读下去，从而不知不觉中成为平台的粉丝。

9.1.8 引用权威数据，容易让人心中信服

把数据引用到文章正文中，其作用是不容小觑的。特别是在那些需要展示成果的文章中，假如单纯用文字，即使说得天花乱坠，如无确信的佐证，也无法使人信服，且容易让人产生厌烦心理。此时，如果引用一些经过了验证的、具有权威性的数据，用数据说话，就会让人眼前一亮，心中信服。

可见，在推广的内容中，利用数据来进行说明能很好地解决“文章内容没效果”这个梗。且能用数据说清楚的就用数据，这样才能在增加内容说服力的同时也能让用户对内容有一个更直观的体验。

就拿一个加厚的笔记本来说，在商品描述内容中，利用数字来说明商品属性的写法可分为三种。

图9–12为一般的写法，通常用具体的高度数值和长度数值来表达。但要注意的是，不同的材质是有区别的，这样也会使得包的厚度是有区别的。

且在没有具体的物品作对比的情况下，21cm、30.5cm到底有多厚，有时读者是没有概念的。更不要说2cm的厚度，是不能让人立刻明白到底实际大小是多少。

图9-12 一般写法

图9-13采用类比的方式，用人们常见的事物来描述，从而让读者在脑海中形成一个具体大小的概念，这不失为一种好的方法。它虽然没有具体的数字，但由于生活的积累而对事物产生的一种计量认知何尝不是数字的另一种表示呢?

图9-14是表现了大小又体现了价值的方法。对用户来说，包只有使用了才是价值的真正体现。那么描述中的产品又能对读者有着怎样的价值呢，值不值得购买呢? 基于这一点，在用数据来表示的时候可以采用图9-14中的说法，让人一眼就能明白它的确足够大，并且立刻清楚能有什么价值。

图9-13 类比写法

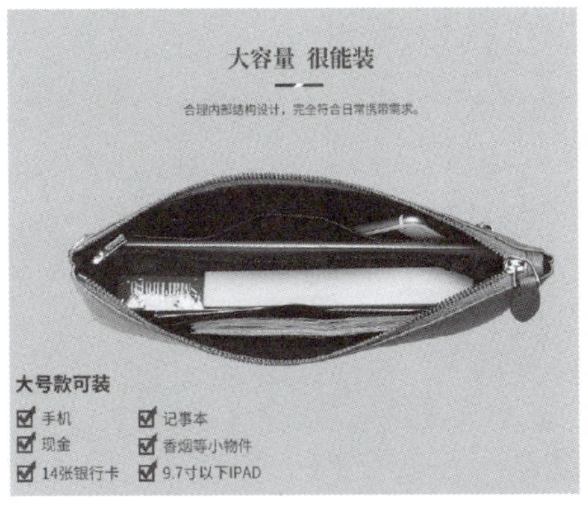

图9-14 表现了大小又体现了价值的方法

其实，在用数据说话的内容描述中，可采用的方法是很多的，不仅可采用上面提及的写法，还可以在描述中把上面3种写法综合起来。如描述苹果iPod的“把1000首歌装进你的口袋”说法，就是一种既有明确的、具体的数值，又有类比，同时还明确地表明了它的价值，让人能很快就明白，表达形象，通俗易懂。

可见，在数据应用上，不能拘泥于某一种形式和写法，只要记住一个要点就行了，那就是文案描述中体现的数据信息能让用户理解、有实际价值，就是成功的。

9.1.9 引用实例，让文案更容易打动读者

可以说，各平台用于宣传的文章是带有浓厚的“广告”成分的文字形式。因此，它需要具备一定的说服力，才能打动读者。而除了数字外，举例也是一种不错的提升说服力的方法。

比如，在进行了一定的描述后，然后紧扣上文用文字或图片来佐证上文的描述，这是一种常规的用举例来提升说服力的方法，具体表达方法如图9–15所示。

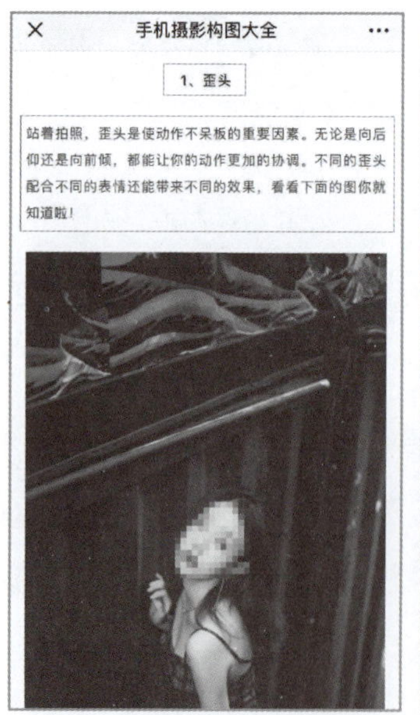

图9-15　利用举例提升说服力的内容表达法

有时为了进一步阐述和让读者详细了解，还会在举例之后进行说明，以便让读者理解前文的描述和其与案例的契合度。

又如，运营者有时会在文章开头就通过实例来引入主题，让读者带着案例阅读，随着描述一步步深入，读者对产品和服务的信任也处在一步步加深的过程中。图9–16所示为公众号“餐饮老板内参”推送的利用举例来说明澜记加盟的文章。

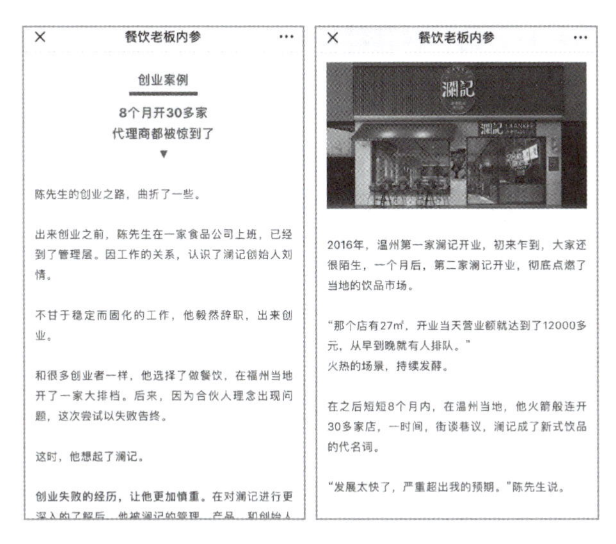
餐饮老板内参

创业案例

8个月开30多家
代理商都被惊到了

陈先生的创业之路，曲折了一些。

出来创业之前，陈先生在一家食品公司上班，已经到了管理层。因工作的关系，认识了澜记创始人刘情。

不甘于稳定而固化的工作，他毅然辞职，出来创业。

和很多创业者一样，他选择了做餐饮，在福州当地开了一家大排档。后来，因为合伙人理念出现问题，这次尝试以失败告终。

这时，他想起了澜记。

创业失败的经历，让他更加慎重。在对澜记进行更

餐饮老板内参

2016年，温州第一家澜记开业，初来乍到，大家还很陌生，一个月后，第二家澜记开业，彻底点燃了当地的饮品市场。

“那个店有27㎡，开业当天营业额就达到了12000多元，从早到晚就有人排队。”
火热的场景，持续发酵。

在之后短短8个月内，在温州当地，他火箭般连开30多家店，一时间，街谈巷议，澜记成了新式饮品的代名词。

“发展太快了，严重超出我的预期。”陈先生说。

图9-16　公众号“餐饮老板内参”的文章

9.1.10　加入情感因素，引导走进读者内心

白居易在《与元九书》中说道：“动人心者莫先乎情”，可见如果想要打动人心，就需要有“情”。情感是人人都有的，而情感的共鸣则是吸引读者眼球的绝佳方式。用心感受世间的情感，在文案之中加入情感的因素，才能达到走进读者内心的目的，提升文案的阅读量。

以一些采用攻心动情法的广告文案为例。图9–17所示为5例以“情”为主打的房地产广告语。

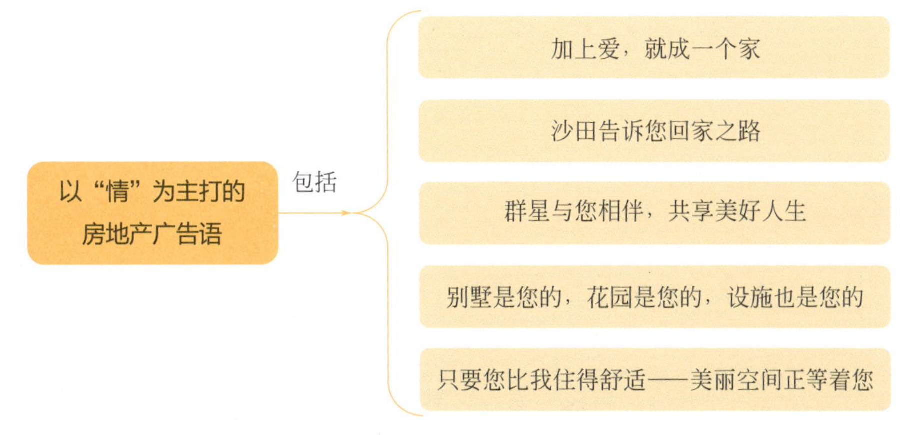

图9-17　以“情”为主打的房地产广告语

这几则房地产广告语，在情感氛围的营造上是比较成功的，一是从受众的角度出发，为他们着想；二是切入的角度都是比较贴近人心的，如“家”“人生”以及“爱”等，这些都造成了一种无法抵抗的诱惑力，使得受众情不自禁被文案感染，进而产生购买的欲望。

很多人觉得打动人心的文字才是好文字，而情感的共鸣正是吸引读者注意力的绝佳方法，同时也能够有效地带动读者的情绪。那么，究竟要如何通过文案来唤起读者的情感记忆，从而引起普遍的情感共鸣呢？如图9-18所示，笔者总结了4个打造动人文案的方法，以供大家参考借鉴。

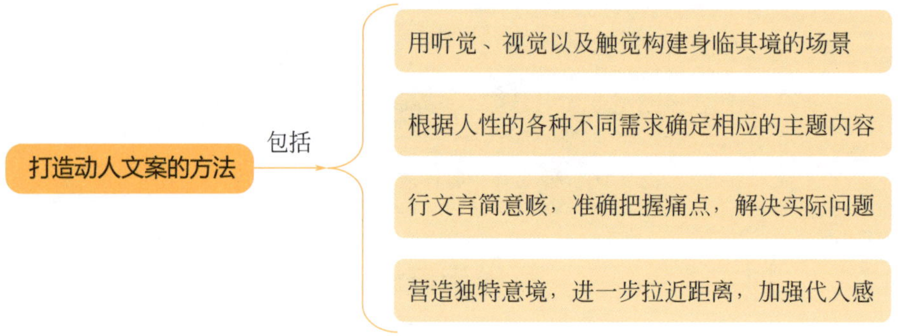

打造动人文案的方法 —包括→
- 用听觉、视觉以及触觉构建身临其境的场景
- 根据人性的各种不同需求确定相应的主题内容
- 行文言简意赅，准确把握痛点，解决实际问题
- 营造独特意境，进一步拉近距离，加强代入感

图9-18 打造动人文案的方法

9.2 10大写作误区，写文案应该要避开！

文案不仅可以提升品牌的知名度、美誉度，同时发在门户站点的文案更能增加网站外链，提升网站权重。然而，想要撰写出一篇好的文案并非易事，它对写作者的专业知识和文笔功夫有着很高的要求。

不少新媒体运营人员和文案编辑人员在创作文案时，往往因为没有把握住文案编写的重点事项而以失败告终。下面笔者就盘点一下文案编写过程中需要注意的10大事项。

9.2.1 误区1：没做好全盘策划

文案营销的确需要发布文案，文案发布就是把文案发到一些网络新闻媒体上，比如有资金支持的可以发布到新浪、163、QQ等门户网站；也可以发布到一些地方门户网站；A5、chinaz等站长网站；SNS社区网站。当然最简单的是发布到相关论坛。

文案发布只要有媒体资源就可以做到，但新媒体平台运营上的文案推送远远不止这些。

如果把平台文案运营比作一顿丰盛的午餐，那么，文案的干货内容就是基本的食材，文案的编写是食材的相互组合和制作，文案的发布就是餐盘的呈现顺序和摆放位置，这些都是需要有一个全盘的策划的，平台文案营销也是如此。

新媒体平台文案营销需要有一个完整的整体策划，需要根据企业的行业背景和产品特点策划文案营销方案，根据企业的市场背景做媒体发布方案，文案创意人员策划文案文案等，而不仅仅是文案的发布这一个动作。

文案的策划一般分为四步，首先编写优质文案，其次准备发布渠道，然后进行系列组合，最终达到推广效果。

9.2.2 误区2：偏离中心和主题

有的文案人员在创作文案时，喜欢兜圈子，可以用一句话表达的意思非要反复强调，不但降低文章的可读性，还可能会令读者嗤之以鼻。尽管文案是广告的一种，但是它追求的是“润物细无声”，在无形中将所推广的信息传达给目标客户，过度地说空话、绕圈子，会有吹嘘之嫌。

此外，文案的目的是推广，因而每篇文案都应当有明确的主题和内容焦点，并围绕该主题和焦点进行文字创作。然而，有的站长在创作文案时偏离主题和中心，乱侃一通，导致读者一头雾水，营销力也就大打折扣。

9.2.3 误区3：文案求量不求质

文案相对其他营销方式成本较低，成功的文案也有一定的持久性，一般文案成功发布后就会始终存在，除非发布的那个网站倒闭了。当然始终有效，并不是马上见效，于是很多客户一天就发几十篇新闻稿文案到门户网站。

事实上，文案营销并不需要每天发很多很多，更重要的是质量，一篇高质量的文案胜过十几篇质量一般的文章。

针对“求量不求质”的平台运营操作误区，企业应该怎样避免呢？办法有两个，具体如下。

- 加强学习，了解文案营销的流程，掌握文案撰写的基本技巧；
- 聘请专业的文案营销团队，因为他们不像广告公司和公关公司那样业务范围比较广，他们专注于文案撰写，文案质量很高。

此外，对一些低质量文案站点也要取缔，而常用的评判该类站点文案质量高低的工具是“百度绿萝算法”。

百度绿萝算法是一种搜索引擎反作弊的算法。该算法主要打击超链中介、出卖链接、购买链接等超链作弊行为。该算法的推出有效制止了恶意交换链接、发布外链的行为，有效净化互联网生态圈。

9.2.4 误区4：用文章忽悠获利

可能有些人认为，写文案就是利用文字的力量来忽悠、引导客户一步步走进企业品牌或产品设置的陷阱中。其实，这是一种错误的平台运营和企业营销的定义。编写和在平台上发布文案的目的注重的并不是短期忽悠得来的营销利益，而是建立在企业品牌形象上的长期营销和发展利益，如图9–19所示。

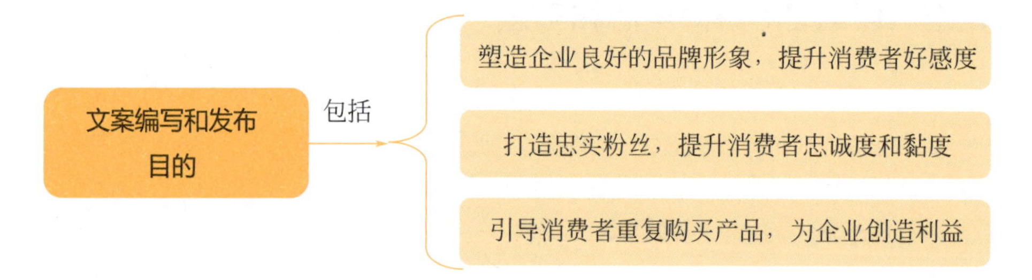

图9-19 企业运营平台编写和发布文案的目的分析

因此，企业在编写和发布文案时，应该从3个方面着手，为实现文案编写和发布目的而努力，如图9–20所示。

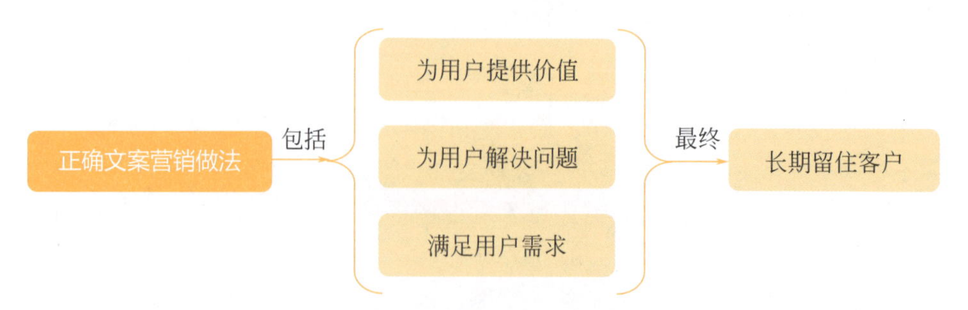

图9-20 企业运营平台正确的文案营销做法介绍

其中，文案的内容是决定成败的关键一环，好的文案要求具有实用性和针对性。因此，发布文案图文时，一定要深思熟虑，要学会筛选有用的、有价值的信息进行发布，要对目标消费者进行分析，知道大家的喜好，有针对性地进行营销与推广，少发心灵鸡汤，多发实用的经验和干货内容。

9.2.5 误区5：写文案脱离实际

文案，是关于企业产品和品牌的文章，这些产品和品牌是处于具体市场环境中的产品，其所针对的目标也是处于市场环境的具有个性特色的消费者。因此，不了解具体的产品、市场和消费者情况是行不通的，其结果必然是失败的。因此，在编写和发布文案时，必须进行市场调研，了解产品情况，才能写出切合实际、能获得消费者认可的文案。

在文案编写过程中，关于产品的了解应该掌握的具体事项，如图9-21所示。

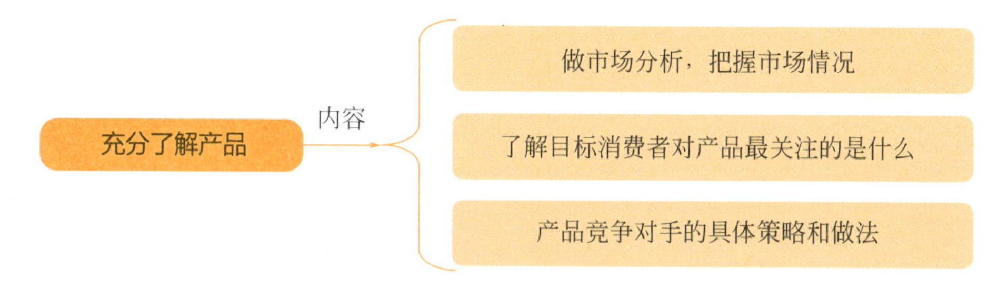

图9-21　充分了解产品的具体内容介绍

而从消费者方面来说，应该迎合消费者的各种需求，关注消费者感受。营销定位大师特劳特曾说过："消费者的心是营销的终极战场。"那么文案也要研究消费者的心智需求，也要从这里出发，具体内容如下。

（1）安全感。人是趋利避害的，内心的安全感是最基本的心理需求，把产品的功用和安全感结合起来，是说服客户的有效方式。

比如，新型电饭煲的平台销售文案说，这种电饭煲在电压不正常的情况下能够自动断电，能有效防范用电安全问题。这一要点的提出，对于关心电器安全的家庭主妇来说一定是个攻心点。

（2）价值感。得到别人的认可是一种自我价值实现的满足感。将产品与实现个人的价值感结合起来可以打动客户。脑白金打动消费者的原因恰恰是满足了他们孝敬父母的价值感。

例如，销售豆浆机的文案可以这样描述："当孩子们吃早餐的时候，他们多么渴望不再去街头买豆浆，而喝上刚刚榨出来的纯正豆浆啊！当妈妈将热气腾腾的豆浆端上来的时候，看着手舞足蹈的孩子，哪个妈妈会不开心呢？”一种做妈妈的价值感油然而生，会激发为人父母的消费者的购买意念。

（3）支配感。“我的地盘我做主”，每个人都希望表现出自己的支配权利来。支配感不仅是对自己生活的一种掌控，也是源于对生活的自信，更是文案要考虑的出发点。

（4）归属感。归属感实际就是标签，你是哪类人，无论是成功人士、时尚青年，还是小资派、非主流，每个标签下的人要有一定特色的生活方式，他们使用的商品、他们的消费都表现出一定的亚文化特征。

比如，对追求时尚的青年，销售汽车的文案可以写：“这款车时尚、动感，改装也方便，是玩车一族的首选。”对于成功人士或追求成功的人士可以写：“这款车稳重、大方，开出去见客户、谈事情比较得体，也有面子。”

9.2.6 误区6：通篇无一个亮点

文案写作只需要有一个亮点即可，这样的文章才不会显得杂乱无章，能扣住核心。

如今，很多的文案在传达某一信息时，通篇就像记“流水账”一般，毫无亮点。这样的文章其实根本就没有阅读价值，并且这样的文章字符较多，往往导致可看性大大降低，让读者不知所云。不管是怎样的文案，都需要选取一个细小的点来展开文章脉络，总归需要一个亮点，才能将文字有主题地聚合起来，形成一篇阅读价值强的文案。

9.2.7 误区7：将布局看得很轻

文案撰写者千万不要毫无章法地撰写文案，将文案布局看得非常轻，这样的做法是不行的。一般来说普通文案的结构分为3个层次，如图9-22所示。

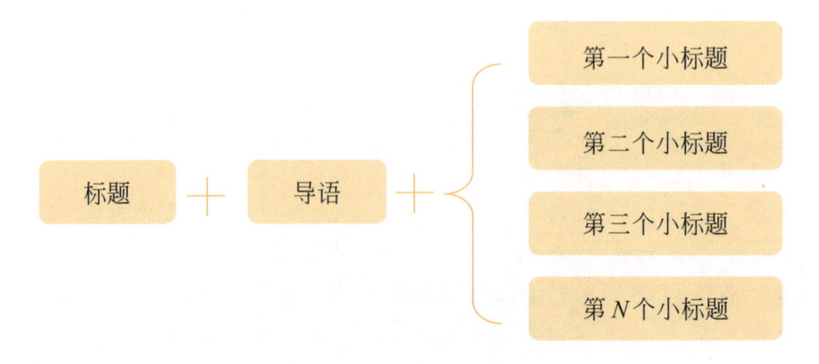

图9-22 普通文案的结构

如果文案撰写者需要撰写新闻文案的话，就分为了6个层次，依次为标题、导语、第一新闻事实、背景补充、第二新闻事实、事件后续事实。

9.2.8　误区8：文案书写错误多

众所周知，报纸杂志在出版之前，都要经过严格审核，保证文章的正确性和逻辑性，尤其是涉及重大事件或国家领导人，一旦出错就需要追回重印，损失巨大。

文案常见的书写错误包括文字、数字、标点符号以及逻辑错误等方面，文案撰写者必须严格校对，防止校对风险的出现。

（1）文字错误。文案中常见的文字错误为错别字，例如一些名称错误，包括企业名称、人名、商品名称、商标名称等。对于文案尤其是营销文案来说，错别字可能会影响文案的质量，这种错误在报纸中显得尤为重要。

例如报纸的定价，有些报刊错印成了“订价”，还错误地解释为“订阅价”不是报纸完成征订后的实际定价，好像发布广告时是一个价，到订报纸时是另一个价，这必定是不符合实际的。

（2）数字错误。参考国家《关于出版物上数字用法的试行规定》《国家标准出版物上数字用法的规定》及国家汉语使用数字有关要求，数字使用有三种情况：一是必须使用汉字，二是必须使用阿拉伯数字，三是汉字和阿拉伯数字都可用，但要遵守“保持局部体例上的一致”这一原则，在报刊等文章校对检查中错得最多的就是第三种情况。

例如“1年半”，应为“一年半”，“半”也是数词，“一”不能改为“1”；再如，夏历月日误用阿拉伯数字：“8月15中秋节”应改为“八月十五中秋节”，“大年30”应为“大年三十”，“丁丑年6月1日”应改为“丁丑年六月一日”。还有世纪和年代误用汉字数字。如“十八世纪末”“二十一世纪初”，应写为“18世纪末”“21世纪初”。

此外，较为常见的还有数字丢失，如“中国人民银行2006年第一季度货币供应量2.5亿元”。我们知道，一个大型企业每年的信贷量都在几十亿元以上，何况整个国家的货币供应量才“2.5”亿元？所以，根据推测应该是丢失了“万”字，应为“2.5万亿元”。

（3）标点错误。无论是哪种文章中，标点符号错误都是应该要尽力避免的，在文案创作中，常见的标点错误包括以下几种。

一是引号用法错误。这是标点符号使用中错得最多的。不少报刊对单位、机关、组织的名称，产品名称、牌号名称都用了引号。其实，只要不发生歧义，名称一般都不用引号。

二是书名号用法错误。证件名称、会议名称（包括展览会）不用书名号。但有的报刊把所有的证件名称，不论名称长短，都用了书名号，这是不合规范的。

三是分号和问号用法常见错误。这也是标点符号使用中错得比较多的。主要是简单句之间用了分号；不是并列分句，不是“非并列关系的多重复句第一层的前后两部分”，不是分行列举的各项之间，都使用了分号，这是错误的。

还有的两个半句，合在一起构成一个完整的句子，但中间也用了分号。有的句子已很完整，与下面的句子并无并列关系，该用句号，却用成了分号，这也是不对的。

（4）逻辑错误。所谓逻辑错误是指文案的主题不明确，全文逻辑关系不清晰，存在语意与观点相互矛盾的情况。

9.2.9 误区9：排版错乱阅读难

如果在文案内容的布局和书写上没有大问题出现，但是内容呈现出来却是错乱的，此种情况下，是无法阅读的，且极其容易影响读者的阅读兴趣。

况且，在手机界面上，由于其屏幕相对于PC端来说明显小得多，本来阅读就比较困难，如果还出现了排版错乱的问题，就阅读效果而言就更糟了。

因此，在撰写文案时，还需要读者的视觉效果，一个比较舒适的视觉环境，能让读者多一丝的耐心，停留在一篇文章上。

因此，最好每个自然段，不超过150个字，一般以三行一段，两至三个句号，来给读者阅读喘息的机会。

当然并不是每一篇文章都是这样，撰写文案并不具有固定的写作手法，每篇文案都有自己独特的写作技巧，而这些技巧要看文案撰写者有没有抓住，若是没有把握，则可以按照“三行成一段”的做法进行。

另外，在手机界面发布的文案，尤其应该注意文字之间的间距，具体如下。

- 字符与字符之间应该留出更多的空白位置；
- 行与行之间应该加大相隔间距；
- 段落与段落之间（三至四行文字之后）应该留出一定的间隔。

9.2.10 误区10：发文随意无规律

对于文案营销推广，有的客户一天发好多篇，天天在发；但也有的客户一年发一次、两次。笔者了解到，许多推广者觉得文案可以做些口碑，但是很少直接通过文案带来客户，因此只是在工作之余才发几篇文章。

其实，文案营销是一个长期过程，别想着只发一篇文案就能带来多少的流量，带来许多的效益，也不是“三天打鱼，两天晒网”，不是今天发十篇，下个月想起来了再发几篇，毫无规律。

文案营销，从其实质上来说，并不是直接促成成交的推广，但长期有规律的文案发布可以提升企业品牌形象，提高潜在客户的成交率。潜在用户一般通过广告认识企业，但最终让他们决定购买的往往是长期的文案催化，当用户长期见到这个品牌文案，就会不知不觉地记住它，潜意识里会形成好印象，最后当用户需要相关产品时，就会购买了。

因此，在新媒体平台运营中，文案的编写和发布是必须长期坚持的，“坚持就是胜利”对文案营销而言，并不只是说说而已，它要求去具体实施，并在这一过程中获取胜利。对于坚持而言，它有两个方面值得运营者下大功夫去注意。

（1）方向的正确性。只有保证在坚持的过程中方向的正确性，才不会有与目标南辕北辙的情况出现，才能尽快实现营销目标。在微信朋友圈营销中，方向的正确性具体可表现在市场大势的判断和营销技巧、方式的正确选择上。

（2）心态与行动的持续性。在营销过程中，必须在心态上保持不懈怠、行动上继续走下去才能更好地获得成功。在微信朋友圈营销也是如此，需要企业或商家长久、坚持不懈地经营才能有所斩获，具体内容如图9-23所示。

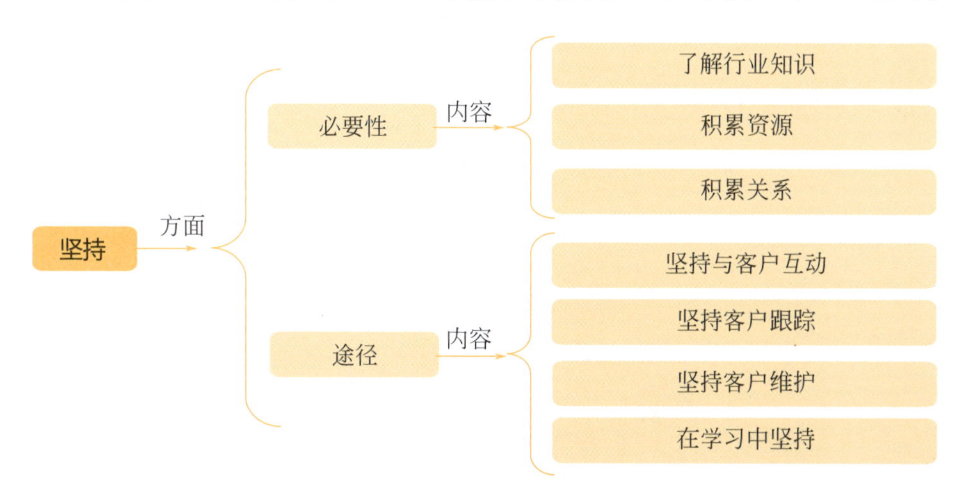

图9-23　心态与行动上的坚持分析

第10章

标题图片：20个技巧，提升点击率和阅读量

学前提示

如果将标题、图片定义为一篇文章的门面，相信大家都是认可的。标题在很大程度上决定了文章的打开率、图片代表了文章的颜值，两者都不容运营者忽视。通过标题、图片来获取阅读的点赞率，吸引用户的眼球，是不可忽视的重要技巧。

要点展示

- 5大标题要点，第一时间抓住用户眼球
- 8类标题设置，让读者不觉间想一探究竟
- 7个图片要素，提升阅读体验的颜值担当

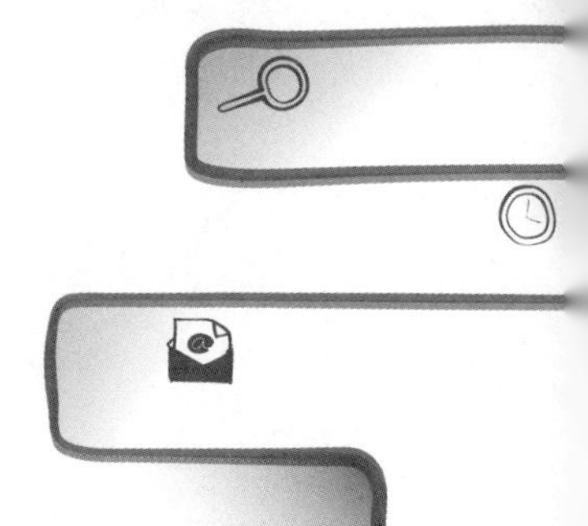

10.1　5大标题要点，第一时间抓住用户眼球

文章标题的价值在于：让读者在阅读正文前，就已经对内容产生了阅读的兴趣。因此能够在第一时间抓住读者眼球的标题，创造优质的文章标题才是运营者们真正需要做到的。那么，优秀的文章标题有哪些要求呢？

10.1.1　要体现文案内容的主题

标题是一篇文案的“窗户”，读者要是能从这一扇窗户之中看到文章内容的一个大致提炼，就说明这一文案标题是合格的。换句话说，就是文案标题要体现出文案内容的主题。

如果读者受到某一文案标题的吸引，但让人失望的是，进入文章内容之后却发现标题和内容主题联系得不紧密，或是完全没有联系，那么无论是对有直接关系的读者的信任度，还是对有间接影响的文章的阅读量，都是不利的。

这也就要求作者在撰写标题时，一定要注意所写的标题与文章内容的主题，是紧密关联的，而不能“挂羊头卖狗肉”。图10-1所示为与主题紧密联系的标题案例。

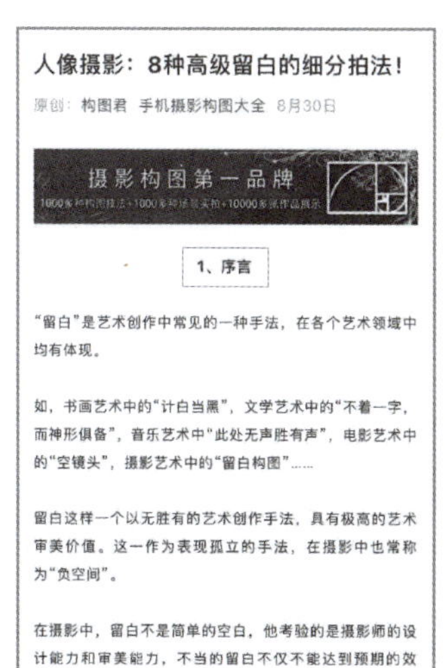
人像摄影：8种高级留白的细分拍法！

原创：构图君　手机摄影构图大全　8月30日

摄影构图第一品牌

1、序言

“留白”是艺术创作中常见的一种手法，在各个艺术领域中均有体现。

如，书画艺术中的“计白当黑”，文学艺术中的“不着一字，而神形俱备”，音乐艺术中“此处无声胜有声”，电影艺术中的“空镜头”，摄影艺术中的“留白构图”……

留白这样一个以无胜有的艺术创作手法，具有极高的艺术审美价值。这一作为表现孤立的手法，在摄影中也常称为“负空间”。

在摄影中，留白不是简单的空白，他考验的是摄影师的设计能力和审美能力，不当的留白不仅不能达到预期的效果，更有可能会造成一张照片在视觉上的失衡。

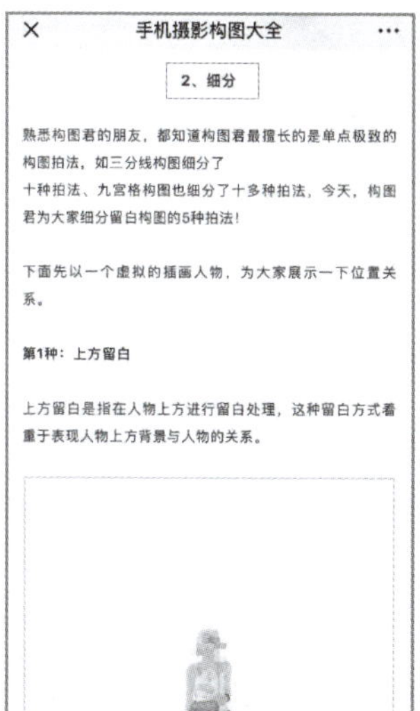
手机摄影构图大全

2、细分

熟悉构图君的朋友，都知道构图君最擅长的是单点极致的构图拍法，如三分线构图细分了
十种拍法、九宫格构图也细分了十多种拍法，今天，构图君为大家细分留白构图的5种拍法！

下面先以一个虚拟的插画人物，为大家展示一下位置关系。

第1种：上方留白

上方留白是指在人物上方进行留白处理，这种留白方式着重于表现人物上方背景与人物的关系。

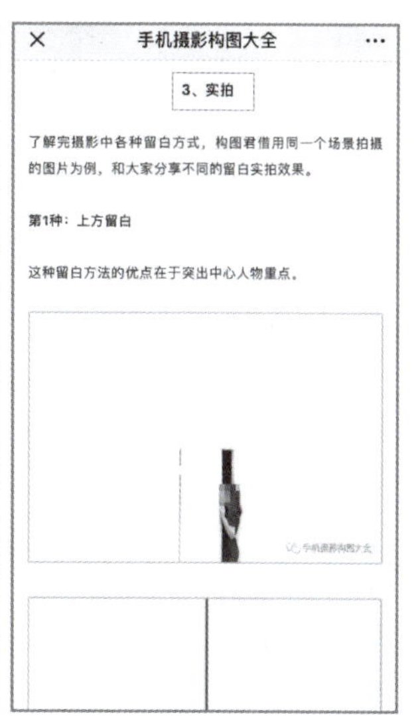
手机摄影构图大全

3、实拍

了解完摄影中各种留白方式，构图君借用同一个场景拍摄的图片为例，和大家分享不同的留白实拍效果。

第1种：上方留白

这种留白方法的优点在于突出中心人物重点。

图10-1　标题与主题紧密联系

由图10–1可知，标题中的“人像摄影”“留白”“细分拍法”都是关键字眼，很明白地说明了文章的主题。而正文的解说又恰好证明了这一点，都是关于“人像摄影，8种高级留白的细分拍法”的有关内容。从理论到实拍，循序渐进地说明相关技巧，相信能帮助一部分摄影爱好者提升技能，也能让那些因为受标题吸引而关注文章的摄友不会因为内容而失望。

10.1.2 要具体体现产品实用性

我们做运营的，写文章的最主要目的就是告诉读者：只要阅读了我们的文章，他们就能获得哪些方面的实用性知识，或是能得到哪些具有价值的启示，也即文章的实用性。而为了提升文章的点击阅读量，我们在进行标题设置时应该要具体说明内容的实用性，以期最大限度地吸引读者的眼球。

如图10–2所示为一个名为“教材全解”的微信公众号推送的两篇文章。读者可清楚地从标题上得知，它们分别介绍初中英语基础句型和高中数学教材重点知识，在实用性方面写得非常具体。

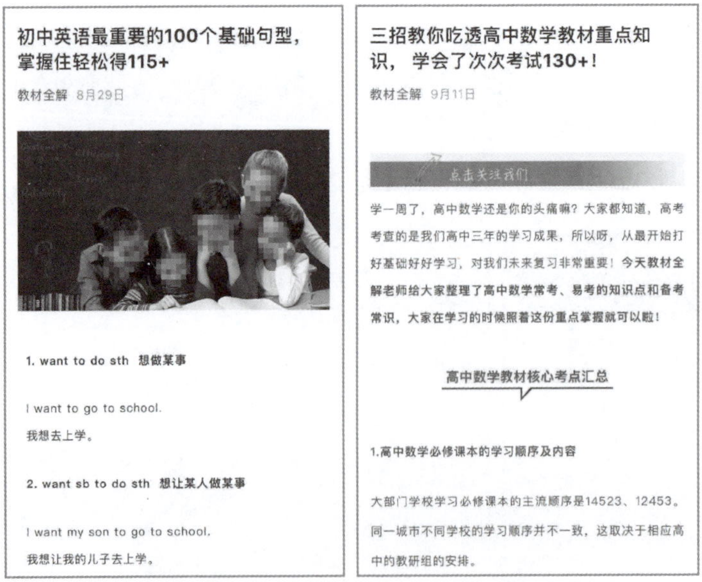

图10-2 “教材全解”公众号展现实用性文章标题

那么，是不是所有类型的文章都可以运用这一类标题呢？其实，展现实用性的文章标题运用是有一定的选择性的，它们或是介绍专业知识，或是说明生活常识。

总体来说，在标题上就对其内容的价值和作用做了说明，不仅是撰写标题的一个重要要求，也是一种非常有效的设置标题的方法。特别是对那些在生活中遇到类似问题的读者来说，能帮助他们迅速地找到问题的解决方案。

10.1.3 要凸显产品的最大亮点

文章发布的目的就在于吸引读者的注意力，最终促进企业产品的销售。针对这一目的，在标题的拟写过程中，应该注意将产品的最大亮点展示出来。这样可以让读者在看到标题的时候就能够感受到文章中所提及的商品具有怎样的特点——是否符合读者和读者的需要，是否能满足他们的心理需求。

在标题的特征凸显这一层面上，可从多个角度来考虑，其中，最能够打动读者的一般是表现出最新动态的产品特征。这是因为，人们都有一种追求新奇的心理需求，总是希望能够见证超越历史的某一时刻、某一事件，因而在标题中添加表现"最新"含义的词语，如：开始、惊现、创新、终于等，往往更能吸引读者的眼球，引发巨大的轰动，获得更多的转载机会，如图10-3所示。

潜行创新发布全球首款五驱微型水下机器人产品"鲛 GLADIUS MINI"

原创： 勇于突破的 潜行创新 9月19日

2018年9月19日，2018云栖大会在杭州云栖小镇火热开展，此次大会以"数字驱动中国"为主题，汇集全球顶尖科技，大咖云集齐助阵，爆发出超强黑科技力量。

当日，专注于水下机器人产品和解决方案的研发商深圳潜行创新科技有限公司在2018云栖大会期间发布了新一代水下机器人产品"鲛 GLADIUS MINI"。该款产品是全球首款五驱微型水下机器人。

全新一代朗逸Plus风尚版的手机支架另有玄机的"黑科技"

原创： 上汽大众Vtraining 1周前

全新一代朗逸上市已经上市快半年了，小编我发现了一个问题，不管是谁看到全新一代朗逸Plus总会发出赞叹，"哇欧，好大的一台车"，但是当客户看到风尚版的中控台的时候都会疑惑，这么漂亮的一台车中控，怎么随车安装了一个手机支架？

其实，大众的车型大家都懂，中控内饰除了基本那几样东西，这个手机支架小编也是第一次见啊。上汽大众在全新一代朗逸Plus上用的这个配置，究竟是不是新的"黑科技"呢？通过深入了解，小编发现这个手机支架的背后，其实另有玄机。

图10-3 展示最大亮点的标题案例

10.1.4 要实现文案的差异制胜

点明差异性是让文章出奇制胜的关键所在。特别是在各平台账号的快速增加、推送的文章也随之增加的时代环境下，要想脱颖而出，就必须要通过点明差异性实现优异制胜。那么，有人就会问：做到这一要求究竟应该从哪方面着手？具体说来，它主要表现在以下两个方面。

（1）同一平台内的差异性标题。在运营过程中，在保持文章内容定位的统一性的基础上，还要在标题撰写上有着差异性，不能让平台所有文章的标题在词汇、格式等方面都是相似的。这容易让人产生审美疲劳，对读者而言也是缺乏吸引力的。

因此，在运营时必须在标题撰写的差异性上下功夫，力求有着多样化的表现形式。仔细看一下如今运营和推广文章，不难发现，它们在内部运营的差异性上还是非常注重的。

（2）不同平台之间的差异性标题。在竞争激烈的运营环境下，要想“不泯然众人矣”，就有必要撰写具有差异性的文章标题。当读者对标题相似的文章标题产生免疫时，突然出现一个特点突出、表达方式迥异的标题，必然会受到读者青睐。由此而出现点击阅读量提升的结果也就不足为奇了。

图10-4所示为微信公众号推送的一些体现差异性的文章标题。它们或为直接提供拍照方法，或在语言表达上突出重点（如利用叠字就是其中一例）。

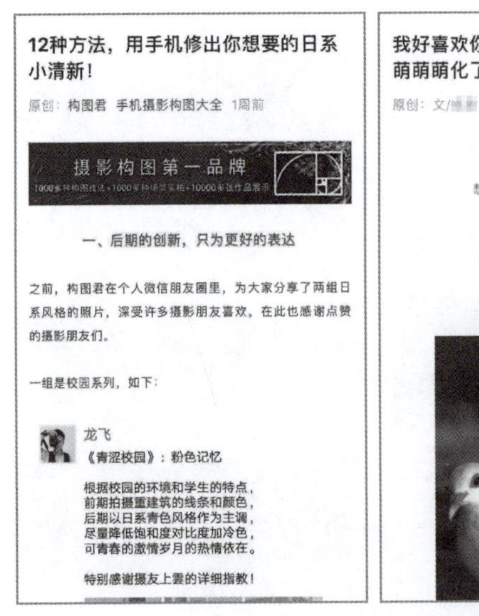

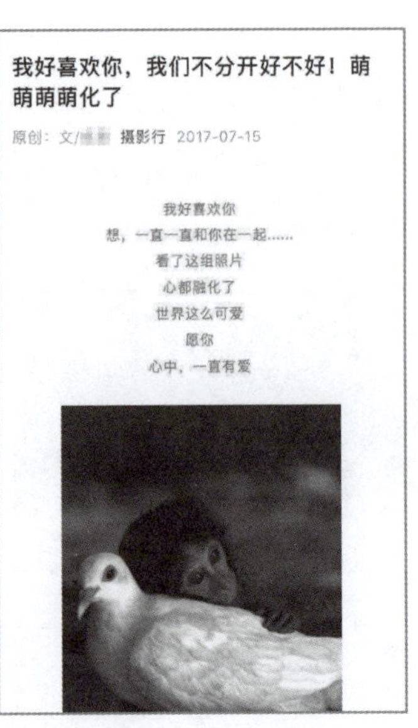

图10-4 不同微信公众号上体现差异性的文章标题撰写

10.1.5 要使用更易记住的短句

在各种平台不断发展的情况下，标题的字数也有着向越来越多的方向发展的趋势。其实，就人们的阅读习惯和平台的运行方式来说，假如文案的标题超过三行，在大多情况下，读者是不会去点击阅读的。

如今，智能手机品类多样，使得一些图文信息在自己手机里看着是一行，但在其他型号的手机里可能就是两行了。这就导致标题中的有些关键信息就有可能被隐藏起来了，不利于读者了解文案的描述重点和对象。

因此，我们在做运营时，就要把这一情况考虑进去，尽量保持文案标题的字数无论在什么类型的手机上显示的都是一行。那么，这样的一行，具体是多少字呢?

可能有细心的读者早发现了，在手机上的微信界面中，能显示的纯文字型的标题字数一般为15个字。如果超过了15个字，那么后面的字就都会被隐藏，显示出来的是“…”这样的形式。因此，在制作标题内容时，在重点内容和关键词的选择上要有所取舍——把最主要的内容呈现出来即可，切忌以段落形式制作标题。

其实，标题本身就是一篇文章内容精华的提炼，字数过长会显得不够精练，同时也会让读者丧失点开文章阅读的兴趣。因此适当的长度才是最好的。一般来说，文章标题字数控制在正常显示的情况下，也就是12个字左右。

10.2 8类标题设置，让读者不觉间想一探究竟

在撰写文案之前，首先应该明确其主题内容，并以此拟定标题，从而使得标题与内容能够紧密相连。无论撰写主题内容是什么，最终目的还是吸引用户去阅读、评论以及转载，从而带来文案外链。因此掌握有吸引力的标题撰写技巧是很有必要的。

10.2.1 利用“福利”字眼，打造令人心动的标题

福利式标题是指在文章标题上向读者传递一种“阅读这篇文章你就赚到了”的感觉，让读者自然而然地想要去阅读文章。一般来说，福利式标题准确把握了读者贪图利益的心理需求，让读者一看到“福利”的相关字眼就会忍不住点击阅读文案。

福利式标题的表达方法有两种，具体如图10–5所示。

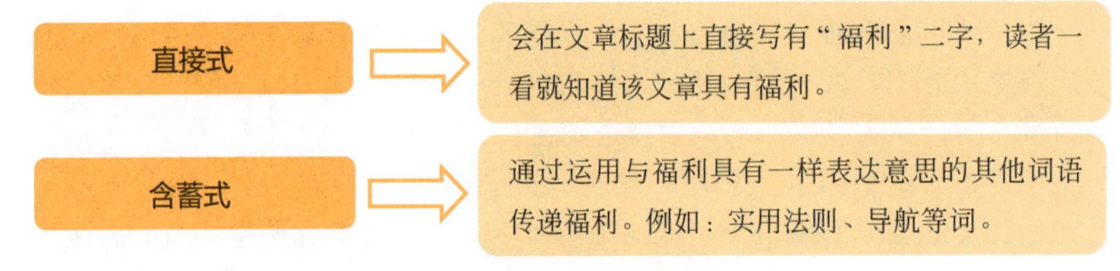

图10-5　福利式标题的表达方法

值得注意的是，在撰写福利式标题的时候，无论是直接式还是含蓄式，都应该掌握3点技巧，如图10–6所示。

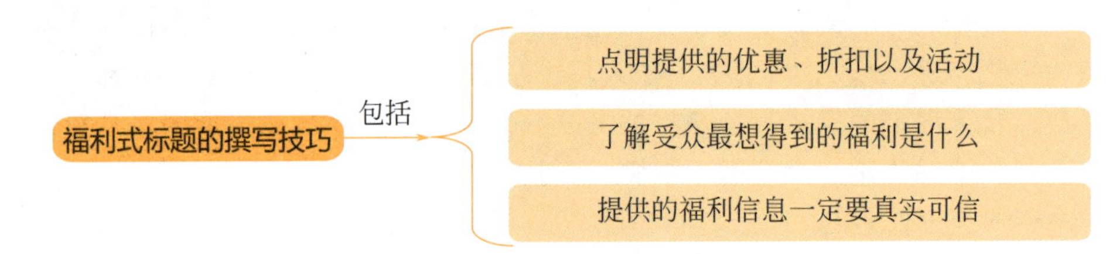

图10-6　福利式标题的撰写技巧

由于福利式标题有两种不同的表达方式，因此也有两种不同的案例，不同的标题案例有不同的特色，如图10–7和图10–8所示。

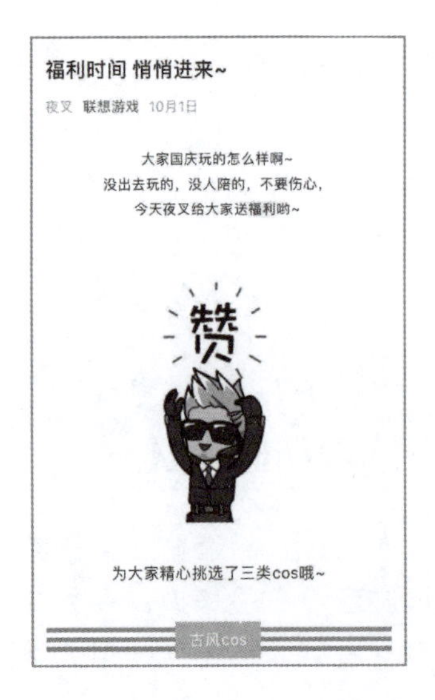

福利时间 悄悄进来~

夜叉　联想游戏　10月1日

大家国庆玩的怎么样啊~
没出去玩的，没人陪的，不要伤心，
今天夜叉给大家送福利哟~

为大家精心挑选了三类cos哦~

古风cos

图10-7　直接式福利式文案标题

Adobe预言网一规模会超过黑五，你的库存还够吗？（附网一购物优惠导航）

原创：黑五网一特辑　跨境电商选品内参

2017-11-26

紧张的黑五终于过去了，估计很多爆单的卖家都在朋友圈或者卖家群里晒出自己的辉煌战绩。那么今年的黑五情况如何，这里大概做个简报。

从ADI(AdobeDigital Insights)跟踪美国100家最大的在线零售平台80%网上消费的数据来看，今年美国人在黑五一天24小时线上消费金额达50亿美金，比去年黑五增长了16.9%。从这个数据可以大概了解到美国人网上的消费水平和规模有所提高，越来越多美国人倾向于网购，在线零售仍然处于一个增长的趋势。

在线零售巨头亚马逊再次创造零售新纪录，黑五当天的最开始五个小时，光玩具就卖出了200,000件，虽然亚马逊没有进一步披露具体详尽的销售数据，但是从这里可见一斑。

图10-8　含蓄式福利式文案标题

10.2.2 利用数字概况，带给读者深刻印象的标题

数字式标题是指在标题中呈现出具体的数字，通过数字的形式来概括相关的主题内容。数字不同于一般的文字，它会带给读者比较深刻的印象，与读者的心灵产生奇妙的碰撞，很好地吸引读者的好奇心理。

在文案中采用数字式标题有不少好处，具体体现在3个方面，如图10-9所示。

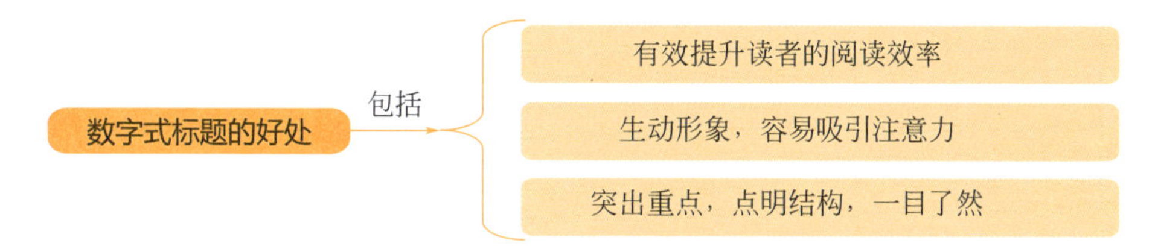

图10-9　数字式标题的好处

值得注意的是，数字式的标题也很容易打造，因为它是一种概括性的标题，只要做到以下3点就可以撰写出来，如图10-10所示。

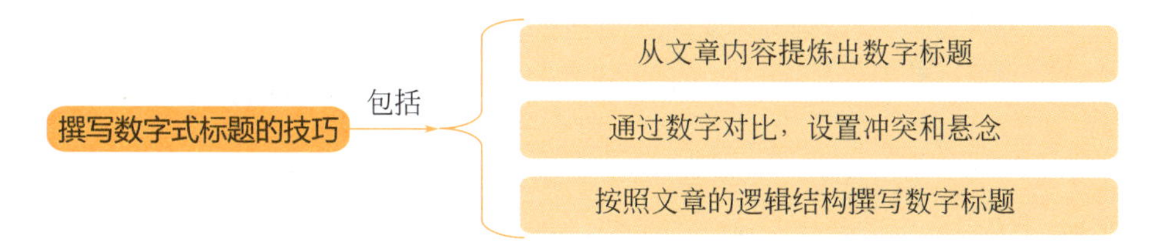

图10-10　撰写数字式标题的技巧

此外，数字式标题还包括很多不同的类型，比如时间、年龄等，具体来说可以分为以下3种，如图10-11所示。

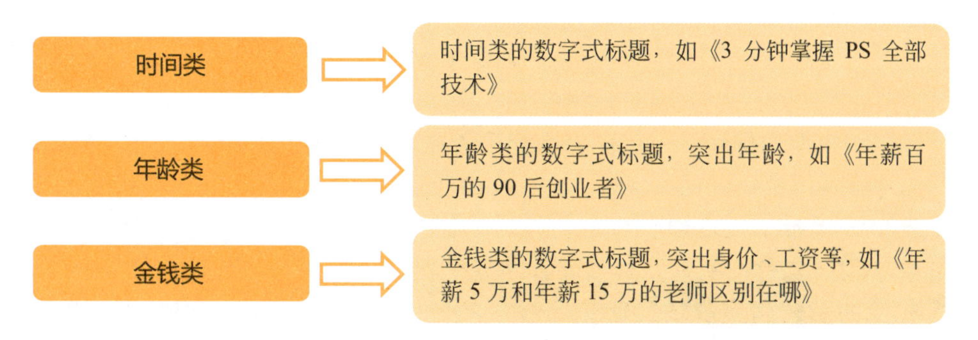

图10-11　数字式标题的类型

数字式的标题比较常见，不仅文案中会用到，而且很多其他类型的文章也会用到。在文案中，数字式的标题通常会采用悬殊的对比、层层的递进等方式呈现，目的是为了营造一个比较新奇的情景，对读者产生视觉上和心理上的冲击。

如图10–12和图10–13所示为肯德基和麦当劳的数字式标题。肯德基的数字式标题运用到了时间的类型，如“连续4天”，而麦当劳的数字式标题则运用金钱类来表达，如“10元3块”等。

图10-12 肯德基数字式标题

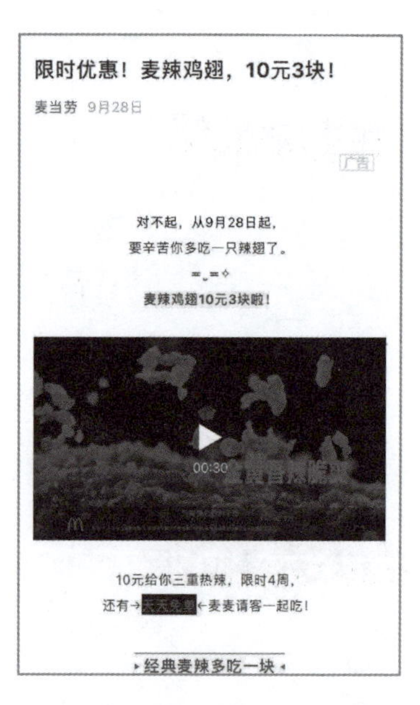

图10-13 麦当劳数字式标题

10.2.3 传递学习信心，打造有魅力的速成型标题

速成型标题是指向读者传递一种只要阅读了文章之后就可以掌握某些技巧或者知识的信心。“速成”，顾名思义，就是能够马上学会、得到。

这种类型的标题之所以能够引起读者的注意，是因为抓住了人们想要从文章中获取实际利益的心理。大多数读者都是带着一定的目的来阅读文章的，要么是希望文章中含有福利，比如优惠、折扣；要么是希望能够从文章中学到一些有用的知识。因此，速成型标题的魅力是不可阻挡的。那么，速成型的标题到底应该如何撰写呢？笔者将其经验技巧总结为3点，如图10–14所示。

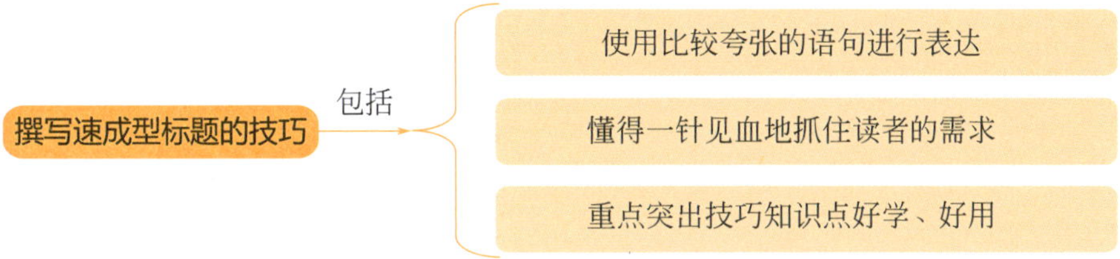

撰写速成型标题的技巧 包括：

- 使用比较夸张的语句进行表达
- 懂得一针见血地抓住读者的需求
- 重点突出技巧知识点好学、好用

图10-14 撰写速成型标题的技巧

速成型标题通常会出现在技术类的文案之中，主要是为读者提供实际好用的知识和技巧。图10–15所示为“手机摄影构图大全”微信公众号推送的速成型标题案例。

图10-15 “手机摄影构图大全”微信公众号推送的速成型标题

“手机摄影构图大全”微信公众号发布的文章标题明显是干货内容，且借用数字的形式为速成型标题添彩。读者在看见这种标题时，就会更有动力去阅读文章里面的内容。因为这种类型的标题会给人一种学习这个技能很简单，不用花费过多的时间和精力的印象。因此，大多数读者会选择相信这个标题，进而阅读文章内容。

10.2.4 利用好奇心，打造提升兴趣的悬念式标题

好奇是人的天性，悬念式标题就是利用人的好奇心来打造的，首先抓住

读者的眼球，然后提升读者的阅读兴趣。标题中的悬念是一个诱饵，引导读者阅读文章内容，因为通常读者看到标题里有没被解答的疑问和悬念，就会忍不住进一步弄清楚到底怎么回事。这就是悬念式标题的套路。

悬念式标题的文章在人们的日常生活中运用得非常广泛，也非常受欢迎。人们在看电视、综艺节目的时候也会经常看到一些节目预告之类的广告，这些广告就会采取这种悬念式的标题引起观众的兴趣。利用悬念撰写标题的方法通常有4种，如图10–16所示。

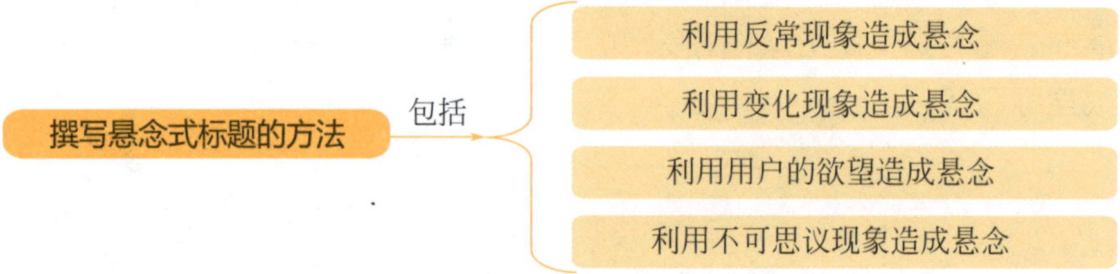

撰写悬念式标题的方法
包括
利用反常现象造成悬念
利用变化现象造成悬念
利用用户的欲望造成悬念
利用不可思议现象造成悬念

图10-16　撰写悬念式标题的方法

悬念式标题主要目的是增加文章内容的可读性。因此新媒体平台运营者需要注意的一点是，使用这种类型的标题，一定要确保文章里面的内容确实能够让读者感到惊奇、充满悬念。不然就会引起读者的失望与不满，继而就会让读者对平台产生怀疑，影响新媒体平台在读者心中的美誉度。

悬念式标题是运用得比较频繁的一种标题形式，很多文案都会采用这一标题形式来引起读者的注意力，从而达到较为理想的营销效果和传播效果。图10–17所示为悬念式标题的典型案例。

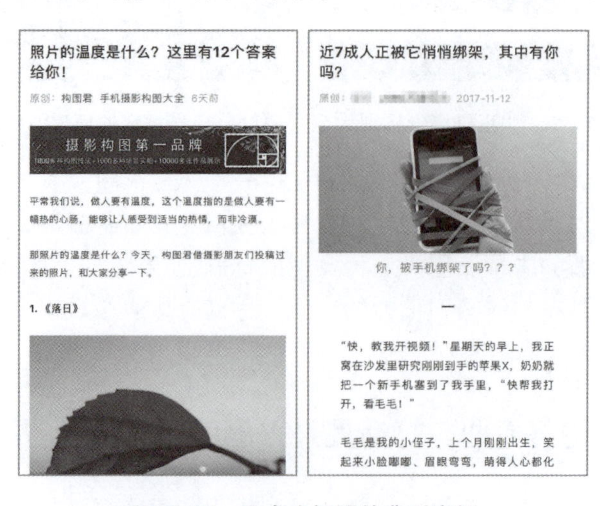

图10-17　悬念式标题的典型案例

10.2.5 利用专业词汇，传递专业价值的专业性标题

专业性标题是指在标题中嵌入某个方面的专业性词语，让文章看起来更加专业，从而更好地传递专业价值。

专业性标题能够吸引那些跟专业名词相关的读者，从而达到精准吸粉的目的。这样得来的读者群能够给新媒体平台带来更大的价值，而且这种粉丝的追随度会比其他的粉丝更高。那么，我们具体应该怎么打造专业性标题呢？笔者将其技巧总结为如图10–18所示。

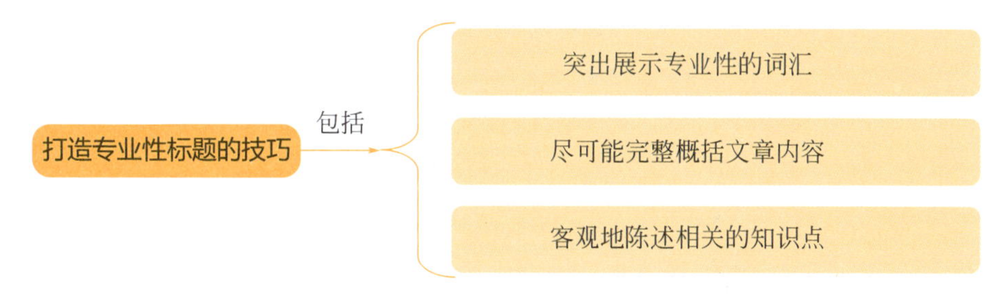

图10-18　打造专业性标题的技巧

一般来说，专业性标题会不怎么显眼，而且营销的意味也不浓厚，偏向于中规中矩。图10–19所示为微信公众平台上的专业性标题案例。

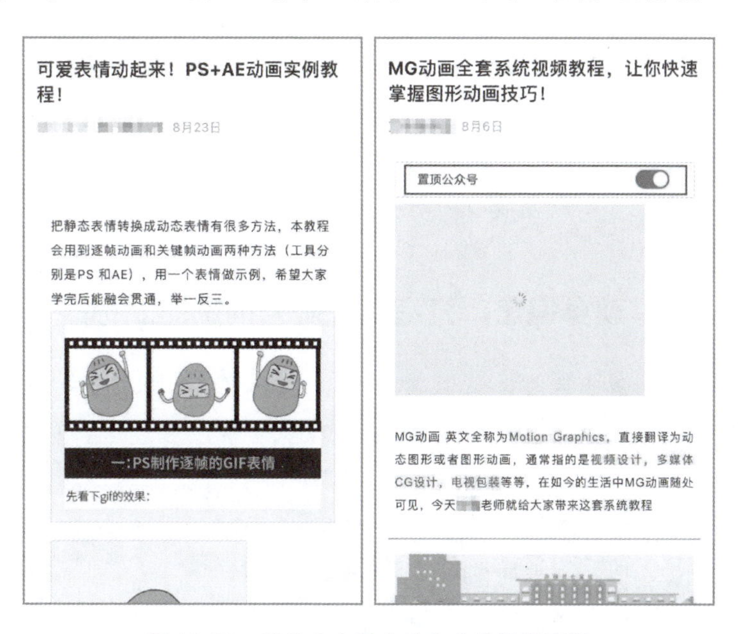

图10-19　微信公众平台的专业性标题案例

值得注意的是，这种专业性的标题相对于其他类型的标题来说，其关注度会偏低一点。因为其专业性使得其受众范围变小了，但是对新媒体平台运营者来说也并不是一件坏事，宁缺毋滥，就是对这种现象最好的解释。

10.2.6 借助社会热点，通过造势提升点击量的标题

借势是一种常用的文案写作手法，借势不仅完全是免费的，而且效果还很可观。借势型标题是指在文章标题上借助社会上一些事实热点、新闻的相关词汇来给文章造势，增加点击量。

借势一般都是借助最新的热门事件吸引读者的眼球。一般来说，事实热点拥有一大批关注者，而且传播的范围也会非常广，新媒体平台文章的标题借助这些热点就可以让读者轻松地搜索到该篇文章，从而吸引读者去阅读文章里的内容。

那么，在创作借势型标题的时候，应该掌握哪些技巧呢？笔者认为，我们可以从3个方面来努力，如图10-20所示。

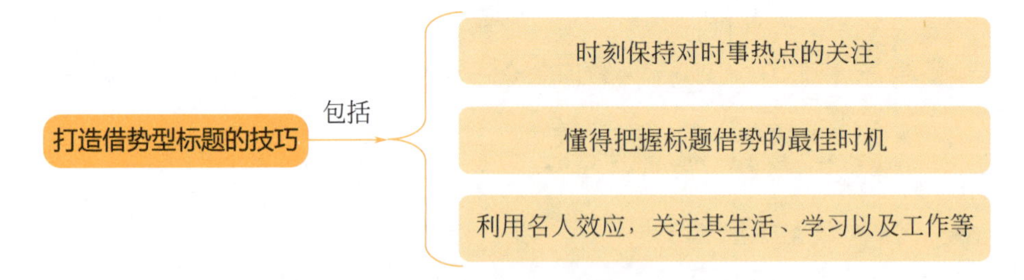

图10-20　打造借势型标题的技巧

10.2.7 通过现身说法，打造有说服力的励志式标题

励志式标题最为显著的特点就是“现身说法”，一般是通过第一人称的方式讲故事，故事的内容包罗万象，但总的来说离不开成功的方法、教训以及经验等。

如今很多人都想致富，却苦于没有致富的办法，如果这个时候给他们看励志式文案，让他们知道企业是怎样打破困难的枷锁的。他们就很有可能对带有这类标题的文章感到好奇，因此这样的标题结构就会看起来具有独特的吸引力。励志式标题模板有两种，如图10-21所示。

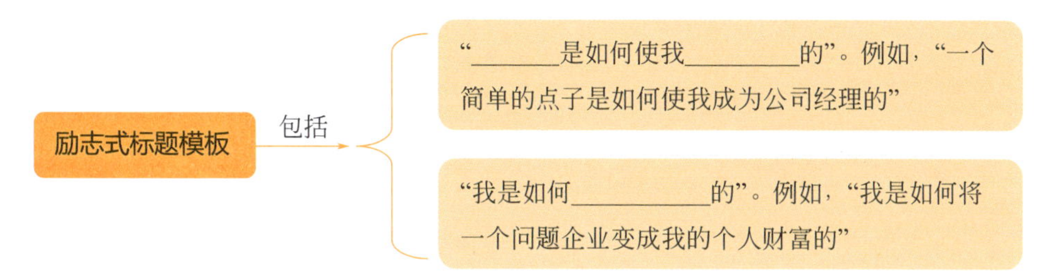

图10-21 励志式标题的两种模板

励志式标题的好处在于煽动性强，容易制造一种鼓舞人心的感觉，勾起读者的阅读欲望，从而提升文章的打开率和点击率。

那么，打造励志式的标题是不是单单依靠模板就好了呢？答案是否定的，模板固然可以借鉴，但在实际的操作中，还是要根据文章内容的不同而研究特定的励志式标题。总的来说有3种经验技巧可供借鉴，如图10–22所示。

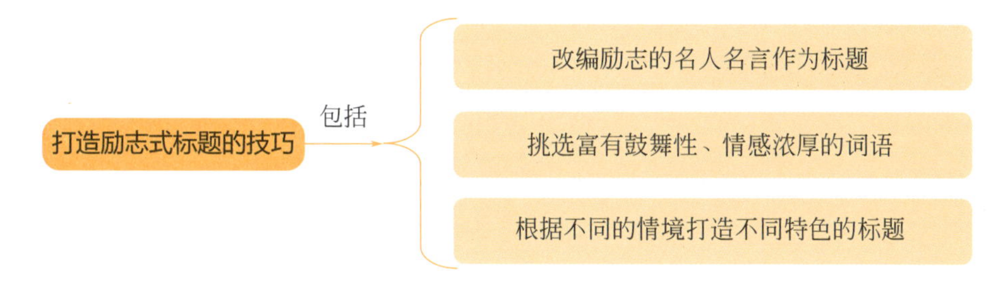

图10-22 打造励志式标题的技巧

一个成功的励志式标题不仅能够带动读者的情绪，而且还能促使读者对文章产生极大的兴趣，从而产生一定的影响。

10.2.8 通过经验和总结，提供富有价值的经验式标题

在生活中，经验式标题特别受读者喜爱，因为读者通常会带着目的性去阅读文案，抱着在文中吸取某一方面的经验和总结的想法，以提高自身的能力。而带有此类标题的文章通常也会为读者提供富有价值的经验和技巧，以有效吸引固定的粉丝，提升粉丝总数。

这种类型的文章标题对文章编辑者的要求很高，主要是通过大量文章的阅读对比给读者一个眼前一亮的结果，简单而明了，使其读过之后少走一些弯路。另外，经验式标题下的文章内容，还需要达到3个要求，如图10–23所示。

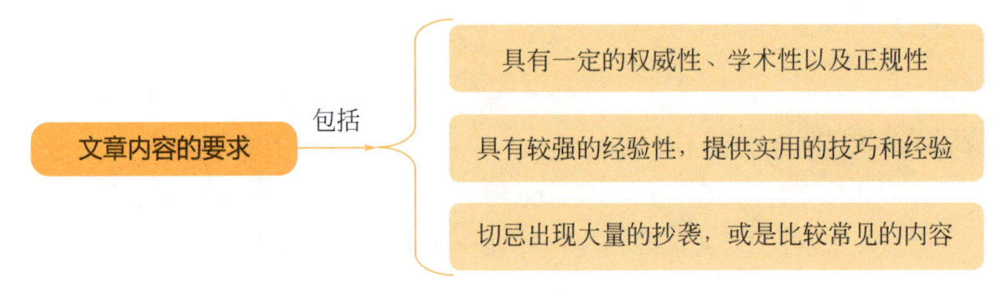

图10-23　经验式标题下的文章内容需要达到的要求

那么，经验式的标题究竟应该如何打造呢？很多人会想，经验式标题不就是显示出自己的文章含金量高吗？实际上，仅仅这一点还不足以打造一个完美的经验式标题，只有达到3点要求才能如愿以偿，如图10-24所示。

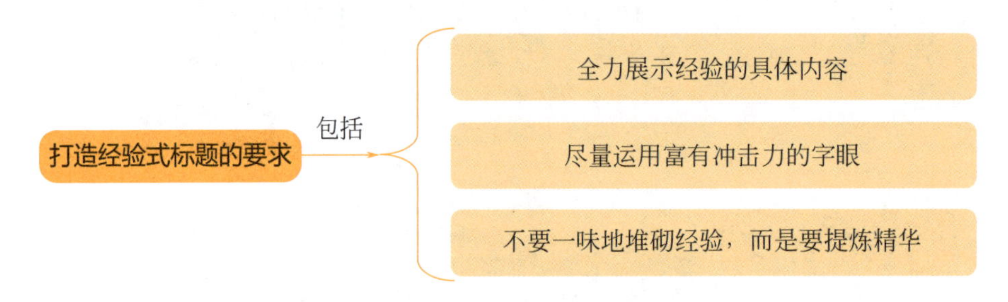

图10-24　打造经验式标题的要求

10.3　7个图片要素，提升阅读体验的颜值担当

图片是打造一个吸睛平台必不可少的武器。如果说将运营的平台看成一个团体，里面的每一个功能与设置都是组成这个团体的一部分，那么图片毫无疑问就是这个团体的颜值担当。各平台在图片上要想运营得好，就需要掌握以下7个关键要素。

10.3.1　设置吸睛封面，提升文章点击量

文章封面设置的好坏，在很大程度上影响点开文章阅读的概率。一张漂亮、清晰的封面能瞬间吸引读者的眼球，从而让读者有兴趣进一步阅读。而要做到漂亮、吸睛，大家熟知的颜色是一个方面。另一个方面是要考虑产品所要表达的目的和主题。

在考虑从什么角度选择后，接下来就是优化产品主图或封面，使之达到预期效果。如图10-25所示为优化产品主图或封面的做法。

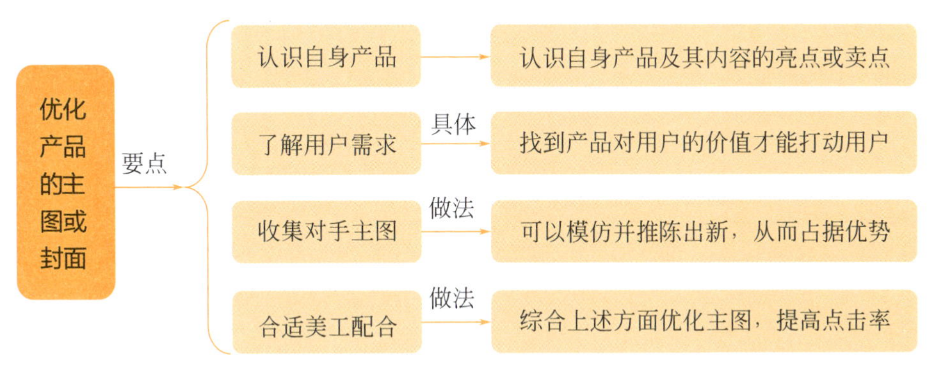

图10-25　优化产品主图或封面的做法

然而，衡量一张封面是否合格和吸睛，除了图片本身足够美观外，还需要考虑一个因素——适宜。也就是说，无论是从封面与文章的搭配，还是从平台的目的，抑或是从读者的阅读体验，都需要让人觉得适宜。而一张适宜的封面，在文章推广时有着巨大的作用，即可以吸引读者关注和阅读、减少主图加载时间以及为读者节省流量。

在这3个作用中，吸引读者关注和阅读是从运营的效果角度来说的，表明了读者之所以关注平台，可能适宜的封面选择是一个非常重要的因素。而减少主图加载时间和为读者节省流量在某方面有相通性。当选择的图片容量适宜时，那么无论是加载内容的时间还是耗费的流量也就会相应的少一些。

10.3.2　让图片高清展示，提升阅读体验

图片除了需要注意其颜色选择外，还应该注意选择合适的尺寸。一般来说，图片在排版时尺寸大小一般是有一个固定范围的，不可能做太大的调整。因此，为了保持图片的清晰度，就必须在图片本身上下功夫，以提高图片的分辨率。这是实现图片高清显示的最基本保证。

同时，相信运营者也注意到了，图片高清显示的容量大小又与用户的阅读体验相关。因此，在保持图片的高分辨率，同时又不影响观看和顺利上传、快速打开的情况下，怎样处理图片容量大小成为一个非常关键的问题。换句话说，即应运用怎样的方法才能让高清图片容量变少。

关于这一问题，我们可以通过两种方法来解决，即QQ截图和画图工具。在此笔者以用画图工具来调整图片尺寸为例进行介绍，具体步骤如下。

步骤 01 单击“开始”|“程序”|“附件”|“画图”命令，打开“画图”工具，如图10-26所示。在软件界面中，❶单击 图标，❷在弹出的下拉菜单中单击“打开”按钮即可打开需要修改的高清照片，如图10-27所示。

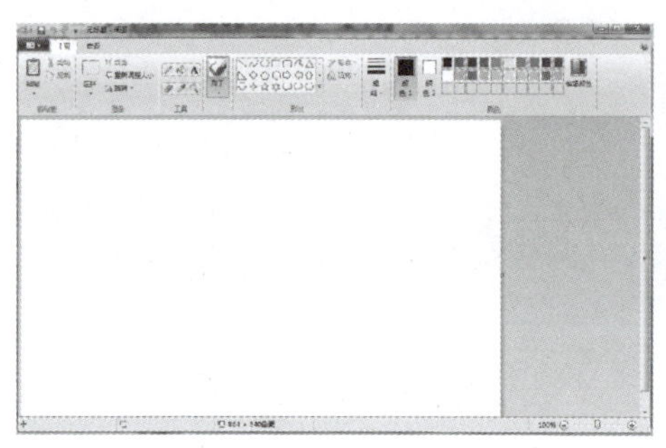

图10-26 “画图工具”界面

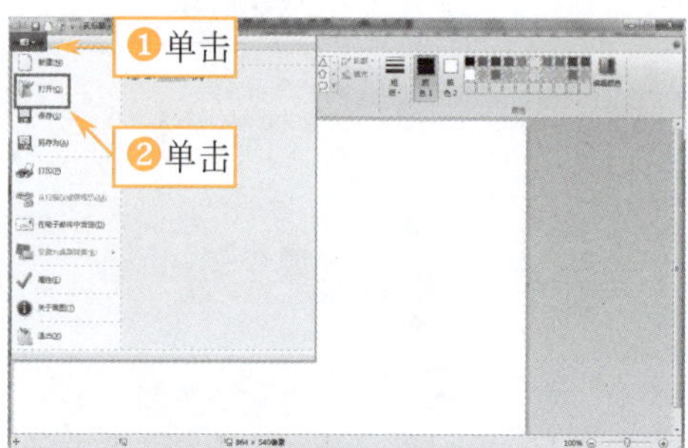

图10-27 打开高清图片

步骤 02 执行操作后，就会看到高清大图，❶单击 图标，❷单击“另存为”按钮，❸在弹出的“另存为”窗格中选择“JPEG图片”选项保存图片，如图10-28所示。通过查看属性可知，保存的图片比原图的大小和占用空间要小得多。

图10-28 “另存为”操作过程

10.3.3 选择亮丽颜色，提供良好阅读氛围

图片的颜色搭配合适能够给读者一种顺眼、耐看的感觉。对运营者而言，一张图片颜色搭配合适需要做到两个方面：一是图片颜色要亮丽夺目；

二是图片要与文章内容相符合。其中图片颜色亮丽夺目是其主要特点，也是吸引读者关注的主要因素。

在没有特殊情况发生时，各平台文章中的图片要尽量选择色彩明亮的。因为这样的图片能带来更多的点击量，其原因具体如图10-29所示。

当然，图片除了亮丽夺目外，在颜色选择上还有一个与内容是否符合的因素存在，这也是在图片的细节处理中需要注意的问题。如果推送的内容是比较悲沉、严谨的，那就可以选择与内容相适应的颜色的图片，比如偏于深色系的图片。如果这个时候使用太过跳跃的颜色，就会破坏文章的整体效果。

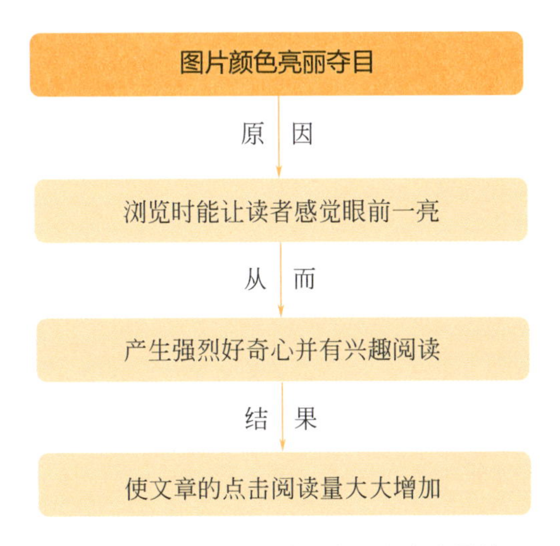

图10-29　色彩亮丽夺目的图片带来更多点击量的原因分析

10.3.4　两种美颜方式，让图片鲜活起来

企业、个人在进行新媒体运营的时候，是离不开图片的点缀和美化的。当企业或个人利用图片给文章增色的时候，也可以通过一些方法给图片“美颜”，让图片更加有特色，吸引到更多的读者。下面为大家详细介绍。

1. 软件进行后期处理

新媒体平台运营者在拍完照片后如果对图片不是太满意，还可以选择借助后期的力量对图片进行美化处理。现在用于图片后期的软件有很多，如图10-30所示。

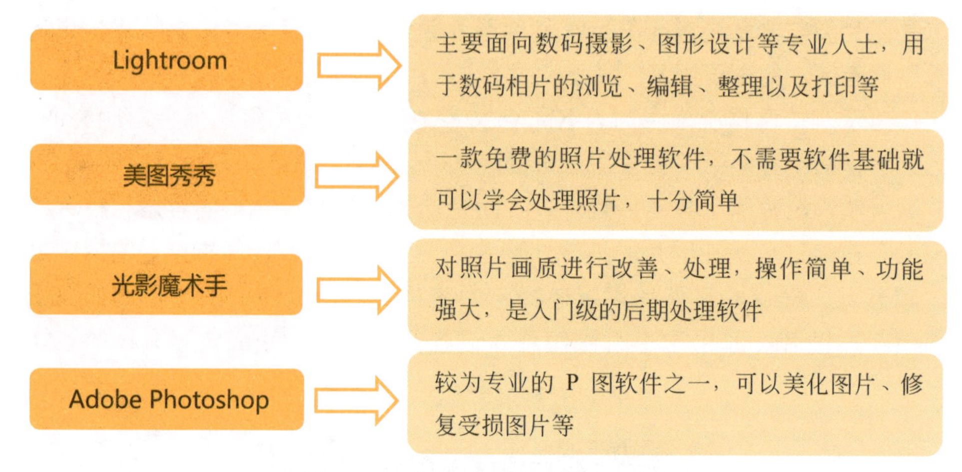

图 10-30　简单实用的后期处理软件

2. 拍照技术造就美图

新媒体平台使用的照片来源是多样的——有的平台使用的图片是企业或者个人自己拍摄的，有的是从专业摄影师或其他地方购买的，还有的是从其他渠道免费得到的。对于自己拍摄图片的这一类新媒体运营者来说，只要在拍摄图片时，注意拍照技巧的运用、拍摄场地布局以及照片比例布局等，就能使图片达到理想的效果。

10.3.5　3大运营目的，全在贴上专属标签

要想新媒体平台的文案图片引爆读者的眼球，给图片打个标签也是一种有效的方法。以微信公众平台为例，给图片打标签的意思就是给微信公众号的图片加上专属于该公众号的水印。

为什么要给图片加上专属的标签呢？一般来说，给图片加水印的目的有3种，如图 10-31 所示。

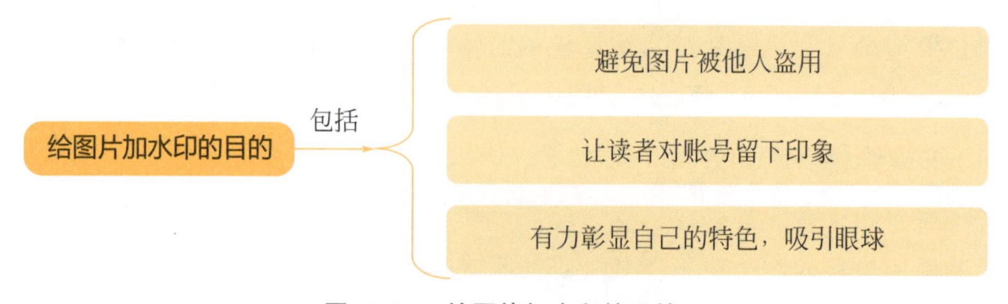

图 10-31　给图片加水印的目的

以“手机摄影构图大全”为例，它在微信公众平台发布的文章图片都是带有水印的，如图10-32所示。

图10-32 “手机摄影构图大全”在微信公众平台发布的带有水印的图片

10.3.6 众多二维码图片，让吸粉更便捷

在现实生活中，随处都布满了二维码的身影，二维码营销已经成为一种很常见的营销方式。二维码对于新媒体平台来说也是一种可以吸引读者的图片，同时它也是新媒体账号的电子名片。企业、个人在运营新媒体平台时，可通过制作多种类型的二维码进行推广与宣传，以便吸引不同审美类型的读者。常见的二维码分为5种类型，如图10-33所示。

了解了这么多二维码类型，那么，如果要制作出属于自己的二维码，应该怎么做呢？随着二维码的不断普及，各种制作二维码的辅助工具也开始发展起来。下面笔者给大家介绍几款好用的二维码生成器，让二维码制作不再是难题，如图10-34所示。

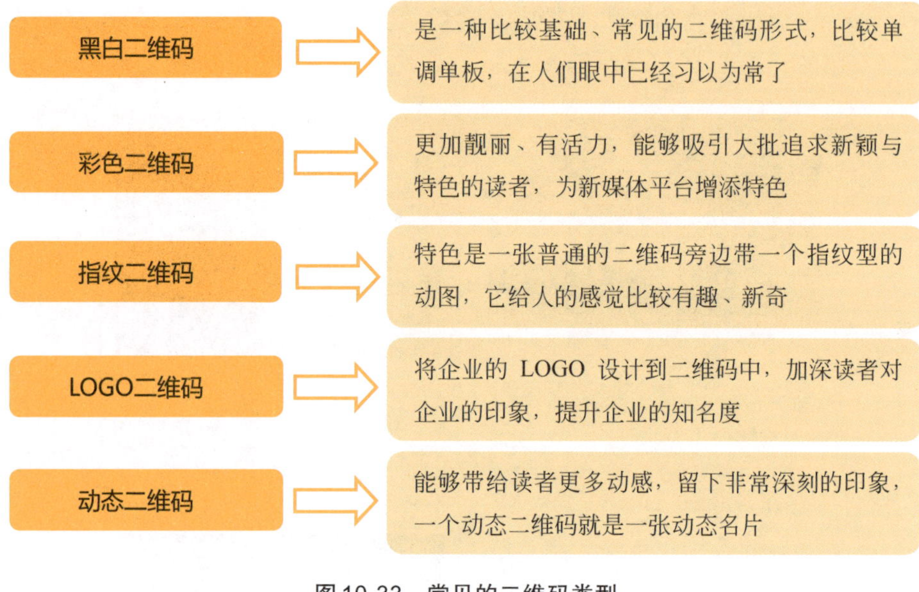

图 10-33　常见的二维码类型

吾爱二维码生成器
操作方法简单，可以帮助用户轻松生成二维码，而且可以调节二维码的大小

秃鹫二维码生成器
生成的二维码可以保存为图片格式，同时还支持二维码的放大

红叶二维码生成工具
能够通过文字、字符等生成二维码，同时还可以更换二维码的颜色

图 10-34　好用的二维码生成器

10.3.7　3大长图文优势，有效推广新品

除了动图，长图文也是为文章内容加分的一种形式。以图片加文字的漫画形式描述内容，其发布的文章阅读量都非常高。很多著名的品牌企业就经常运用这种方式来宣传和推广自己的新品。

长图文是促使各种新媒体平台获得更多关注、吸引更多粉丝的一种好方法。其主要优势体现在3个方面，如图10-35所示。

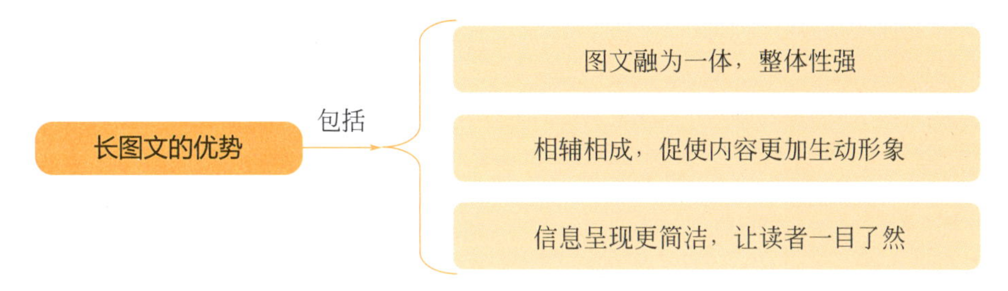

图10-35 长图文的优势

既然长图文的效果这么好，那么我们应该怎么设计这种冲击力巨大的图片形式呢？长图文的设计有两种方法，一种是直接设计长图，另一种是先设计小图再拼接。直接设计长图比较复杂，还要用到Photoshop软件。因此相对而言，设计小图再借用工具进行拼接比较简单。不过，值得庆幸的是，创客贴提供了制作信息长图的良好平台——既可以直接根据模板设计长图，又可以自己将小图进行拼接制成长图。

长图文的形式在新媒体平台里屡见不鲜，有的账号甚至将长图文当成了自己的固有模式和风格，并以此来吸引读者的和粉丝。如“倩碧Clinique”微信公众号发布的内容大部分都是长图文的形式。这样做不仅有力推广了新品，同时也吸引了不少读者，使得目标粉丝更加青睐该品牌，并持续支持产品。

第11章

正文写作：4大方面，减少用户跳出率

学前提示

无论什么样的平台，内容都是其进行宣传推广的关键。那么，新媒体运营者应该怎样才能实现内容推广呢？具体说来，应该在遵循平台的审核规则和推荐机制的情况下安排合适内容，做好正文写作，才能减少用户跳出率，达到自身平台的宣传推广目标。

要点展示

- 素材准备：3大符合人性的优质推广内容
- 内容价值：3个关联用户的推广效果层次
- 正文安排：6种逻辑清晰的布局方式
- 版式设计：4大方面提升文案美观度

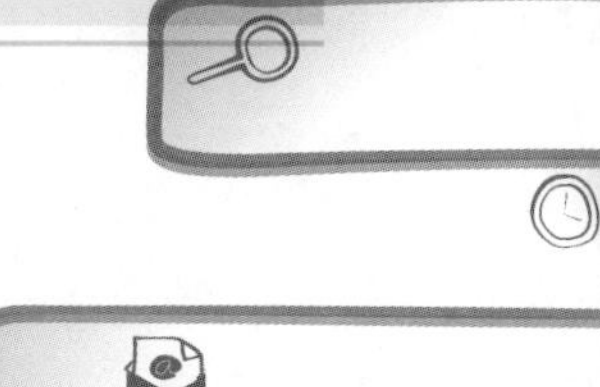

11.1 素材准备：3大符合人性的优质推广内容

因为推广的内容是给人读的，因此在撰写文章时要注意人性这一要素在内容中的体现，而要想做得更好，就需要从内容素材开始就积极做准备。因为只有准备了合适的有关人性的素材，才能为大家创造符合人性的文章，也才能在推广上走得更好、更远。那么，符合人性的内容究竟从哪来？下面就笔者的实战经验举例进行介绍。

11.1.1 说说产品“好故事”

生活中处处存在故事，而在自身平台内容推广中，创作者能把故事讲好是一个基本要求，另外，如果想要让内容更好地打动读者，还需要依靠故事本身的魅力，也就是寻找一个“好故事”作为文章的素材。

从某一些方面来说，随着越来越多的人进入自身平台运营行列，其创作者和运营人的水平是有高有低的，因此，有时写一个“好故事”比写好一个“故事”要容易，何况是那些本身有着极大的吸引人阅读的艺术魅力的好故事。

基于此，从人性角度出发，寻找一个“好故事”作为内容素材，是站在一个比较高的内容推广的起点上的。而利用这样的素材撰写的文章，在激发用户的情感投入和共鸣上是很容易的。

除了热点之外，自身平台运营者还可以从历史故事、人文故事着手准备素材。当然，也可以从生活中着手，如身边人们谈论的各种话题、事情等。正因为人们有兴趣谈论，所以内容的推广市场才是值得期待的。因此，只要导向正确，值得阅读，就可以作为“好故事”内容素材。

11.1.2 时时展现“人格化”

上面说到了故事，其实，除了可以把原本的故事作为推广内容讲出来，还可以自己创作故事内容，并把它同新媒体平台和品牌相结合，赋予新媒体平台和品牌生机和人格魅力，这样的做法，很容易促进新媒体平台和品牌内容的推广。

新媒体平台和品牌是具有经济价值的无形资产，用特定的概念和符号可以表现一定的差异性，用故事的方式讲出来，可以大幅度区别市场上的同类竞品。

图11–1所示是一篇手机壁纸设计推广的文章，内容中呈现出来的素材，不仅把手机壁纸这一无生命的事物与我国姓氏这一有着古老情怀的事物结合起来，还通过动人的语言与姓氏关联起来，讲述生活中常见的场景和一般想法。这样的文章，从品牌方面来说，完全是一种人格化的表现，有利于推广和传播。

图 11-1　展现人格化素材的内容

11.1.3　试试科普“娱乐化”

关于科学，人们一般会认为是一个严肃、认真的话题，而其风格也更偏于严谨、庄重，且有关于科学的内容一般都是专业名词比较多，很多都是人们一下子无法理解和掌握的。

因此，在平台上推广于科普相关的内容，需要改变以往的策略——应该以用户熟悉和喜欢的方式来推广，如幽默、娱乐等，这样的科普内容才会受到用户欢迎。而只有受用户欢迎的内容才能更好地推广，否则说得再多、再好，要想提升品牌形象和传递价值也只是一个空想罢了。

图11–2所示为一篇介绍电动拖把的文章，这是对一种新型产品的科普。该篇文章就是把科普内容娱乐化，通过人们喜欢的浅显易懂的语言说清楚新发明工作原理和使用效果。

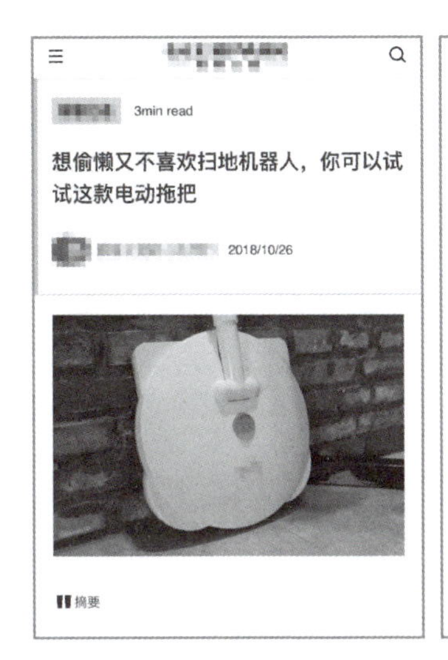

小旋风电动拖的整体设计是非常简洁的，「飞碟」状的底座是清洁区域，启动和喷水按键都集中在手柄处。用我们一个同事的话形容，它看起来就像是扫地机器人加了一个手柄。

将小旋风电动拖把翻转过来，我们便能看到它的奥妙所在。底部的两个转盘由双轮马达驱动，配合清洁拖布在高速旋转时可以实现深度去污的效果。另外和转盘并列的还有一块区域可以粘贴方形拖布，通过按键实现干湿一体的清洁工作。

小旋风电动拖的配件还是很丰富的，包括圆形耐用拖布、一次性圆形拖布、方型耐用拖布和一次性方形拖布等，可以根据自己的需求搭配使用。

大家可能会好奇小旋风电动拖的水箱在哪里，实际上打开它正面的橡胶盖就能进行注水，水箱的容量为400ml。

我们使用普通拖把时，一个棘手的问题就是水量控制，既不能让拖把太湿滴滴答答，也不能太干拖起地来没效果。电动拖就没有这个问题了，小旋风电动拖的喷水口位于机器前部，你可以通过手柄上的按键精细地控制喷水量，完成清洁的同时还能节约用水。

图11-2　娱乐化的科普素材内容

11.2　内容价值：3个关联用户的推广效果层次

在推广自身平台文章内容时，要想取得更好的效果，运营者需要在掌握推广规则的基础上，能让用户自然而然地把自身同内容关联起来。当然，让用户与内容产生关联，如果单纯从平台作者创作的内容来看，就需要在内容本身的价值上下功夫。从这一方面来看，可从3个层次上进行分析。

11.2.1　第一层次：要有价值

无论什么内容，要想与用户关联起来，并让用户有兴趣点击阅读，那么内容中所包含的客观价值就很重要，是运营者在撰写和推广内容时应该放在第一位来考虑的。

例如，如果平台的内容定位是介绍生活中的各种资讯，那么其推广的内容的有用性就可表现在要么是生活中的新鲜事，要么是与我们利益相关的要注意的事项，还可以是接下来生活中必然或可能发生的改变。

又如，如果平台的内容定位是介绍某一方面或领域的相关知识，那么其推广的内容的有用性就表现在要么是与其相关的理论知识，要么是与其相关的各种运用技巧，还可以是如何更好地学会这些知识的方法。

图11-3所示为一个名为“人人都是产品经理”的微信公众号推广的有关于运营方面的知识和技巧。这些内容对于相关平台和领域的运营人来说是有用的，更容易实现内容的推广目标。

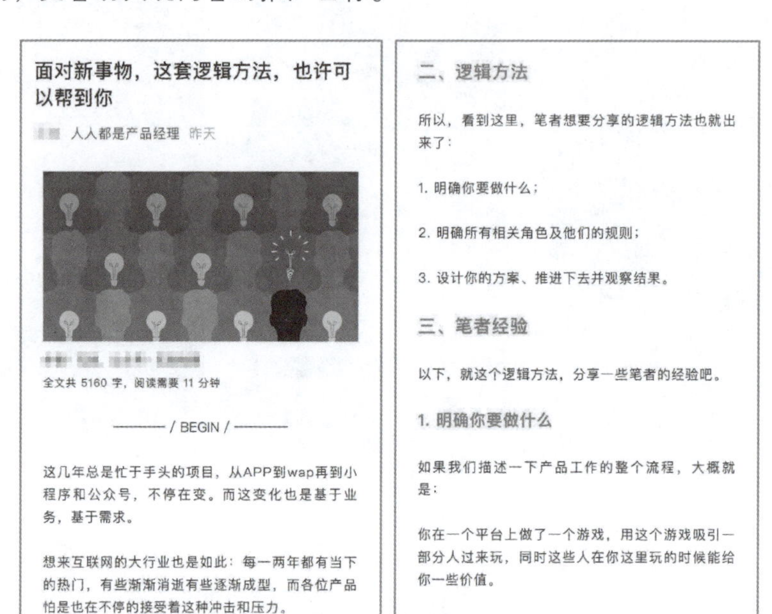

图11-3 “人人都是产品经理”微信公众号推广的有价值的内容

11.2.2 第二层次：要有情致

如果说内容有用是推广目标实现的基础，那么有情致则是提升用户体验和推广效果的有力武器。当然，这里的有情致主要包括两个方面：一是需要内容的创作者从人文关怀出发，让内容有情、有趣；二是内容的接收者能从中明显感受到其中包含的人情味和趣味。

只有这样，才能进一步把推广内容与用户关联起来。其实，一些新媒体大号都是把这一层次的要求贯彻到了内容中的。图11-4所示为一个名为“诗词天地”的微信公众号推广的一篇文章。

从该篇推广文章可以看出，无论是从标题上还是从正文内容中，都可感觉到其中浓浓的人文情怀，为用户提出建议和真切关怀。用户看到这篇内容，极有可能乐于分享给更多的人，甚至可能基于其中的有情致的话题形成谈资。有这样效果的内容足可称得上是一篇有情致的推广文章。

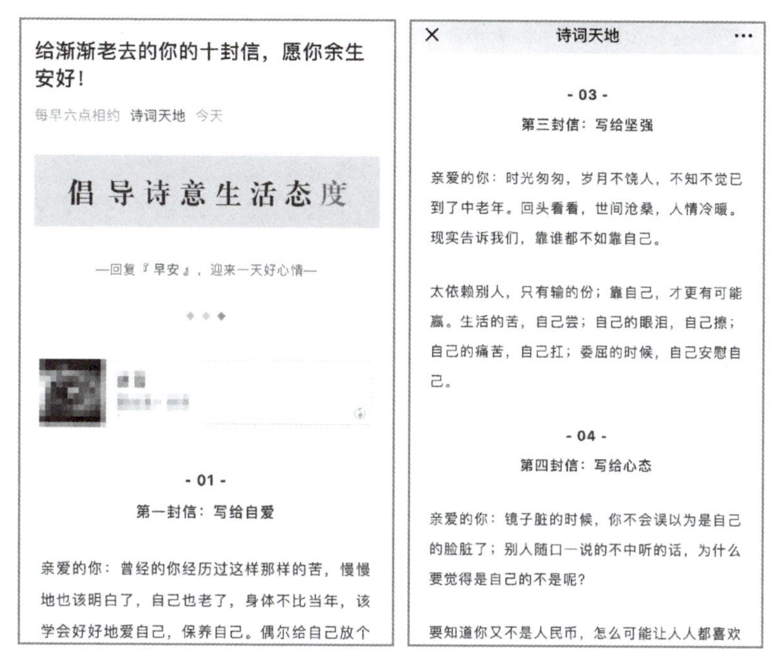

图 11-4 “诗词天地”微信公众号推广的有情致的内容

11.2.3 第三层次：要有影响力

从影响的效果来看，前面介绍的两个层次还是属于表面的，仅仅是让用户在看到内容的时候产生一种“这些内容还是有用（或有情致、有趣）”的感觉，而不会对用户的生活产生太大的影响。因此，可以说，在让内容和用户产生关系这一要求上，还是不很牢靠的。

如果平台推广的内容能使得用户向更好的方向改变，甚至在一定程度上推动周边的圈子和世界积极发展，就表示该平台推广的内容在与用户产生关系方面已经达到了深一层次——在影响力方面已经不仅仅是停留在表层的问题，而是让内容有了感染力和号召力，并让用户基于这种影响力改变了自己甚至世界。

认真说来，有很多人的人生改变可能都是基于某一时刻从书上看到的某一句话或某一篇文章，从而受到启发：看到介绍在某方面取得巨大成就的成功人士介绍，受到感染，可能就会自此树立远大的目标，并终其一生都是为了这一目标而不断前进着；看到介绍在逆境中也坚强生活和奋斗的人的介绍，受到鼓舞，可能就会让那些同样在生活中遇到困难和挫折的人勇敢地站

起来，战胜困难，从而改变命运。

而在移动互联网发展和新媒体兴起的时代，更多人趋向于在手机上通过各种应用来阅读。此时，通过积极的推广内容来让用户的人生与世界改变，是一个值得称赞的让内容和用户产生关系的深层次的推广目标。

图11–5所示为某平台推广的一篇名为《收好了！这32个自学网站，一年能让你省下十几万》的文章。

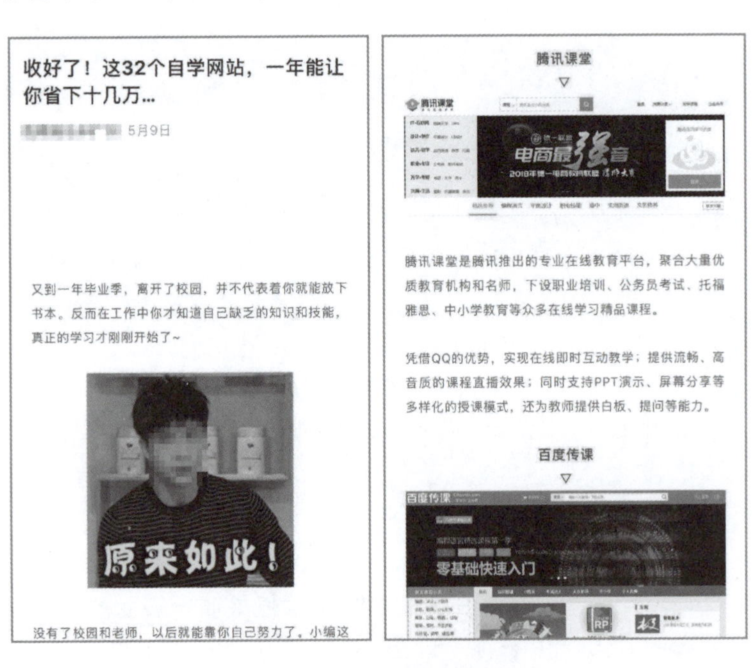

图11-5　有影响力的内容

由图11–5可知，首先在标题上就点出了文章对用户好处，然后在正文中通过多个自学网站的介绍引导人们去学习，提高自身能力。那些有兴趣又爱好学习的用户，是完全有可能通过自学改变人生的。

其实，上述内容中介绍的3个层次并不能完全清楚地划分，且这3个层次之间是有着紧密联系的。在此通过一个简单的例子来进行介绍。如果一个用户在看到一篇介绍摄影知识的文章，首先是觉得它是有用的，并在不断阅读的过程中感受到其中所蕴含的摄影的乐趣，由此开始专注摄影。在这一个案例中，其中的读者就经历了内容带给他（她）的从有用到有情致再到有影响力的3个层次的推广影响。

无论怎么说，平台运营者只要坚持3个层次的推广要求，那么，实现内容推广目标也就不再是一件难以成功的事了。

11.3 正文安排：6种逻辑清晰的布局方式

一篇文案，无论形式如何变化，文案在根本上还是文章，文章的一些写作形式文案也是通用的。比如，文案的正文有故事式正文，也有新闻式正文等。根据文案素材和文案作者写文案的思路的不同，文案正文的形式也有不同。

11.3.1 模仿新闻口吻进行布局

新闻式正文，是指通过模仿新闻媒体的口吻进行正文的撰写，例如公司内的大事、公益事业，都可以通过新闻式的正文形式写出来进行发布。在互联网时代，新闻式正文的主要特点是能够进行二次传播，也就是企业的新闻文案发布出来后，很容易被其他的网站或者平台进行转载。

新闻式正文有很多的特点，正是由于这些特点的存在，才使得新闻式正文一直备受欢迎，如图11–6所示。

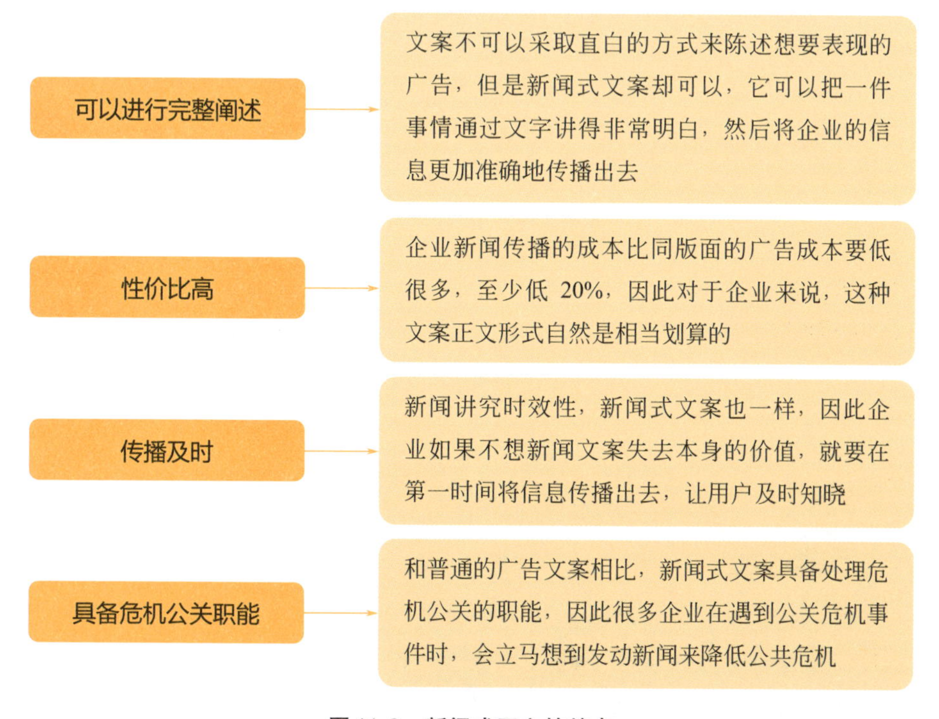

图11-6 新闻式正文的特点

新闻式文案是一种比较常用的写作手段，主要用来报道企业新闻、动态消息、杰出人物。一般来说，新闻式文案是一种准确、及时而又普遍的写作方式，它要求报道周围的人、周围的事。企业撰写新闻式文案的初衷是“既然做了就要说，并且一定要说出去，让很多人知道”。

对一般企业来说，通过新闻式文案扎根于基层、来源于基层、服务于基层，如今不管是中小型企业还是个人组织抑或是网站，都开始像大型企业一样，具有了宣传意识，也逐渐地发现了宣传的重要性。

于是企业开始将自己的动态、消息、人物及时向社会宣传，从而达到获得一定的人流量和知名度的目的。

11.3.2 引导读者代入的故事式布局

故事类的新媒体平台文案正文是一种容易被用户接受的正文题材。一篇好的故事正文，很容易让读者记忆深刻，拉近品牌与用户之间的距离。生动的故事容易让读者产生代入感，对故事中的情节和人物也会产生向往之情。企业如果能写出一篇好的故事型正文，就会很容易找到潜在客户和提高企业信誉度。

对于文章编辑来说，如何打造一篇完美的故事文章呢？首先需要确定的是产品的特色，将产品关键词提炼出来，然后将产品关键词放到故事线索中，贯穿全文，让读者读完之后印象深刻。同时，故事类的正文写作最好满足以下的两个要点，如图 11–7 所示。

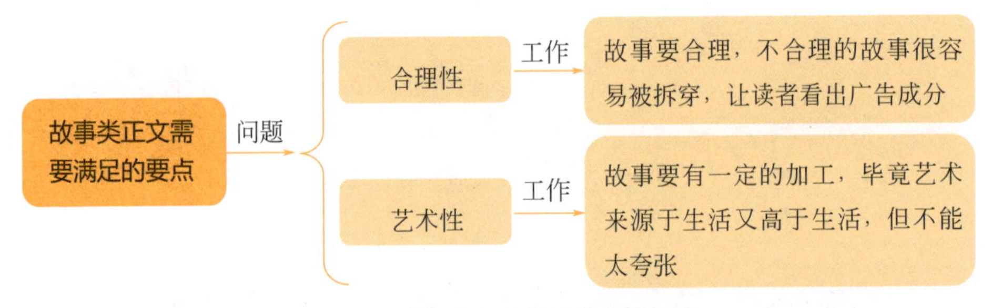

图 11-7　故事类正文需要满足的要点

专家提醒

当企业要对某样产品或品牌进行新媒体平台的软广告植入文章营销的时候，运营者可以根据企业的目标自己编写一个故事，在合情合理的前提下，将产品巧妙地融入故事中。

11.3.3 激发读者想象的悬念式布局

所谓“悬念”，就是人们常说的“卖关子”。设置悬念是人们常用的一种写作手段。作者通过对文案中悬念的设置，激发读者丰富的想象和阅读兴趣，从而达到写作的目的。

正文的悬念型布局方式，指的是在正文中的故事情节、人物命运进行到关键时设置疑团，不及时作答，而是在后面的情节发展中慢慢解开，或是在描述某一奇怪现象时不急于说出产生这种现象的原因。这种方式能使读者产生急切的期盼心理。

也就是说，悬念式正文就是将悬念设置好，然后嵌入到情节发展中，让读者自己去猜测，去关注，等到吸引了受众的注意后，再将答案公布出来。制造悬念通常有三种常用方法，具体内容如图11–8所示。

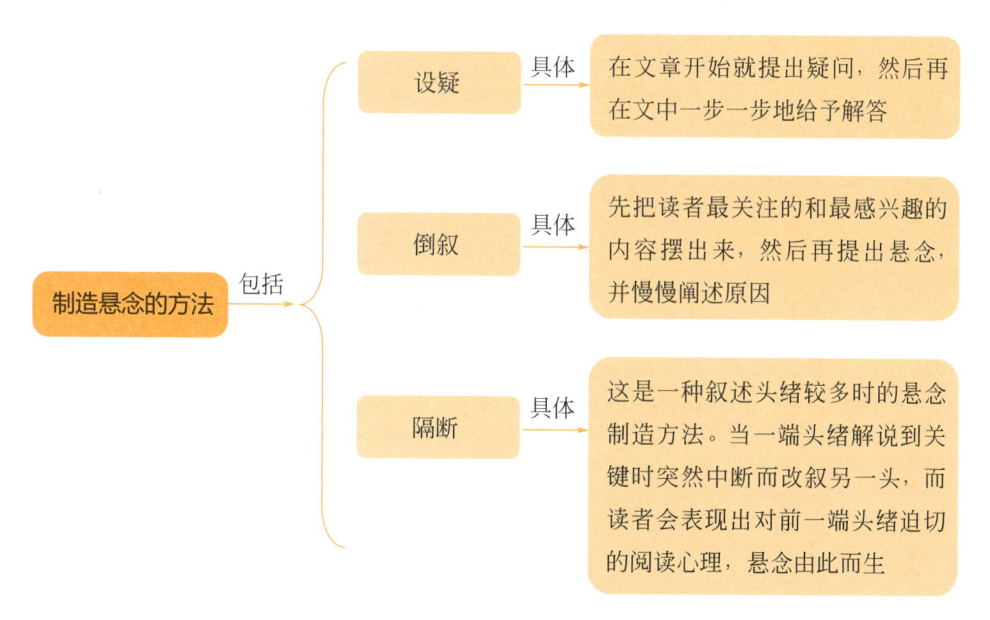

图11-8　制造悬念的方法

专家提醒

悬疑式的文案要懂得分寸，问题和答案也要符合常识，不能让人一看就觉得很假，而且广告嵌入要自然，不能让人觉得反感。

11.3.4 按顺序铺排的递进式布局

层层递进的正文布局的优点是逻辑严谨，思维严密，按照某种顺序将内容一步步铺排，给人一气呵成的畅快感觉。但是层层递进的正文布局的缺点也很明显——对于主题的推出不够迅速，若开头不能吸引读者，那后面的内容也就失去了存在的意义。

层层递进型的正文布局，其着重点就在于其层递关系的呈现。论述时的层层递进主要表现如图11–9所示。

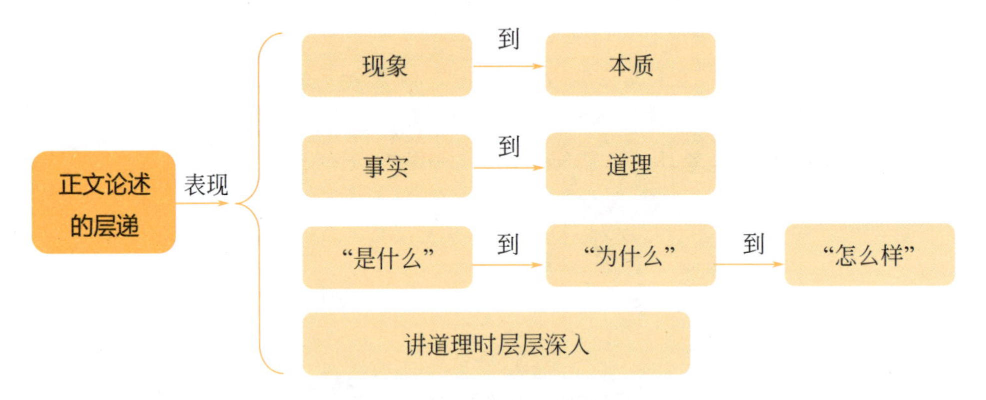

图11-9 文案正文的层层递进布局分析

由此可见，这一正文布局形式是适于论证式的公众号文案的，层层深入、步步推进的论证格局能够增加文案的表现力。运用层层递进型结构要注意内容之间的前后逻辑关系，绝不可随意地颠倒顺序。层层递进型的正文布局对于说明某些问题，非常有效。

11.3.5 串联关键内容的组合式布局

文案营销内容中的片段组合式布局又称为镜头剪接式，是指根据表现主题的需要，选择几个典型生动的人物、事件或景物片段组合成文。

主题是文章的灵魂，是串联文案的全部内容的思想红线和关键线索，因此，文案撰写者所选的镜头片段，无论是人物生活片段，或是景物描写片段，都要服从于表现主题的需要。

其整体布局为：总–分–总，主体部分由三至四个片段构成，其结构匀称、明晰，结构模式一般为：开头点题定向，领起下文；主体分承，片段组合，各个片段之间既各自独立，又彼此勾连；结尾呼应前文，点明题旨。其布局可以通过4种形式来表达，具体如下。

1.时间式

这种片段组合式布局的文案是以“时间”为主线来结构全文的，它在时间线索的指导下，简明地记叙在每个“时间段”中的主要事件，而将许许多多的内容作为艺术“空白”留给读者去想象，去再创造。

这类组合式布局可以用“五岁－十岁－十五岁”、“童年－少年－青年”等围绕几个时间段写人生经历或事件，脉络清楚。

图11-10所示为时间式布局正文的文案案例。

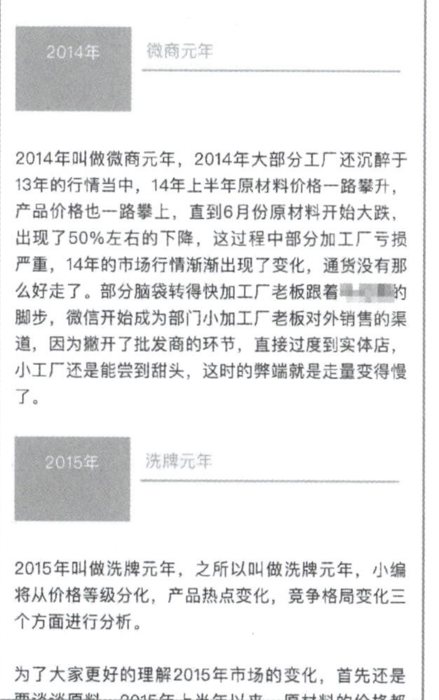

图11-10　时间式的片段组合

2.排比式

所谓“排比式布局”，是指文章在表达上常用排比句；在内容上句句紧扣主旨，突出中心；在形式上，可使层次更清晰；因此可以在很大程度上增强语言的气势与节奏感。

图11-11所示为某个公众号推送的以排比句形式布局的片段组合式文案正文。

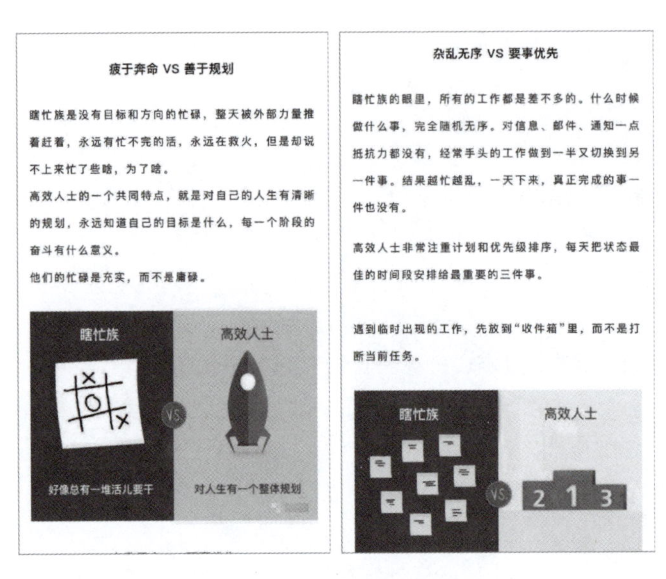

图 11-11　排比式的片段组合

3. 小标题式

小标题的拟写不仅要整齐、扣主题，而且要富有艺术感染力，要达到能反映作品创作思路的效果。

图 11–12 所示为一篇题为《养生防老秘诀》的文案，在内容布局上就采用了二级标题的写法。

图 11-12　设置小标题的片段组合式布局

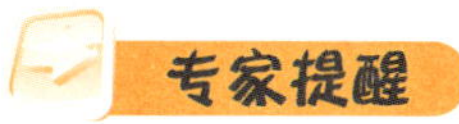

虽然小标题可以很好地体现出文章的脉络，但是在写小标题的时候还是需要注意以下事项。

- 所选取材料要求典型新颖，别具匠心，不落俗套，有个性特征，能显示作者独特的视角及立意；
- 要用准确精练的语言突出记叙、议论、说明的内容；
- 小标题的拟定要有艺术性、提示性；
- 小标题的拟定要表现文案各部分之间的内在联系，使跳跃的内容联成有机的整体，不再孤立；
- 数量要恰当，小标题一般以2 ～ 4个小标题为宜。

4. 正反对比式

这是一种通过正反两种情况的对比分析来论证文章观点的正文结构的布局形式。通篇运用对比分析，道理讲得更透彻、鲜明；局部运用正反对比的论据，材料更有说服力。

企业在文案营销的内容中使用正反对比法时应注意以下两个问题。

- 正反论证应有主有次，若文章从正面立论，主体部分则以正面论述为主，以反面论述为辅；若文章从反面立论，则以反面论述为主，以正面论述为辅；
- 围绕中心论点选择比较材料，确定对比点。所选对象必须是两种性质截然相反或有差异的事物，论证时要紧扣文章的中心。

片段组合式的正文布局形式，可以在较短小的篇幅内，立体而多角度地表现人物，叙述事件，描写商品特点，烘托品牌，其优点具体如下。

- 中心明确，主题清晰，分步骤表达，清晰自然。
- 文章层次清晰，结构严谨，一目了然。
- 选材的灵活性和自由度很大，既能充实文章内容，作者思路也容易打开，解除了无话可说、写不下去的障碍。
- 片段之间无须衔接，省去了过渡语句，因而作者无须过多考虑结构安排。
- 片段数量可多可少，因此可灵活控制篇幅。

在写作片段组合式文案正文时，编辑者有一些应该注意的问题，具体表现在两个方面，内容分析如下。

（1）论证过程。在撰写片段组合式布局的文案正文时，首先应该注意其论证的顺序，必须以一定的逻辑顺序来进行撰写，一般是开篇点题、分论点展开、进行论证，最后归纳、总结和引申的结论。

（2）论证关系。在撰写片段组合式布局的文案除了要把论证过程烂熟于心之外，还应该注意论证双方的关系，在论证过程中要实现关系上的紧密衔接，总述部分是分述部分的总纲或结论。

11.3.6 围绕中心论点的总分总布局

文案营销的内容运用“总分总”式的布局，往往是在开篇就点题，然后在主体部分将中心论点分成几个基本上是横向展开的分论点，最后在结论部分加以归纳、总结和必要的引申。关于“总分总式”文案正文的写作形式，其具体写法如下。

一个点明题意的开头部分，简洁醒目，作为文章的总起部分，表达文章的中心思想，提出自己的观点。

主干部分作为文章的分述部分，它的几段互相独立，从不同的角度表达中心，在编排先后的次序上还需要有一定的斟酌。

结尾是文章的总结部分，它不仅是主干部分的自然过渡，还是对主干部分的归纳小结，与开头部分相呼应。

11.4 版式设计：4大方面提升文案美观度

在内容运营过程中，版式也是其中一个非常关键的要素。我们只有将排版做好，才会让读者有最佳的阅读体验，才会让读者有成为媒体平台忠实粉丝的可能。

11.4.1 3大文字排版要求，保证美观性

文字排版是保证文章美观性的不可或缺的部分。文字排版要遵循相应的规则，这也是为了有效提升用户的阅读体验，文字排版的具体要求包括排版的优化要适度、基础的排版要保障和最好不要过度排版，下面以微信公众号的文字排版为例，具体介绍这3个要求。

一是基础的排版，一般会涉及很多方面，比如颜色、大小、行间距、段

间距、字间距以及页边距等。众多媒体平台对文字进行排版，实际上都是为了让用户更加顺利地阅读内容，增强对产品的好感，那么，落实到具体的文字排版中，应该怎么执行操作呢？笔者将自己的经验分享如图11–13所示。

图 11-13　文字排版的具体经验

基础的排版过后，就可以对文字进行针对性的优化排版了，一来是为了宣传公众号，二来是为了促进转化，让公众号成功盈利。那么，在优化的过程中，又该怎么做呢？一是在标题下添加相关的图片进行点缀，吸引读者的注意力，深化公众号形象，引导用户往下阅读。

二是对重点的正文部分进行强调，因为很多用户可能在阅读的时候没法抓住重点，因此文字强调就成了帮助用户筛选有价值的信息的工具。强调的方式很多，比如加粗、改变字体、下划线等。

三是在文章结尾进行相关的引导，这也已经成为众多微信公众号引导用户的模范，一般的引导包括识别二维码关注公众号、提醒阅读原文等。

过度的排版是不必要的，比如分散注意力的动态背景、杂乱无章的样式以及变幻不定的风格都是排版时需要避免的。凡事不要过度，适当即可。

11.4.2　3大图片排版问题，无缝拼接长图

图片同样也是内容中的重要组成部分，同样以微信公众号的排版为例，图片的排版主要涉及图片太大无法上传、图片格式不符合平台要求以及信息长图易被压缩以至于用户看不清等问题。那么，要如何解决这些问题呢?

首先来看图片过大的问题，微信公众平台的图片大小限制为5MB，可以通过QQ截图工具处理图片，如大小为8MB的图片，截图后保存的图片仅为1.2MB，而且画质有保障。

其次是图片格式的问题，微信公众平台可接受上传的图片格式包括JPG、GIF、BMP、PNG四种，其他的图片格式可以借助美图看看进行转换。

最后是信息长图被压缩的问题，直接上传信息长图往往无法显示，分别上传小图再拼接的话，图与图之间又会有空隙，这就需要我们掌握无缝拼接长图的技巧。笔者推荐使用秀米的“图文排版”功能，可以很方便地无缝拼接长图。

11.4.3　两大文配图片内容，让版式更舒适

图文结合的形式可以说是非常常见的文章内容形式，也是运营者经常运用的排版形式。在这一排版过程中，如果想要让版式看起来舒适就需要注意两点。

1. 控制间距

图文间要有间距，在此可以分为两种情况进行分析。

（1）图片跟文字间：要隔开一段距离，不能太紧凑。如果图片跟文字离得太近，会让版面显得很拥挤，从而使读者的阅读体验不佳。

（2）图片跟图片间：不要太紧凑，要有一定的距离。如果两张图片之间没有距离，就会给读者是一张图的错觉。尤其是连续在一个地方放多张图片时，特别要注意图片之间的距离。

2. 版式一致

在同一篇文章中，用到的图片与版式要一致，这样给读者的感觉就会比较统一，有整体性。

图片的版式一致，指的是如果运营者在文章内容的最开始处用的是圆形图，那么后面的图片也要用圆形的，同样的，如果一开始用的是矩形的图片，后面的也都要用矩形的。

11.4.4 3大排版神器，设计更多特色版式

大部分新媒体平台所提供的编辑功能都是比较有限的，只有最简单的文章排版功能，显得太单调，不够吸引读者的眼球。因此，一些功能更齐全的第三方编辑器应运而生。不少创作者利用这些编辑器来帮助自己设计出更多有特色的文章版式，引起读者的兴趣。

现在网上这种第三方的编辑器有很多，下面笔者就为大家介绍比较常见且好用的3种，具体如图11-14所示。

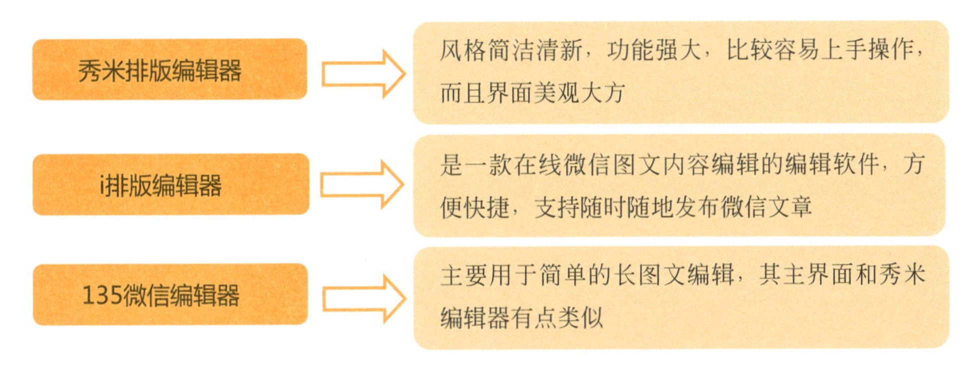

图11-14 常见的微信第三方内容排版编辑器

使用第三方内容排版编辑器的好处比较多，不仅可以提供更为精美的排版，还可以提升工作效率，吸引更多的读者关注。

第12章

写作提升：16个问题，打造爆款要注意

学前提示

虽然说标题是读者对推广文章的第一印象，但其实在实际的写作中，我们只有在确定了文章的正文之后，才能进行标题的拟定和思考。因此，文章的正文部分的撰写是非常重要的，它决定着平台运营的效果。只有掌握了多个技巧，才能成功打造一款爆款文案。

要点展示

- 文案开头：5种方法，给读者一个好的第一印象
- 文案正文：4种类型，用优质内容牢牢稳住读者
- 文案结尾：3大方法，大幅加深读者的印象
- 注意事项：4大技巧，打造爆款，不可轻忽

12.1 文案开头：5种方法，给读者一个好的第一印象

对于一篇平台文章来说，其开头的重要性仅次于文章标题及文章主旨。所以，我们在写文章的时候，一定要注意在开头就吸引住读者。只有这样才能让读者有继续阅读下去的念头。

可见，正文的开头是一篇文章很重要的部分，决定了读者对这篇文章内容的第一印象，因此对它要极为重视。

12.1.1 常规开头法1：平铺直叙

平铺直叙开头法也被叫作波澜不惊开头法，表现为在撰写正文开头时，把一件事情或者故事有头有尾、一气呵成地说出来，平铺直叙，也有的人把这样的方式叫作流水账，其实也不过分。图12–1所示为采用平铺直叙开头法的文案。

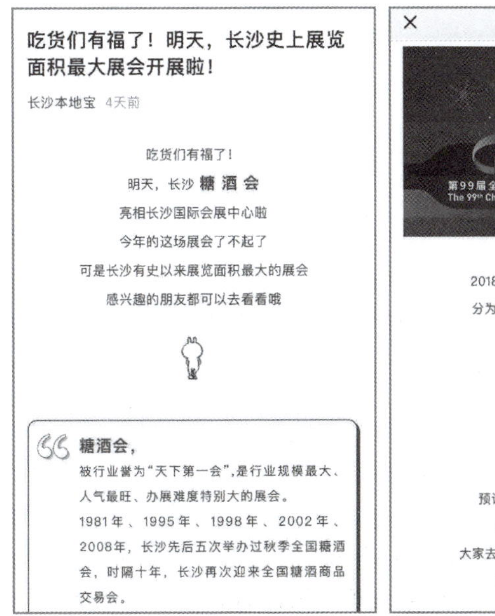

图12-1 采用平铺直叙开头法的文案

平铺直叙型的方式，正文中使用得并不多，它更多的还是存在于媒体发布的新闻稿中。但是，在文案的开头也可以选择在合适的时候使用这种类型

的写作方法，例如重大事件或者名人、明星等人物的介绍，通过正文本身表现出来的重大吸引力来吸引读者继续阅读。

12.1.2 常规开头法2：直明主旨

直明主旨的文章开头，需要作者在文章首段就将自己想要表达的东西都写出来，不隐隐藏藏而是干脆爽快。图12-2所示为采用直明主旨开头法的文案。

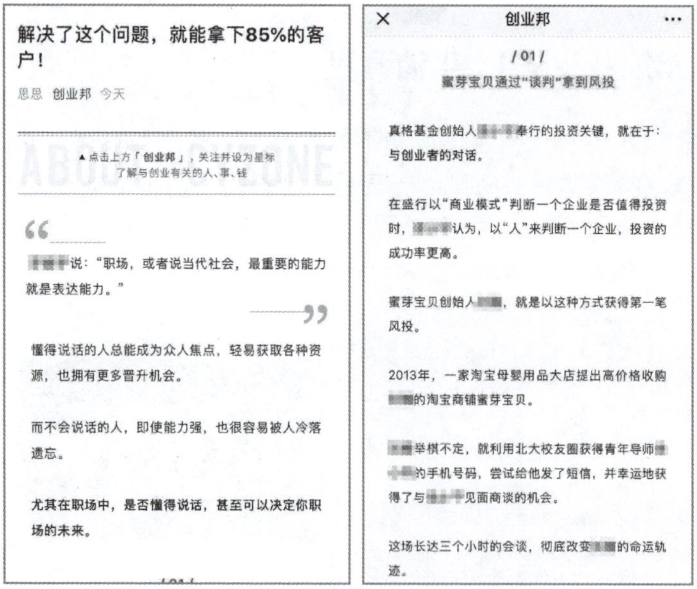

图12-2 采用直明主旨开头法的文案

另外，在使用这种写法创作正文开头时，有两个方面需要读者多加关注，具体内容如下。

- 文章编辑应使用朴实、简洁的语言，直接将自己想要表达的东西写出来，不用故作玄虚。
- 正文的主题或者事件必须要足够吸引人，如果主题或者要表达的事件没办法快速地吸引读者，那直明主旨的开头法最好还是不要使用。

12.1.3 创意开头法1：想象猜测

在写想象与猜测类型的文案正文开头时，可以稍稍运用一些夸张的写法。但不要太过夸张，基本上还是倾向于写实或拟人，能让读者在看到文字的第一眼就能够展开丰富的联想就可——猜测在接下来的文章中会发生什么，从而产生强烈的继续阅读文章的欲望。

另外，还要注意的就是开头必须有一些悬念，给读者以想象的空间，最好是可以引导读者进行思考。图12-3所示为采用想象猜测开头法的文案。

为什么中国99.8%的鸟都是由外国人发现和命名的？

鸟窝里的猪 果壳 10月14日

但凡描述中国鸟类的文献和科普读物，上来都会先吹一段儿“中国地大物博，鸟类多样性丰富”之类。当然这也不是毫无根据地吹，中国有记录的鸟类达1400种以上，虽然不是全球鸟最多的国家，但排个前八还是没问题的。

中国地大物博，鸟类多样性丰富，并不是只有麻雀。

那中国这一千四百多种鸟，又有多少是由中国人自己首先发现和命名的呢？3种。

果壳

这就很令人震惊了。中国有这么多种鸟，其中还包括一百多个中国特有种，为什么咱们自己命名的连1%都不到呢？科学家们都去干什么了？

要说起这事儿，真不赖科学家，主要还是历史原因。

命名物种这件事儿

首先咱们说说这个“发现和命名”是什么意思：

给生物命名其实是个特纠结的事儿，比如一种鸟可能在中国有一堆民间名称，在国外还有其它语言的名字。因此，当我提到这种鸟的时候，为了让全世界的人都明白我到底说的是什么，必须得有一种全球（至少是生物学术圈）通行的命名规则，这就是传说中以双名法为框架、拉丁文为基础的“学

图12-3 采用想象猜测开头法的文案

12.1.4 创意开头法2：分享幽默

幽默感是与他人之间沟通时最好的武器，能够快速搭建自己与对方的桥梁，拉近彼此之间的距离。

幽默的特点就是令人高兴、愉悦。我们如果能够将这一方法使用到文章的正文开头写作中，将会取得不错的效果。

在各平台上，有很多的商家会选择用一些幽默、有趣的故事作为文章的开头，吸引读者的注意力。相信大家都喜欢看可以带来快乐的东西，这就是幽默故事分享型正文开头存在的意义。图12-4所示为采用分享幽默开头法的文案。

一到冬天你妈就觉得你冷？该想想办法了

果壳 前天

十月秋高气爽，本应是让人心旷神怡的好时节，但正是这个秋冬交替之际的十月也让人心烦意乱。家中慈祥老母亲警觉地嗅探到了来自西伯利亚的冷空气，为了让你度过一个的冬天而日日唠叨你穿得再多一点。体重还没实现今年的KPI，穿那么多再加羽绒服岂不是更加圆润，还怎么当走路带风的都市小战士？体重难控嘴难管，哎！要是我妈不替我感到冷就好了。

看完流水线取瑶柱...扇贝自己都想鼓鼓掌！

果壳 昨天

上周在秦皇岛玻璃博物馆录《解码科技史》，托导演组的福...带我们狠狠地吃了一筐海鲜大杂烩！然后边吃清蒸扇贝，边忍不住思考起来，我们买的大包瑶柱，难不成真是老奶奶一个个抠出来的？！嘿嘿~来看今天的流水线！

图12-4　采用分享幽默开头法的文案

12.1.5　创意开头法3：引用名言

使用名言名句开头的文章，一般会更容易吸引受众的眼光。因此，我们在写作的时候，可以多搜索一些跟文章主题相关的名人名言，或者是经典语录。

文章的开头，如果能够用一些简单但是精炼，同时又紧扣文章主题并且意蕴丰厚的语句，或者使用名人说过的话语、民间谚语、诗词歌赋等语句，这样就能够使文章看起来更有内涵。而且这种写法更能吸引读者，可以提高文章的可读性，以及更好地凸显文章的主旨和情感。

图12-5所示为引用名言开头法的文案。该篇文案开头引用张爱玲和莎士比亚的名言来说明善良的重要性。

除了使用名言名句，还可以使用一些蕴含道理的故事作为文章正文的开头。小故事一般都简短但是有吸引力，能很好地引起读者的兴趣。

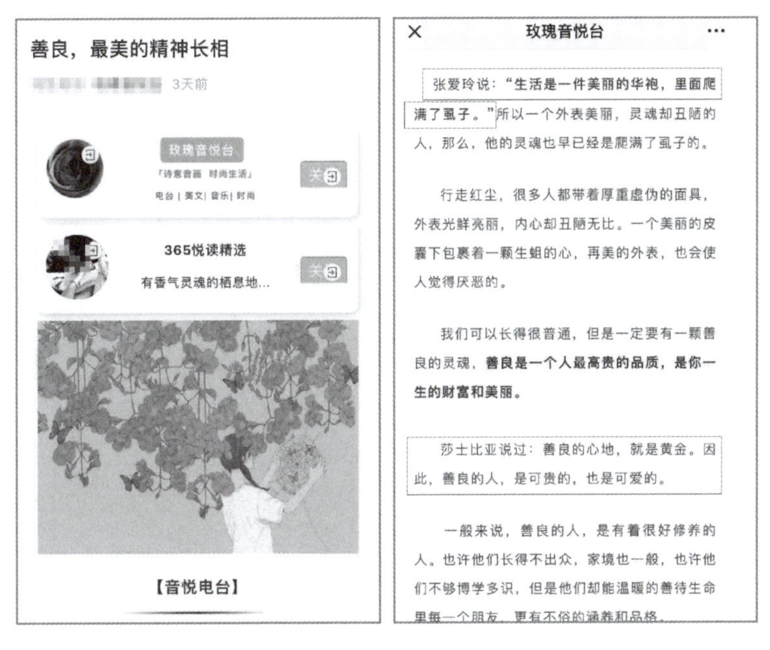

图12-5　引用名言开头法的文案

12.2　文案正文：4种类型，用优质内容牢牢稳住读者

在介绍了平台文案的开头写作技巧之后，接下来，笔者将为大家介绍正文部分多种多样的写作方法。

12.2.1　促销型正文，要直白

促销式正文其实是一种比较直白的推广方法，甚至是越直白越好。它是如今企业用得比较多的一种软广告植入文章营销的方法。一般来说，促销式正文分为以下两种形式：

- 纯文字的形式：依靠文字，向读者推荐品牌或活动的内容、时间等信息；
- 图片搭配促销标签的形式：在产品的图片上或者是活动的图片上，搭配一些促销标签，从而促使消费者产生购买欲。

除了撰写方法之外，撰写促销活动型正文还要注意两点，一是不要做没有计划性的创作，因为这样做，没有自己的特色，很容易遭到读者的忽视。二是切忌虚假宣传，一定要实事求是地进行促销式文案的撰写。

12.2.2 知识展示正文，要专业

对于专业性比较强的产品，诸如电器、家居等类目商品，就可以运用知识展示的正文内容来吸引读者的眼光。且对于特定人群来说，这类文章内容具有较强专业性，内容的可读性也就有了。图12-6所示为“科技每日推送”发布的知识展示文案。

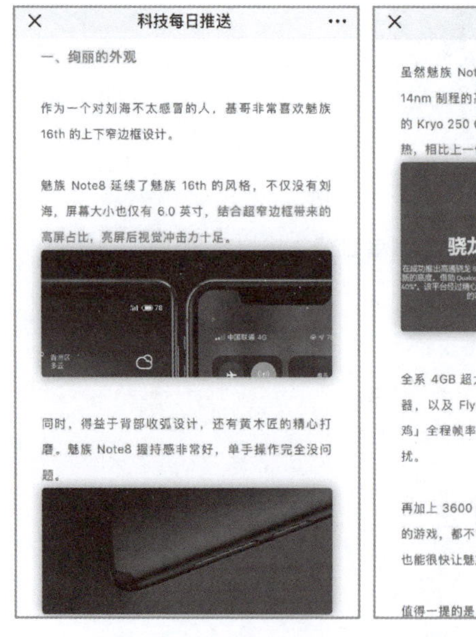
科技每日推送

一、绚丽的外观

作为一个对刘海不太感冒的人，基哥非常喜欢魅族16th的上下窄边框设计。

魅族 Note8 延续了魅族 16th 的风格，不仅没有刘海，屏幕大小也仅有 6.0 英寸，结合超窄边框带来的高屏占比，亮屏后视觉冲击力十足。

同时，得益于背部收弧设计，还有黄木匠的精心打磨。魅族 Note8 握持感非常好，单手操作完全没问题。

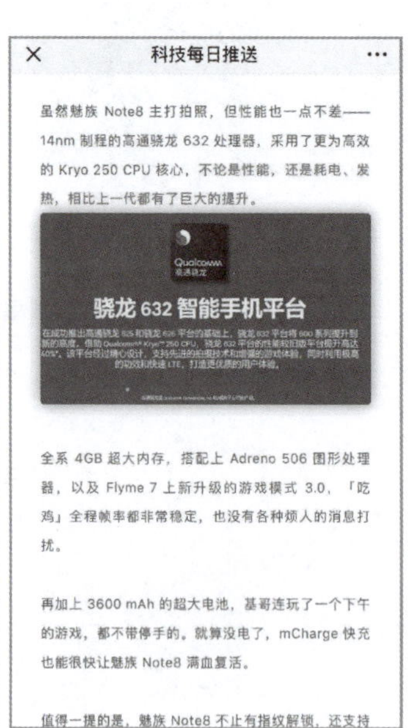
科技每日推送

虽然魅族 Note8 主打拍照，但性能也一点不差——14nm 制程的高通骁龙 632 处理器，采用了更为高效的 Kryo 250 CPU 核心，不论是性能，还是耗电、发热，相比上一代都有了巨大的提升。

骁龙 632 智能手机平台

全系 4GB 超大内存，搭配上 Adreno 506 图形处理器，以及 Flyme 7 上新升级的游戏模式 3.0，「吃鸡」全程帧率都非常稳定，也没有各种烦人的消息打扰。

再加上 3600 mAh 的超大电池，基哥连玩了一个下午的游戏，都不带停手的。就算没电了，mCharge 快充也能很快让魅族 Note8 满血复活。

值得一提的是，魅族 Note8 不止有指纹解锁，还支持

图12-6 “科技每日推送”的知识展示型文案正文

如图12-6所示的文案都是围绕“魅族Note8”而展开的知识性问题的解答。从专业的角度来解答人们生活中遇到的各种与魅族Note8相关的问题，读完全文，相信大部分读者已经对魅族Note8有了进一步的认识。

12.2.3 技巧普及正文，要实用

技巧普及的文案正文，是指文章以向读者普及一些有用的小知识、小技巧为中心主题。很多行业的产品，都是非常适合用这类正文来进行宣传、推

广的，如某类软件使用方法、生活中某类需要掌握的小技巧等。

一般来说，在撰写技巧普及的文案正文时，可分为横向技巧列举和纵向技巧操作两种角度来写，下面以一篇题为《景深构图的9层境界，你修炼到了第几层？》的文案来对它们分别进行介绍。

该篇文案从总体来看，可以说是纵向的技巧操作，从第一层到第九层，全程展示了景深构图的技巧，如图12-7所示。

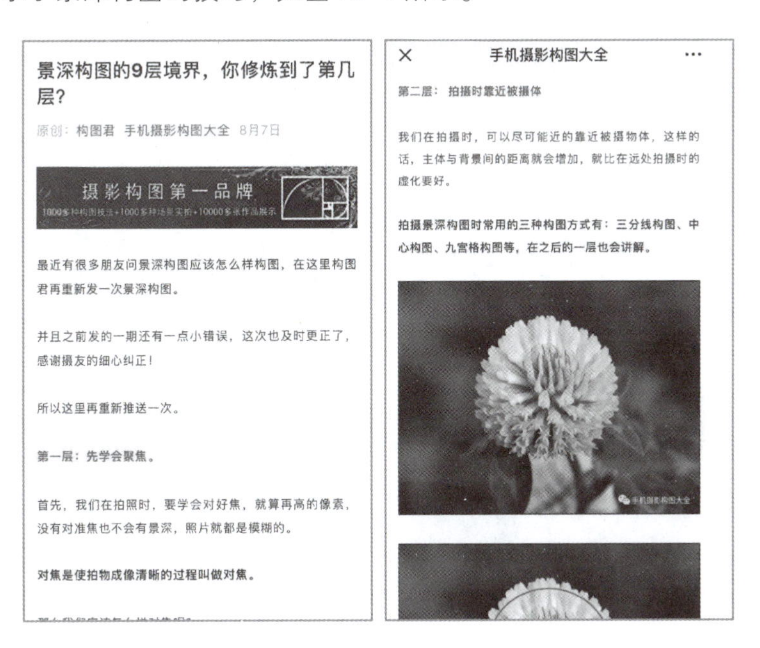

图12-7 纵向技巧普及文案正文

专家提醒

当然，如图12-7所示的正文算不上严格意义上的纵向技巧操作，有些平台的文案会采用步骤的形式，一步步告诉读者怎样去操作、怎样去掌握文中提到的技巧。

而在《N种拍摄夜景、慢门最经典的构图，呈现不一样的大片！》中，共介绍了4大类构图方法，即“水平线构图”“黄金分割点构图”“三分线构图”“斜线构图”。图12-8所示为该篇文案的部分内容展示。

一般来说，技巧普及的正文好写又好用，在网络上随处可见。它内容简短，写作时耗费精力少，实用性高，所以很受运营者的追捧。

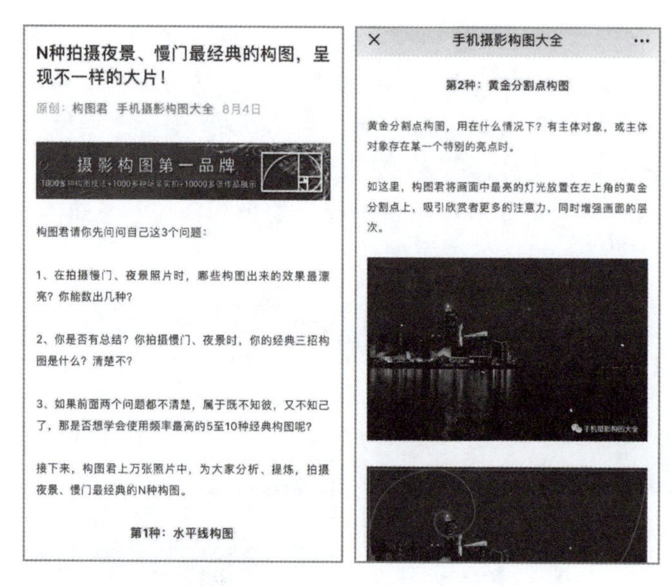

图 12-8　横向技巧普及文案正文部分内容

12.2.4　情感融入正文，引起共鸣

情感的抒发和表达已经成为平台营销的重要媒介。一篇有情感价值的文章往往能够引起很多消费者的共鸣，从而提高消费者对品牌的归属感、认同感和依赖感，其相关介绍如图 12–9 所示。

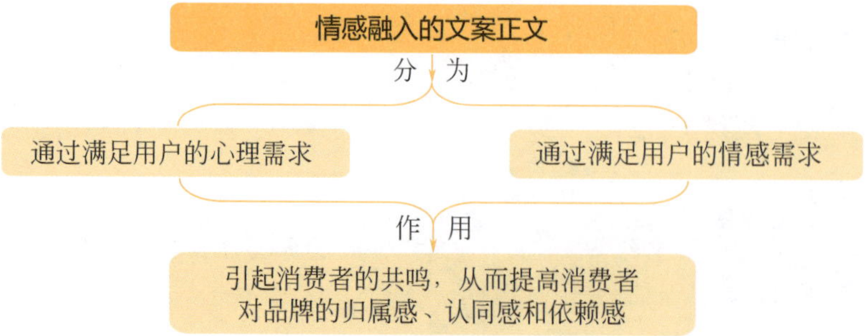

情感融入的文案正文
分　为
通过满足用户的心理需求
通过满足用户的情感需求
作　用
引起消费者的共鸣，从而提高消费者对品牌的归属感、认同感和依赖感

图 12-9　对情感类正文的介绍

情感消费和消费者的情绪挂钩。一篇好的宣传推广文章，主要是通过对文字、图片的组合，打造出一篇动人的故事，再通过故事挑动读者的情绪。

可以说，情感消费是一种基于个人主观想法的消费方式。与之相关的消费人群，最关注自己精神世界、情感需要这两方面的需求。因此，写情感类的文章，需要富有感染力，尽量达到以下某一方面的作用。

- 与读者有相同的思想情感内容；
- 能启发读者的智慧和引导思考；
- 具备能产生激励读者感情的作用。

那么情感该从哪些方面挖掘呢？笔者给出了四个方面的建议，即爱情、亲情、友情以及其他情感需求因素。其中，爱情、亲情、友情是人们老生常谈的三种感情了。其实，人的情感是非常复杂，不论是满足人们的哪种情感或情绪需求，都能打动人心，走进消费者的内心，实现营销的目的。

专家提醒

情感类的正文就是这么神奇，让人置身在一个美好的故事中，然后在故事中获得广告信息，却不会有任何令人反感的情绪。

12.3 文案结尾：3大方法，大幅加深读者的印象

一篇优秀的平台推广文案，不仅需要一个好的开头和正文内容，同样也需要一个符合读者需求、口味的结尾。那么，一篇优秀的文案结尾该如何写呢？接下来，笔者将为大家介绍几种实用的文案结尾的写作方法。

12.3.1 首尾呼应：凭借严谨结构，引发读者思考

首尾呼应法，就是常说的要在文章的结尾点题。这样的结尾法，具有非常大的优势，它能够凭借其严谨的文章结构、鲜明的主题思想，给读者留下深刻的印象，引起读者对文章中提到的内容进行思考。

那么，具体应该怎样做才能让这种结尾法达到最大优势呢？具体说来，在进行文章撰写的时候，我们如果要使用这种方法结尾的话，就必须要做到首尾呼应，文章开头提过的内容、观点，在正文结尾的时候再提一次。

基于此，首尾呼应的写法一般采用的都是总分总的写作方式。图12-10所示为一篇题为《别让你的心态，毁了你的年轻》的文案。

该篇文案采用的就是总分总式的首尾呼应的写作方式，首先在开头点出了该篇文案的主题是活出自我，然后对这个主题用一些个例进行具体介绍，最后在结尾进行总结升华，首尾呼应。

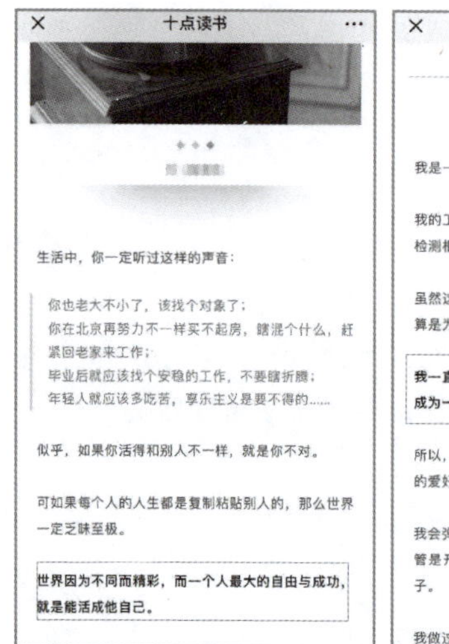

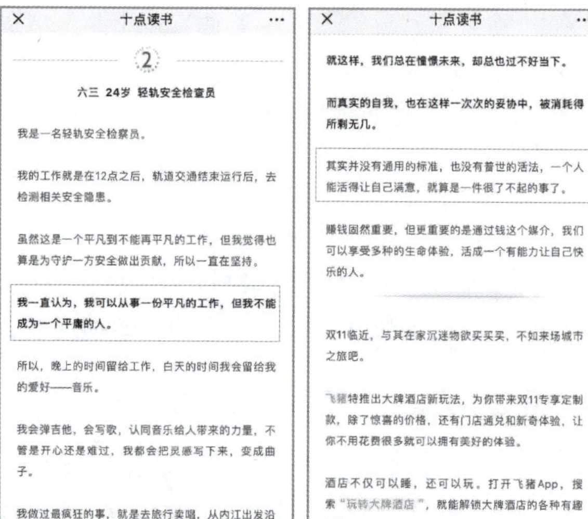

图 12-10　首尾呼应的文案

12.3.2　抒情法或祝福法：真正实现以情动人

上面已经提到，在文案正文中融入情感是一种非常重要且很必要的写作方法。其实，如果把这一理念应用到结尾处，可以让情感进一步得以升华，真正实现以情动人的目的。

那么，什么样的结尾写作方法能达到这一目的呢？一般来说，在日常生活中，比较常用的主要有两种，即以抒情法结尾和以祝福法结尾。下面将对这两种方法一一进行介绍。

1. 祝福法

祝福法是很多文案撰写者在文章结尾时使用的一种方法。因为，这种祝福形式的内容，能够给读者传递一份温暖，让读者在阅读完文章后，感受到蕴含其中的关心与爱护。这也是非常能够打动读者内心、达到以情动人目的的一种文章结尾方法。图12–11所示为使用了祝福法结尾的文案案例。

2. 抒情法

使用抒情法来写作文章的结尾，通常较多地用于写人、记事、描述等类型的平台文案中。这类文案结尾的写法，有一个非常关键的点要注意，那就是我们一定要将自己心中的真实情感释放出来。这样才能激起读者情感的波澜，引起读者的共鸣。

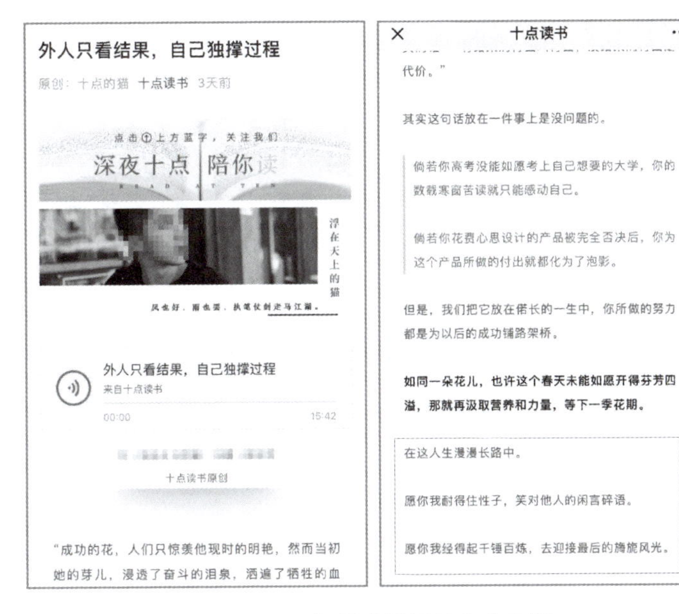

图12-11　以祝福法结尾的文案案例

在结尾抒情的时候，撰写者完全没有必要去追求多么华丽的辞藻，多么富有激情的话语，只要能把真实的情感抒发出来，就能感动读者，真正实现以情动人的目标，让文案完美收官。图12–12所示为篇以抒情法结尾的文案。

图12-12　抒情法结尾的文案

12.3.3　号召法：激发起读者强烈加入的意愿

运营者如果想让读者加入某项活动中，就经常会使用号召法撰写文章的结尾。同时，很多公益性的平台账号推送的文章中，也会有比较多的文章使用这种方法结尾。号召法结尾的文章能够在读者阅读完文章内容后，对文章的内容产生共鸣，从而对文章中发起的活动，有一种更强烈的加入其中的意愿。

图12–13所示就是一篇在结尾使用号召法的文案。

图12-13　以号召法结尾的文案案例

12.4　注意事项：4大技巧，打造爆款，不可轻忽

当把文案内容写好之后，还只是完成了爆款文案的写作部分，而要想真正变成爆款文案，还需要运营者通过适当的渠道把它们发布出去。除此之外，运营者还应该注意一些在发布过程中应该注意的问题，接下来将分别加以讲述。

12.4.1 提前预览，保证文案的正确性

在众多平台上，编辑完文案内容后都会有一个“预览”按钮可选择，要求运营者预览。且预览的方式也是多种多样的，既有手机端、PC端等不同的客户端预览，也有分享到朋友圈、发送给朋友等不同位置预览。

那么，平台为什么提供预览功能呢，我们又为什么一定预览呢？具体说来，这是由预览的作用决定的，如图12-14所示。

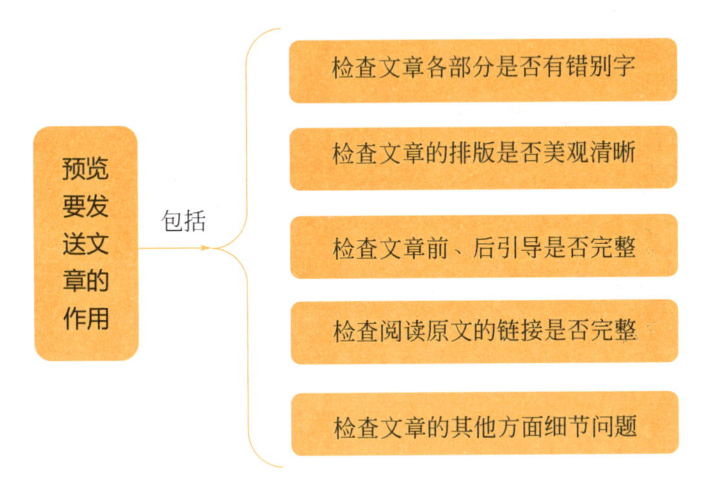

图12-14 预览要发送文章的内容的作用

12.4.2 设置摘要，直接呈现主要内容

我们写论文时要写摘要，我们阅读文章时或观看影视剧时，也习惯了先看摘要或内容简介。其实，摘要在互联网和移动互联网时代的内容宣传中同样重要且有必要。运营者在推送内容时就会发现，很多平台都是有“摘要”这一项的，如我们常见的微信公众平台、搜狐公众平台等。下面以微信公众平台为例进行具体介绍。

在编辑消息图文的时候，在页面的最下面，有一个撰写摘要的部分，这部分的内容对于一张图消息来说非常重要，因为发布消息之后，这部分的摘要内容会直接出现在推送信息中，如图12-15所示。

摘要要尽量简洁明了，如果摘要写得好，不仅能够激发用户对文章的兴趣，还能够激发读者的第二次点击阅读兴趣。

在微信公众平台上，运营者在编辑文案内容的时候，如果没有填写摘

要，那么系统就会默认抓取正文的前54个字作为文章的摘要，如图12–16所示。其他需要填写摘要的平台也大抵如此，只是显示出来的作为摘要的字数有差别而已。

图12-15　显示摘要内容的推送信息

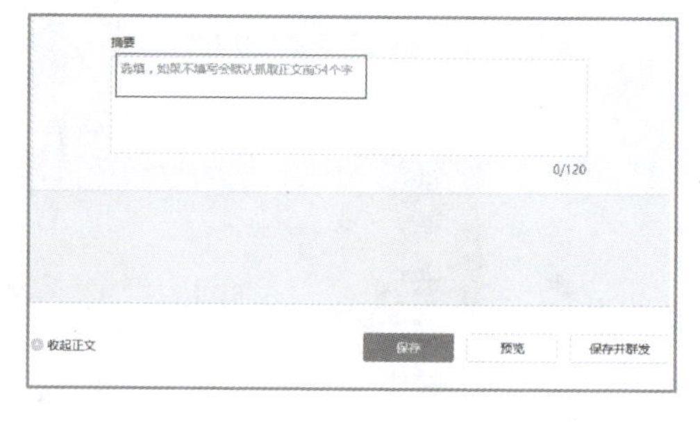

图12-16　显示摘要内容的推送信息

12.4.3　声明原创，保护原创作者权益

随着各平台各项准则的完善，原创内容越来越受到重视，为了表达这一重视，不少平台推出了“声明原创”这一功能，如今日头条、微信公众号等。图12–17所示为开通了“原创”功能的平台文案。

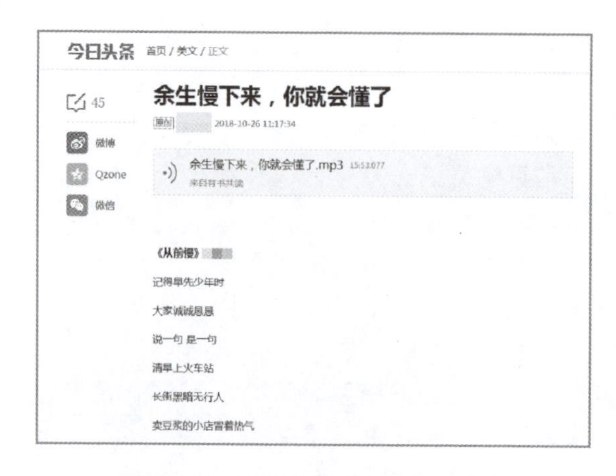

图12-17　开通“原创”功能的文案

那么怎么设置声明原创呢？以微信公众号为例，为大家介绍开启一篇文章的原创声明的具体操作。

步骤 01 进入“素材库/新建图文消息”页面，在页面下方会有“原创：未声明”字样，表示该篇文章还未声明原创，❶单击下方的“声明原创”按钮，如图12-18所示。执行操作后，弹出“声明原创”对话框，在“须知”页面，仔细阅读该页面的具体内容，❷然后单击“下一步”按钮，如图12-19所示。

图12-18　单击“声明原创”按钮

图12-19　单击“下一步”按钮

步骤 02 执行操作后，进入“原创声明信息”页面，❶填写作者名称，❷选择文章类别，❸单击“确定”按钮，如图12-20所示。执行操作后，即可返回到“素材库/新建图文消息”页面，运营者可以在该页面下方看见“原创详情”信息，如图12-21所示。

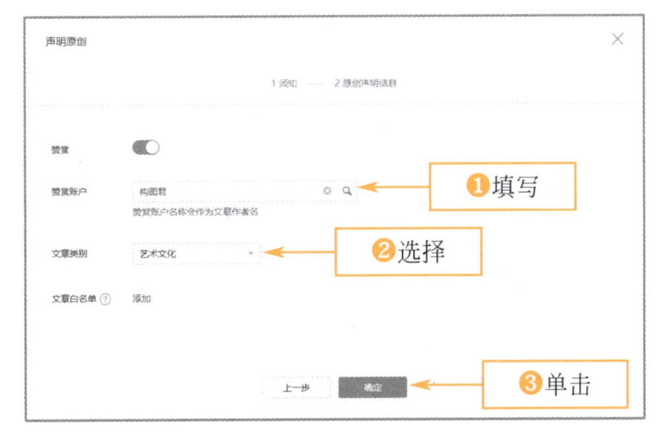

图12-20　单击“确定”按钮

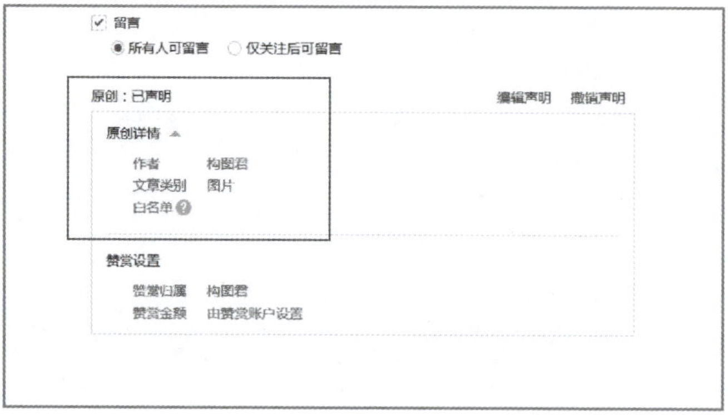

图12-21 “原创详情”信息

专家提醒

“声明原创”功能有哪些作用呢？

一方面，获得“声明原创”功能的平台，一旦发现有人转载其内容时没有注明出处，各平台会自动为转载的内容注明出处并给予通知。

另一方面，如果商家发送的是自己原创的内容时，就可以设置这一功能。在保护自己权益的同时，也用原创文章为自己的平台带来更多的读者。

12.4.4 利用连载，连续展现系列文章

人们阅读文章，特别是技巧类和常识性方面的文章，看的就是它的全面性，认为成系列的文章推送将会更专业，也能更容易满足他们广泛了解的要求。因此，在文章正文写作上，可从这方面着手，打造一些经典的、具有代表性的专题，以迎合读者的阅读兴趣和习惯。

例如，在“国庆”假期来临之际，构图君创建的“手机摄影构图大全”的微信公众号，就编辑了一系列的关于国庆风光构图的文章。图12-22所示为其中的四篇，展示了如何拍出好的国庆风光照片。

从图12-22不难看出，推送的专题文章从不同的角度来分析风光构图，让读者感觉切合实际需要，很容易满足读者的关于风光构图的技巧需求。

由此可知，利用连载类专题安排文章内容，有着极大的优势，具体表现在以下3个方面。

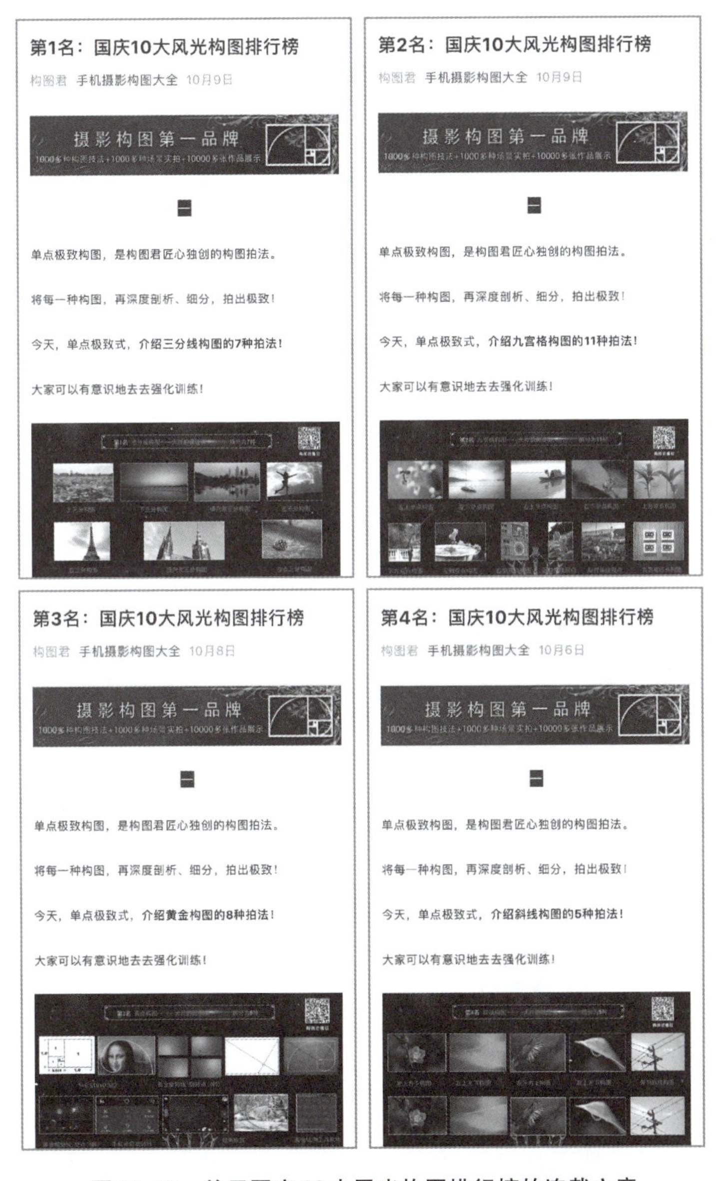

第1名：国庆10大风光构图排行榜

构图君 手机摄影构图大全 10月9日

摄影构图第一品牌

一

单点极致构图，是构图君匠心独创的构图拍法。

将每一种构图，再深度剖析、细分，拍出极致！

今天，单点极致式，介绍三分线构图的7种拍法！

大家可以有意识地去去强化训练！

第2名：国庆10大风光构图排行榜

构图君 手机摄影构图大全 10月9日

摄影构图第一品牌

一

单点极致构图，是构图君匠心独创的构图拍法。

将每一种构图，再深度剖析、细分，拍出极致！

今天，单点极致式，介绍九宫格构图的11种拍法！

大家可以有意识地去去强化训练！

第3名：国庆10大风光构图排行榜

构图君 手机摄影构图大全 10月8日

摄影构图第一品牌

一

单点极致构图，是构图君匠心独创的构图拍法。

将每一种构图，再深度剖析、细分，拍出极致！

今天，单点极致式，介绍黄金构图的8种拍法！

大家可以有意识地去去强化训练！

第4名：国庆10大风光构图排行榜

构图君 手机摄影构图大全 10月6日

摄影构图第一品牌

一

单点极致构图，是构图君匠心独创的构图拍法。

将每一种构图，再深度剖析、细分，拍出极致！

今天，单点极致式，介绍斜线构图的5种拍法！

大家可以有意识地去去强化训练！

图12-22　关于国庆10大风光构图排行榜的连载文章

- 时间安排方面：能够解决一段时间内的内容创意问题，有利于节省平台内容安排的时间。
- 阅读量方面：使得每期的内容都有看点，保证了文章的阅读量。
- 阅读习惯方面：让读者形成阅读习惯——根据平台的思路定期去看专题，寻找想看的内容。